<u>dtv</u>

Alice K. ist es leid, in Zeitschriften und Romanen ständig von erfolgreichen, gut aussehenden jungen Frauen zu lesen, die einfach alles und jeden haben können. Also beschließt sie, von ihrem eigenen, ziemlich unglamourösen Leben zu berichten – von der Frage, ob sie sich für Mr Cruel, Mr Danger oder den netten (faden?) Elliot entscheiden soll, vom rauschhaften Katalogshopping, daraus resultierenden Geldsorgen, ihrer Busenfreundin Ruth und ihrem chronisch leeren Kühlschrank. Das Anti-Superweib Alice K. hat eine wunderbar selbstironische und tragikomische Autobiografie geschrieben, in der sie u. a. erläutert, warum Frauen sich ohne große Handtaschen nackt fühlen und warum eine Laufmasche schrecklicher sein kann als der Gang zum Frauenarzt.

Caroline Knapp (das Alter ego von Alice K.) ist Kolumnistin und Modejournalistin beim ›Boston Phoenix‹. Ihre Kolumne »Out There« (in der Alice K. gelegentlich auftaucht) erscheint auch im ›Utne Reader‹ und im ›L. A. Reader‹. Sie lebt in Cambridge, Massachusetts. Caroline Knapp ist die Autorin von ›Alkohol – meine heimliche Liebe‹ (1996).

Caroline Knapp

Warum Frauen große Handtaschen brauchen

Das Tagebuch der Alice K.

Aus dem Englischen von
Christiane Filius-Jehne

Deutscher Taschenbuch Verlag

Deutsche Erstausgabe
Februar 2001
Deutscher Taschenbuch Verlag GmbH & Co. KG,
München
www.dtv.de
© 1994 Caroline Knapp
Titel der amerikanischen Originalausgabe:
›Alice K.'s Guide to Life‹
Dutton Plume, a division of
Penguin Putnum Inc., New York 1994
ISBN 0-452-27121-5
Deutschsprachige Ausgabe:
© 2001 Deutscher Taschenbuch Verlag GmbH & Co. KG,
München
Das Werk ist urheberrechtlich geschützt.
Sämtliche, auch auszugsweise Verwertungen bleiben vorbehalten.
Umschlagkonzept: Balk & Brumshagen
Umschlagfoto: © Steven Klein für Bally
Gesetzt aus der Galliard 10/11,75˙ (QuarkXPress)
Satz: Fotosatz Reinhard Amann, Aichstetten
Druck und Bindung: C. H. Beck'sche Buchdruckerei,
Nördlingen
Gedruckt auf säurefreiem, chlorfrei gebleichtem Papier
Printed in Germany · ISBN 3-423-20400-1

In liebendem Angedenken an meine Eltern

Jean W. Knapp
19. September 1927 – 18. April 1993

Peter H. Knapp
30. Juni 1916 – 7. April 1992

Inhalt

Prolog	9
1. Die Erwachsenenjahre	13
2. Alice K. und die Liebe, Teil 1: Die Begegnung mit Elliot M.	53
3. Der Alltag einer Frau	73
4. Alice K. und die Liebe, Teil 2: Die Begegnung mit Mr Danger	123
5. Wie man sich in der eigenen Haut wohl fühlt	151
6. Alice K. und die Liebe, Teil 3: Das Chaos	175
7. Wie es sich im Körper einer Frau lebt	193
8. Alice K. und die Liebe, Teil 4: Die grausame Realität	231
9. Leben im Büro	251
10. Alice K. und die Liebe, Teil 5: Lösung (vielleicht)	285
Epilog	309

Prolog

Alice K. (Initiale geändert) liegt sorgengeplagt in ihrem Bett.

Alice K. hat soeben die neueste Ausgabe von ›Glamour‹ durchgeblättert und ist dabei auf etwas gestoßen, das so entsetzlich, so beunruhigend ist, dass es ihr die Haare zu Berge stehen lässt.

Da, direkt auf der Seite.

Eine Frau. Eine offenbar berufstätige junge Frau in den Dreißigern. Eine Frau, die genauso aussieht wie Alice K.

Und da, direkt über den Augen der Frau, ist einer dieser dicken schwarzen Balken, mit denen die Identität verschleiert wird.

»O mein Gott«, sagt Alice K. »Ich bin in der *Don't*-Rubrik, ich bin mega-out.«

Wie konnte das passieren? Hat Alice K. denn nicht den größten Teil ihres Erwachsenenlebens damit zugebracht, einen solchen Schicksalsschlag zu verhindern? Hat sie nicht all diese Zeitschriften, all diese Ratgeber gelesen? Hat sie nicht aus der erdrückenden Flut von Informationen, die auf Frauen wie sie herniedergehen, jedes winzige Detail aufgesaugt? *Sie hat!* Sie hat alles beherzigt: wie man sich anzieht und auftritt, wie man Erfolg hat. Wie man sich einen Mann angelt, sich durchsetzt, schlanke Oberschenkel bekommt, einen Mann an sich bindet, kocht, sauber macht und die Wohnung einrichtet und wie man sich anzieht, wenn sich ein Mann abgeseilt hat, damit ein neuer anbeißt, wie ... *Wie konnte das passieren?*

Alice K. wirft einen erneuten Blick auf die Zeitschrift. Sie betrachtet das Bild genau. Ihr Mut sinkt. Kein Zweifel: Das ist sie selbst. Das schulterlange, dunkelbraune Haar, das sich im Regen kräuselt. Die zierliche Gestalt, die nervösen Hände, die knochigen Knie. 162 cm (augenscheinlich) schlecht gekleidete Alice K. fett auf einer ganzen Seite, damit es die ganze Welt sehen kann.

Sie betrachtet sich das Foto daneben. Neben Alice K. (die Leggings anhat, ein übergroßes schwarzes Jackett und flache schwarze Stiefel) ist eine große, gertenschlanke, selbstbewusst dreinblickende Blondine zu sehen, die Leggings trägt, ein übergroßes schwarzes Jackett und klobige schwarze Plateauschuhe.

Unter dem Foto der gertenschlanken Blonden ist zu lesen: »*Do!* Bleiben Sie im Dschungel der aktuellen Schuhmode auf der Höhe der Zeit!«

Und unter dem von Alice K.: »*Don't!* Lassen Sie sich nicht von Ihren Stiefeln aus dem letzten Jahr in jemanden von gestern verwandeln!«

Alice K. kann es nicht glauben.

Von gestern! Ich bin jemand von gestern!

Sie dreht sich in ihrem Bett um und jammert leise. Vielleicht ist das ihr Schicksal, denkt sie. Vielleicht hat sie ihr ganzes Leben damit verbracht, sich langsam und unaufhaltsam auf die *Don't*-Seite des ›Glamour‹-Magazins zuzubewegen. Tief in ihrem Inneren hat Alice K. nämlich stets unter dem hartnäckigen Gefühl gelitten, dass da irgendetwas mit ihr nicht stimmte, dass irgendwas an ihr *anders* war. Sie sieht vielleicht aus wie jede andere junge Frau ihrer Zeit: Sie hat einen anspruchsvollen Job (Alice K. ist Redakteurin für die Rubrik ›Neue Produkte‹ in einer Hochglanzpublikation mit Namen ›Grüne Göttin‹, dem »Magazin für die umweltbewusste Frau von heute«), ist attraktiv, intelligent und gebildet. Aber ein Teil von Alice K. war schon immer misstrauisch. Ein Teil von ihr hat sich schon immer Zeitschriften angesehen, Fotos von Menschen wie der selbstbewusst dreinblickenden gertenschlanken Blondine über der *Do-* Bildunterschrift und dabei gedacht: *Das bin nicht ich. Dieses Bild spiegelt nicht mein Leben wider.*

Jetzt liegt sie also in ihrem Bett und denkt darüber nach.

An diesem Abend, noch bevor sie festgestellt hatte, mega-out zu sein, war Alice K. bereits durch den jüngsten ›Cosmopolitan‹-Persönlichkeitstest »Haben Sie genügend Sexappeal?« gerasselt. (Sie hatte den Teil mit dem enthusiastischen Stöhnen verhauen.)

In einer anderen Zeitschrift hatte sie einen Artikel mit der Überschrift »Ja! Ja! Ja! Sie können einen vaginalen Orgasmus haben« gelesen und festgestellt, dass ihr dies – Nein! Nein! Nein! – wahrscheinlich in einer Million Jahren nicht gelingen wird!

Und in einer dritten hatte sie über einem Beitrag gebrütet, der den Titel hatte »One Night Stands: Wie Sie es schaffen, dass er ganz scharf auf Sie ist und wiederkommt!« und sich in langen Beschreibungen darüber erging, wie man eine supergute Blasnummer hinlegte und gleichzeitig enthusiastisch stöhnte. Bei der Vorstellung kam es ihr buchstäblich hoch und sie legte die Zeitschrift mit einem Gefühl der Beschämung beiseite.

Nein! Das bin nicht ich!

Es wird immer später und Alice K. empfindet eine schwache schmerzliche Sehnsucht, den Wunsch, endlich damit aufhören zu können, Bücher und Zeitschriften zu lesen, in denen es um selbstbewusstes Aussehen geht und gertenschlanke Blondinen, die beherzt und schwungvoll durch die Welt schreiten.

Sie würde gerne etwas über Frauen lesen, die anstelle von Plateauschuhen flache Stiefel tragen, minimalen Sexappeal und wirklich keine Lust zum Stöhnen haben *und sich dabei dennoch gut fühlen*. Sie würde gerne etwas – irgendwas! – über Frauen lesen, mit denen sie sich identifizieren könnte.

Und dann plötzlich hat Alice K. eine Idee, die so brillant ist, dass sie kerzengerade im Bett hochfährt.

Jetzt hab ich's, denkt sie, *ich schreibe mein eigenes Buch!*

1. Die Erwachsenenjahre

Wie man erwachsen wird oder auch nicht

Alice K. (Initiale geändert) liegt im Bett und zerbricht sich den Kopf, ob sie als Erwachsene nicht eine völlige Niete ist.

Ich habe schon wieder Choco Crispies gegessen, denkt sie. Zwei Teller Choco Crispies. Ich bin eine erwachsene Frau und habe wie eine Sechsjährige in meinem Bademantel vor dem Fernseher gesessen und Choco Crispies gegessen.

Alice K. weiß natürlich, dass das an sich nichts Schlechtes ist. Es kann ziemlich gemütlich sein, am Ende eines Tages nach Hause zu kommen und sich mit einem Teller Frühstücksflocken vor dem Fernseher niederzulassen. Aber die Choco Crispies beunruhigen sie dennoch.

Von Erwachsenen erwartet man, dass sie anders leben, denkt sie. Erwachsene haben abends nach Hause zu kommen und sich ein gesundes Abendessen aus Fisch und Gemüse zuzubereiten, Überweisungen auszustellen, um ein paar Rechnungen zu bezahlen, ihre Zähne mit Zahnseide zu reinigen und dann gut zu schlafen. Und man erwartet von ihnen, dass sie sich selbst als verantwortliche, selbstbestimmte, tüchtige Menschen sehen.

Selbstbestimmt? Tüchtig? Das sind nicht unbedingt die Begriffe, mit denen Alice K. sich gewöhnlich definiert.

Alice K. hat im Gegenteil oft das Gefühl, eine im Körper einer älteren Frau gefangene Siebzehnjährige zu sein, ein verschüchtertes, unsicheres junges Ding, das zwar so tun kann, als sei es kompetent und reif, jedoch insgeheim das Gefühl hat, die ganze Welt wird älter und weiser, während es selbst auf der Stelle tritt.

Ich kann überhaupt nicht mit Geld umgehen, denkt sie, *ich komme nicht mit meinem Auto klar. Ich habe große Angst vor unstrukturierter Zeit. Ich bringe meine Wäsche noch immer zu meiner Mutter. UND MEINE MUTTER LEBT IN EINEM ANDEREN BUNDESSTAAT!*

Es wird zunehmend später, und Alice K. verzweifelt langsam. Sie denkt an ihre ältere Schwester, Beth K., die verheiratet ist und in einem richtigen Haus mit einem richtigen Ehemann und einem richtigen Baby lebt. Sie denkt an ihre beste Freundin, Ruth E., die offenbar stets furchtlos und unverzagt in die Welt schreitet. Sie denkt an all die Leute, die sie kennt und die sich wie richtige Erwachsene zu verhalten scheinen, Erwachsenenessen zu sich nehmen und Erwachsenenaufgaben erfüllen und sich Erwachsenenziele setzen: Heirat, Hypotheken, Investment-Papiere.

Ist irgendetwas nicht in Ordnung mit Alice K.? Hält irgendein genetischer Defekt sie davon ab, sich als eingetragenes Mitglied der Erwachsenengesellschaft zu fühlen? Alice K. blättert gelegentlich das ›Diagnostische und Statistische Handbuch der Amerikanischen Gesellschaft für Psychiatrie‹ durch, um auf diese Frage eine Antwort zu finden, aber das verdammte Ding führt Choco Crispies nicht im Register auf.

In ihren wenigen hellen Momenten weiß Alice K. allerdings genau, was nicht in Ordnung ist. Alice K. kennt die Ursache ihres Elends nur zu gut: Es ist alles die Schuld von Mary Tyler Moore.

Mary Tyler Moore. Die ist schuld. Erinnern Sie sich an Mary in ihrer entzückenden Einzimmerwohnung in diesem reizenden Gebäude in Minneapolis? Die reizende Mary mit ihrer schicken Garderobe und ihrer geschmackvollen Einrichtung?

Früher, als Teenager, als Alice K. eine leicht zu beeindruckende Jugendliche auf der Suche nach einem Leitbild war, verbrachte sie viele Samstagabende damit, der kessen Mary abzugucken, wie diese moderne Weiblichkeit definierte, und auf diese Weise hat sich deren Bild in Alice K.s Bewusstsein gebrannt.

»Es ist ganz einfach«, sagte Mary, »und es macht Spaß. Leb einfach in einer netten Wohnung in einer sicheren Gegend mit einem Schrank voller Kleider und vielleicht einem Dutzend Paar hübscher Schuhe, arbeite in einem Büro, in dem dich deine Kollegen respektieren und bewundern, halte dir eine beste Freundin, mit der du dich amüsieren kannst, setz ein kesses Lächeln auf und wirf, nur um zu zeigen, dass alles gut läuft, ab und zu deinen Winterhut in die Luft.«

Die Sache mit dem Hut hat Alice K. nie richtig ausprobiert, aber an den restlichen Fronten versuchte sie mit aller Macht, Mary nachzueifern. Sie zog nach dem College in die Stadt, fand eine hübsche Einzimmerwohnung, freundete sich mit Ruth E. an und wurde Journalistin.

Aber irgendwie hatte Alice K. nie die entscheidende Wendung vollzogen. Sie wachte nie morgens auf, wie sie tief in ihrem Herzen erwartet hatte, und blickte in ihrem Badezimmerspiegel in das richtige Gesicht: das Gesicht einer zufriedenen, sorglosen, in einem anspruchsvollen Job tätigen Frau; das Gesicht von jemandem mit einem aufregenden Leben und einer peppigen, optimistischen Persönlichkeit.

Was ist passiert?, fragt sie sich, während sie sich im Bett herumwirft. *Was habe ich verkehrt gemacht?*

Ein einziges Wort schießt ihr unweigerlich durch den Kopf: Männer.

Männer.

Alice K. hat die schreckliche, unüberwindliche Tendenz, ihre Lebensangst auf Männer zu projizieren, sich unablässig über die Liebe Gedanken zu machen und ein wirklich erwachsenes, geregeltes Leben mit Partnerschaft gleichzusetzen. Eine richtige Frau hat einen richtigen Mann, oder? Erwachsene haben einen Lebensgefährten. Alice K. kann nichts dafür. In gewisser Hinsicht ist ihr bewusst, dass sie sich nie als voll ausgebildete Erwachsene sehen wird, solange sie nicht in den Spiegel sehen kann und ihr dort das Gesicht einer zufriedenen, sorglosen Frau *mit Partner* entgegenblickt.

Und dennoch ... und dennoch ... Alice K. weiß auch noch etwas anderes, dass nämlich hinter dieser Sehnsucht, hinter diesem Streben nach einer perfekten Liebesbeziehung eine lähmende Fantasievorstellung steckt: der Wunsch, gerettet zu werden. Der Glaube – der in ihr seit ihrer Jugend tief verwurzelt und selbst gegen das Bild der kessen, unabhängigen Mary Tyler Moore immun ist –, dass die Lösung für sämtliche Lebensprobleme sich mit den Buchstaben L-I-E-B-E zusammenfassen lässt.

Und dies, so weiß Alice K., ist nicht wahr. *Nicht wahr!* Manchmal möchte sie es von den Dächern schreien, will es so leidenschaftlich gern glauben.

Tief in ihrem Herzen weiß Alice K., dass das Erwachsenwerden aus einer Reihe von langen Kämpfen besteht, dass es ein Prozess von Wandel und Veränderungen, Widerstand und Verwirrung ist, der mit zunehmendem Alter komplizierter und nicht einfacher wird. Und obwohl dieser Wunsch nach einer Partnerschaft, diese regelmäßig wiederkehrende Verzweiflung echt sein mag, ist Alice K. doch weise genug zu sehen, was wirklich dahintersteht: der Wunsch, die Probleme umzulenken, der Wunsch nach einem Goldschatz am Ende des psychischen Regenbogens, einem Goldschatz in Hosen.

Alice K. redet oft mit Ruth E. darüber. »Ich bin nicht einmal sicher, ob ich verheiratet sein *will*«, sagt sie dann. »Ich weiß nicht, ob das wirklich die Antwort auf alles ist.

Ruth E. nickt dann mit ernster Miene. »Ja, es ist mehr so, dass du das Gefühl hast, reif dafür zu sein, oder?«

Reif. O ja. Wie ein Apfel, ein Mensch, der einen schwierigen Weg hinter sich gebracht und dauerhafte Zufriedenheit und inneren Frieden gefunden hat. Alice K. hat nicht das Gefühl, reif zu sein. Tief in ihrem Inneren hat sie vielleicht eine Vorstellung davon, wie ihr Leben mit fünfunddreißig oder achtunddreißig aussehen sollte (Ehemann, Kind, Haus, Job, innere Reife), aber wenn sie jetzt über solche Dinge nachdenkt, empfindet sie eher Angst und Verwirrung als Hoffnung.

Aber ich bin mir meiner selbst nicht sicher genug, um zu heiraten!

Aber ich bin nicht alt genug, um Kinder zu haben!

Aber ich bin nicht verantwortungsvoll genug, um ein Haus zu besitzen!

Aber ich bin noch nicht so reif!

Es wird später, und Alice K. verzweifelt langsam. *Ich bin eine Pseudoerwachsene*, denkt sie. *Eine dreiunddreißigjährige Mogelpackung.*

Aber dann stellt sie das Ganze in einen größeren Rahmen. *Vielleicht ist das einfach die Natur der Dinge*, denkt sie. *Du meinst, das Leben läuft in eine Richtung, und dann stellt es sich als ganz anders heraus.*

Sie versucht sich mit diesem Gedanken zu trösten. Vielleicht ist das Erwachsensein ein Hirngespinst, etwas, das sich nicht fassen lässt, ein Gemütszustand, der dieselben Höhen und Tiefen beinhaltet wie jede andere geistige Verfassung. Und vielleicht ist das Einzige, was Alice K. tun kann, sich weiter durchzukämpfen, wie sie dies immer getan hat, und zwischen Phasen des Selbstzweifels und Phasen der Selbstsicherheit hin und her zu schwanken, Momenten der Schwäche und Momenten der Stärke. Vielleicht ist sie am Ende schlicht und einfach menschlich.

Und dann hat Alice K. plötzlich eine Idee, die so erstaunlich ist, dass sie kerzengerade im Bett hochfährt! Ja! Das ist es! Jetzt weiß sie, wie sie ihr glückloses Leben fortführen kann wie bisher, ohne sich die Pflege und Ernährung vorzuenthalten, die jeder richtige Erwachsene braucht!

Ich hab's!, denkt sie. *Ich esse Bananenscheiben zu den Choco Crispies!*

Die richtigen Küchenvorräte
Alice K.s Leitfaden für Pseudoerwachsene

Richtige Erwachsene haben in ihrer Küche Gemüse, Obst und eine reichliche Menge Fleisch und Käse. Pseudoerwachsene hingegen wissen, dass diese Dinge schnell schlecht werden. Wenn Sie, wie Alice K., ein Pseudoerwachsener sind, wird Ihre Küche in etwa wie folgt bestückt sein.

Obligatorischer Kühlschrankinhalt:

- Ein Liter Milch,
- eine Dose extrem teure Kaffeebohnen,
- ein kleines, steinhartes Stück Parmesan,
- vier Flaschen teures Mineralwasser,
- ein Glas Mayonnaise,
- vier Gläser Dijon-Senf (bitte keine Fragen!),
- fünf Eier (Verfallsdatum ungewiss),
- ein Gläschen Kapern von 1992,
- eine offene Tüte Backpulver, die schon mindestens drei Jahre dort liegt, ohne lästige Gerüche zu absorbieren.

Wahlweise:

- Obst der Saison (ein Stück essen und den Rest verfaulen lassen),
- alles mögliche Grünzeug (einen Salat daraus bereiten und den Rest verfaulen lassen),
- die Überreste eines Hühner-Broccoli-Gerichts, das zufällig und in dem Versuch, ein gesundes Abendessen zuzubereiten, entstanden ist (in einer verschlossenen Frischhaltedose mindestens zwei Monate aufbewahren, öffnen, kreischen und komplett mit Dose in den Mülleimer werfen!),
- ein Glas Salsa,
- Nagellack.

Obligatorischer Speisekammerinhalt:

- Choco Crispies,
- sechzehn gemischte Packungen Nudeln (die Antwort der Natur auf Frühstücksflocken),
- natives Olivenöl extra und Balsamico,
- Mehl, Zucker, Salz, Hafermehl, Reis (Artikel, die vor Jahren gekauft wurden, direkt nach dem Einzug. Nicht anbrechen. Bei gelegentlichen Putzanfällen aus dem Regal nehmen und abstauben.),
- Uncle Ben's Fertigreisbrei (erstanden in einem Winter aus dem spontanen Bedürfnis nach einem schnell zuzubereitenden warmen Breigericht heraus; ungeöffnet),
- unerlässliche Gewürze (Oregano, Rosmarin, Salbei, Pfefferkörner usw.),
- aus einem Impuls heraus gekaufte Gewürze (Weinstein für spontanes und undefinierbares Backexperiment; chinesische Würzmischung für spontanes und undefinierbares chinesisches Kochexperiment; Kardamom für spontanes und undefinierbares indisches Kochexperiment),

- nutzlose Gewürze (Seien Sie ehrlich: Wie oft haben Sie schon Paprika verwendet?).

Wahlweise:

Carr's Water Crackers,
Pepperidge Farm Cookies,
Eine Dose Campbell's-Suppe – Single-Portion – (in einem Anfall von Depression gekauft).

Umgang mit Geld

Alice K. sitzt an ihrem Schreibtisch.

Alice K. blickt auf den Stapel Rechnungen, der vor ihr liegt.

Alice bricht der Schweiß aus.

Ich verstehe das nicht, denkt sie. *Ich verstehe nicht, wovon die Menschen leben.*

Alice K. schuldet den Gaswerken $36,96, der Telefongesellschaft $82,90, der Stromversorgungsgesellschaft $52,39. Sie hat Schulden bei Visa und MasterCard und Tweeds und Bloomingdale. Sie hat die Miete und die Autoversicherung noch nicht bezahlt. Alice K. muss dementsprechend eine dieser schrecklichen nervenaufreibenden Grundsatzentscheidungen treffen, die sie schlottern machen: Krempelt sie die Ärmel ihrer Bluse hoch und bezahlt die Rechnungen, oder wirft sie jedem Unternehmen einen winzigen Knochen von $20,00 hin und gibt den Rest des Geldes für die olivgrünen Wildlederschuhe aus, auf die sie seit zwei Wochen scharf ist?

Geld. Alice K. hasst Geld. Geld ist für Alice K. eines dieser abstrakten Dinge, von denen ihr schwindelig wird und sie trübe Augen bekommt.

Alice K.s Strategie im Umgang mit Geld sieht folgendermaßen aus:

- Geld verdienen.
- Geld ausgeben.
- Wenn du kein Geld verdienst oder ausgibst, mach es wie mit dem Schmutz in den Ritzen zwischen den Badezimmerfliesen: Wenn möglich, ignorieren und inständig hoffen, dass sich jemand – irgendjemand – anders darum kümmert.

Alice K. ist der Typ Mensch, der jeden dritten Tag am Geldautomaten steht, diesen 100 Dollar ausspucken lässt und dann verwundert zusieht, wie das Geld verschwindet, sich wie durch Zauberhand *in Luft auflöst!*

Was? Wie kann das sein? Gestern hatte ich 100 Dollar und heute nur noch $11,50, und alles, woran ich mich erinnern kann, ist, dass ich ein Thunfischsandwich und ein Paar Strümpfe gekauft habe.

Tatsächlich ist es nicht ganz so mysteriös. In den seltenen Momenten, in denen Alice K. sich selbst gegenüber in Gelddingen ehrlich ist, weiß sie genau, was mit diesen fünf knisternden 20-Dollar-Scheinen passiert ist.

Ein typischer Tag verläuft so:

1. Am Morgen duscht Alice K., schlürft ein Tässchen (aus extrem teuren Kaffeebohnen gekochten) Kaffee, verbringt fünfzehn nicht eingeplante Minuten damit, in ihrem Kleiderschrank nach einer Bluse zu suchen, die nicht gereinigt werden muss, und stellt dann fest, dass es zu spät ist, um Frühstück zu machen. Also rennt sie los in Richtung Arbeit, bleibt an der Bank stehen, um 100 Dollar aus dem Geldautomaten zu ziehen, und kauft sich dann einen weiteren Kaffee und einen Maismuffin (der ist gesünder als der mit den Blaubeeren) im Coffeeshop unten an der Straße.

Das macht $1,37 zuzüglich 50 Cents für die Tageszeitung, und während Alice K. in ihr Büro rennt, denkt sie nicht über die Tatsache nach, dass sich die Summe auf $488,07 beläuft, wenn sie dies ein Jahr lang jeden Tag macht.

2. Die Mittagszeit naht und Alice K. blickt von ihrem Schreibtisch auf. Sie ist hungrig. Sie hatte sich vorgenommen, ein hübsches Sandwich und vielleicht etwas Obst mit zur Arbeit zu nehmen, aber – nun, Sie kennen ja den Zustand von Alice K.s Kühlschrank, außerdem hat sie tonnenweise Arbeit und fühlt sich erschöpft, so dass sie beschließt, schnell rauszugehen und sich einfach kurz was zu essen zu besorgen. Alice K. geht in keines dieser schicken Geschäfte – nur in ein kleines Café ein paar Meilen weiter –, und sie bestellt nur Suppe und Salat und Mineralwasser, aber zusammen mit dem Trinkgeld beläuft sich ihre Rechnung auf $10,00. Außerdem konnte sie keinen Parkplatz finden und musste Zeit sparen, weshalb sie ihr Auto schnell auf dem bewachten Parkplatz abgestellt hat – was weitere $8,00 macht, zusammen also $18,00, aber wenigstens hat sie nicht wieder einen Strafzettel über $15,00 bekommen. Sie fährt also zur Arbeit zurück und erkennt auch in diesem Fall nicht, dass es sie $936,00 kostet, wenn sie dies ein Jahr lang jeden Tag macht.

3. Etwa gegen drei Uhr nachmittags schreit Alice K.s Körper nach Kaffee (er hat dies schon einmal um zehn und um 11 Uhr 30 getan und wird es um 16 Uhr 30 ein weiteres Mal tun), weshalb sie sich einen weiteren Becher für 68 Cent in dem nahe gelegenen Coffeeshop holt (Gesamtsumme am Ende des Tages: $2,72). Na ja, in gewisser Weise weiß Alice K., dass sich das addiert und addiert. Sie weiß, wenn sie die Ausgaben berechnen würde, wäre ihr klar, dass sie allein für den Kaffee während ihrer Arbeit im Jahr $709,92 ausgibt, aber im entscheidenden Moment scheint Koffein einfach immer unverzichtbar. Es

hält sie wach, lässt sie durchatmen, gibt ihr Energie bis zum Abendessen.
4. Abendessen. Alice K. denkt nicht ans Abendessen. Sie arbeitet bis spät und auf dem Nachhauseweg muss sie an der Reinigung Halt machen, wo sie $12,00 für ein paar Blusen und eine Jacke auf den Tisch legt (was sie wenigstens einmal im Monat tut, im Jahr also für $144,00). Dann macht sie einen Zwischenstopp bei der Drogerie, um sich eine Tube Zahnpasta zu kaufen. (Oh, und drinnen beschließt sie, dass ein weiteres Paar Stümpfe oder zwei als Reserve gut wären, woraufhin sie sich gleich mehrere mitnimmt, und dann sieht sie diese Glühlampen, die sie braucht, und diesen Nagellackentferner, und – ooooooh! – L'Oréal hat einen neuen Schaumfestiger, und erst letztens haben ihre Haare Alice K. in den Wahnsinn getrieben; also nimmt sie sich auch davon eine Dose. Gesamtsumme: $29,17.)
Alice K. geht schließlich nach Hause, und sie hat Hunger. Sie steht da und denkt nach. Im Gefrierfach liegt etwas, aber das ist tiefgekühlt. Es sind auch Choco Crispies da, aber die hat sie diese Woche schon zweimal gegessen, und außerdem fühlt sie sich dann immer so erbärmlich. Und da, gerade als sie nach dem Teller und dem Löffel greift, klingelt das Telefon! Es ist Ruth E.! Oder Beth K.! Oder eine Freundin vom College, die Alice K. seit Jahren nicht mehr gesehen hat! Es spielt keine Rolle! Irgendeine Person ist am Telefon und fragt Alice K., ob sie sich mit ihr zum Abendessen trifft!
5. Alice K. steht da, das Telefon in der Hand, und denkt nach. Sie sollte wirklich nicht ausgehen. Sie hat bereits für nichts und wieder nichts an einem Tag $63,51 ausgegeben und sich deshalb vorgenommen, sich ein wenig einzuschränken. Außerdem wollte sie den Abend zu Hause verbringen, einfach mal einen Abend dasitzen und entspannen und vielleicht sogar ihre Finanzen ordnen.

Aber dann denkt sie, dass es so nett wäre, sich bei einer hübschen Mahlzeit zu entspannen, die Woche war hart, und es ist ja nur ein kleines Abendessen ... Und dann, während sie denkt: *O Mist, ich muss morgen früh zur Bank*, spaziert Alice K. in die Dunkelheit hinaus und bereitet sich darauf vor, $36,49 für eine Designerpizza und zwei kleine Gläser Weißwein auszugeben.
So läuft das ab. Finanzbulimie.

Ruth E., die in Geldangelegenheiten ungefähr genauso ist, macht die Wirtschaft dafür verantwortlich, die gestiegenen Lebenshaltungskosten, den Dollarkurs.
Aber Alice K. weiß es besser: Es geht alles auf diesen ersten Brief zurück, dieses erste bösartige, hinterhältige Schreiben. Es kam zwei Wochen nach ihrem Collegeabschluss an. Ein harmloser kleiner Brief in einem offiziell aussehenden Umschlag.

Liebe Alice K.,

da wir Sie als Kundin so hoch schätzen, haben wir beschlossen, ihr Kreditlimit von $32,95 auf $7,2 Billionen zu erhöhen. Und zerbrechen Sie sich nicht Ihren hübschen kleinen Kopf wegen der 26 Prozent Zinsen. Wir wollen nur, dass Sie losziehen, sich amüsieren und GELD AUSGEBEN!

Mit ganz herzlichen Grüßen,
Ihre Freunde von MasterCard

Alice K. glaubte ihren Freunden von MasterCard: Und als diese ihren Kredit ein drittes und viertes und fünftes Mal erhöhten, glaubte sie ihnen wieder. Alice K. *wusste*, dass sie eine hoch geschätzte Kundin war. Es war egal, dass sie auf dem College Geisteswissenschaften studiert hatte und in einem

Job mit $9000-Jahresgehalt gelandet war, während ihre Freundinnen in der Wirtschaft für sechsstellige Einkommen arbeiteten. Oder dass sie sich in einem hinteren Winkel ihres Gehirns über die Gefährlichkeit der 26-prozentigen Zinsen im Klaren war. Alice K. war kreditwürdig. Alice K. konnte so gut mit der Karte wedeln wie die Besten von ihnen. Und Alice K. ließ nie zu – nie –, dass sich ihr die hässliche Frage nach finanzieller Verantwortung in den Weg stellte. Nein, nein, *nein*. Zu der Zeit hatte Alice K. gerade das College absolviert, richtete ihre hübsche Einzimmerwohnung ein, hatte vor, sich nach dem Vorbild von Mary Tyler Moore zu formen, und die grausamen Zeiten waren angebrochen, in denen sich alles nur auf eine Frage der Ausstattung reduzierte.

Mehr ist es nicht! Wenn man mit Ziegenkäse für $49,95, sonnengetrockneten Tomaten für $32,00 und Steinpilzen für $79,95 aus einem Feinkostladen kommt, vermittelt einem dies ein richtiges Erwachsenengefühl!

Alice erinnert sich noch lebhaft daran, wie sie einmal in der Haushaltswarenabteilung von Bloomingdale's stand, mit $62,50 auf dem Konto, und gedacht hatte: *Ich bin eine erwachsene Frau und brauche diese Espressomaschine für $396,00. Ich brauche sie einfach.* Manchmal blitzt die Erinnerung daran auf, und ihr bricht der Schweiß aus.

Aber genau so dachte man damals über das Einkaufen: Es war ein Bedürfnis, für das menschliche Wohlbefinden so fundamental wie Wasser und Luft. Was bedeutete es, wenn sich ihre Kreditkartenschulden auf $25000,00 beliefen und sie in der vagen, aber permanenten Furcht vor dem Wort »zahlungsunfähig« lebte? Wenn der Begriff »Budget« sie zusammenzucken ließ? Solange Alice K. in ihre relativ gut ausgestattete Wohnung stürmen und das entschlossene Klick-klick ihrer Ferragamo-Pumps auf dem glänzenden Parkettboden hören und wie eine viel beschäftigte moderne Frau herumfegen konnte (die Einkaufstasche auf die Küchentheke, Durchgehen der Post, Abhören des Anrufbeantworters), war es ihr möglich, so etwas Ähnliches wie Kultiviertheit zu empfinden, irgendwie das Gefühl zu haben, sich in die richtige Richtung entwickelt zu haben, weg von dem linkischen Mädchen in Jeans und Sweatshirt, das sie auf dem College gewesen war, hin zu jemanden – *ja* – wie Mary Tyler Moore.

Natürlich war das, auf was Alice K.s Entwicklung wirklich hinauslief – mit den sechzehn kurzen schwarzen Röcken, der Edel-Küchenmaschine und dem Mikrowellenherd, die sie zufällig besaß –, der finanzielle Ruin. Eine geldpolitische Katastrophe. Sie wurde zu der Sorte Frau, die ihre Rechnungen an unauffälligen Orten verschwinden ließ, um sie dann zu ignorieren. *Rechnungen? Was für Rechnungen? Dieser Stapel Umschläge, der da hinter dem Toaster klemmt, wo ich ihn nicht sehen kann? Das sind keine Rechnungen. Das sind ... das sind ... Ich habe sie nur dorthin gesteckt, um die Krümel aufzufangen, okay?*

Alice K. wird nie diesen Nachmittag vergessen, als sie mit allen Geldkarten ihr Kreditlimit erreicht hatte und von MasterCard gesperrt wurde – gesperrt! Sie hatte, über den Mülleimer in der Küche gebeugt, die Karte entzweigeschnitten und geweint. *Ich verstehe das nicht. Sie haben mir gesagt, ich sei eine so gute Kundin!*

Noch wird sie die Tage vergessen, die sie im Kaufrausch verbracht hat. Die Art und Weise, wie ihr Herz raste, wenn sie zufällig eine bestimmte Wildlederjacke oder ein perfektes Paar Pumps entdeckte (*Sie kosten ein Wochengehalt? Kein Problem!*). Und auch nicht das Ausmaß, in dem ihr fragiles Selbstbewusstsein stieg und fiel, je nachdem, was sie anhatte, oder ob in ihrem Badezimmer die richtigen Hautpflegeprodukte standen oder wie behaglich ihre Wohnung aussah, wenn sie abends durch die Tür kam.

Einmal, als sie die Miete nicht zahlen konnte, ging Alice K. aus, gab $98,00 für einen roten Wildledergürtel aus und hatte daraufhin einen heftigen Streit mit ihrem alten Lover, Mr

Cruel, der sie für verrückt erklärte. Alice K. hatte ihn damals angesehen und tatsächlich gesagt: »Du verstehst das nicht. Wenn du nicht genügend farbige Accessoires hast, kann das die reine Hölle sein.«

Und nun, während sie die Visa-Rechnung an ihrem Schreibtisch aufreißt, denkt Alice K. über das Anspruchsdenken nach, das hinter solch einer Haltung steht, die Vorstellung, sie würde ernsthaft eine Wildlederjacke oder ein neues Paar Schuhe *brauchen*. Sie denkt an all die Menschen in der Welt, deren Bedürfnisse so viel elementarer und akuter sind. Sie denkt an die Obdachlosen.

Sie lässt sich den Satz durch den Kopf gehen: *Wenn du nicht genügend farbige Accessoires hast, kann das die reine Hölle sein*, und sie fragt sich: *Habe ich das wirklich so gesehen? War ich wirklich so hohl und oberflächlich, dass ich ernsthaft zwischen farbigen Accessoires und der Befriedigung menschlicher Grundbedürfnisse eine Parallele ziehen konnte?*

Alice K. blickt auf ihre Visa-Rechnung und schluckt. Ihre Schuld beläuft sich auf $237,26. Sie greift zu einem Stift und atmet tief durch. Dann denkt sie an diese olivfarbenen Schuhe. Und sie stellt einen Scheck über den Mindestbetrag aus.

Auto? Welches Auto?

»Alice K., wann hast du zum letzten Mal das Öl in diesem Ding gewechselt?«

Alice K.s Liebhaber fragen sie das schon, seit sie denken kann.

»Öl?« Wenn das passiert, setzt sie ein unschuldiges Gesicht auf und versucht ihre Stimme süß und schwach klingen zu lassen. »Muss ich das denn machen?«

Sie erwartet darauf natürlich eine beruhigende, männliche

Antwort: *Zerbrich dir deswegen nicht deinen hübschen kleinen Kopf, Alice K., ich kümmere mich darum.* Aber häufiger bekommt sie eher etwas in der Richtung zu hören von: »Mein Gott, Alice K., warum bist du nur so eine Vollidiotin, was Autos anbelangt?«

Alice K. hat darauf keine Antwort.

Alice K. hasst Autos.

Alice K. verabscheut Autos.

Das Fahren macht ihr nichts aus. Alice K. setzt sich eigentlich gern in ein Auto und fährt lange Autobahnstrecken. Sie drückt eigentlich gern aufs Gaspedal und dreht das Autoradio auf. Sie versteht die Faszination, die von all diesem Rauf-auf-die-Straße-, Wind-im-Haar-, Das-ist-Freiheit-Zeug ausgeht, das man mit dem Fahren assoziiert.

In anderen Worten, Alice K. mag das Fahren an sich; es ist die dazugehörige Technik, die sie unerträglich findet.

»Ich kann nichts dafür.« Das ist Teil zwei dessen, was sie den Männern antwortet. »Ich bin eine typische Frau, wenn es um Autos geht.« Sie meint das im abwertendsten Sinne. Dumm. Hilflos. Schnell mit den Nerven am Ende.

Ölstand, Reifenwechsel, Autocheck. Bei Wörtern und Wendungen wie diesen würde Alice K. am liebsten davonlaufen, den Kopf in den Sand stecken und im Kongress ein Gesetz durchbringen, das jeder Frau mit Führerschein ihren eigenen Kfz-Mechaniker garantiert.

Natürlich hat Alice K. verschiedene Theorien bezüglich dieses Problems. Eine davon ist die, dass, seit sie in anderen Lebensbereichen so extrem motiviert und perfektionistisch ist, ihr Auto das einzige Terrain geblieben ist, auf dem sie Impulsen von Schludrigkeit und Bequemlichkeit nachgeben kann.

Ruth E. hat einmal zu Alice K. gesagt, ihre Wohnung sei so ordentlich, dass, wenn man mit einem Flugzeug über das Wohnzimmer fliegen würde, dieses aussähe wie der Mittlere Westen, alles in perfekten rechten Winkeln angeordnet. Aber ihr Auto? Überall zerknüllte Notizzettel und Parkscheine;

alte Servietten, Kaffeebecher und leere Wasserflaschen; zerrissene Bücher, vergilbte Zeitschriften, vor sich hin gammelnde Sportklamotten.

Manchmal, wenn sie einen Anfall hat, sich bessern zu wollen, nimmt sie eine Abfalltüte und stopft all den Plunder und Müll hinein, um dann den Beutel ein halbes Jahr auf dem Rücksitz liegen zu lassen, bis er aufreißt und der ganze Schrott sich wieder überall im Wagen verstreut, dahin, wo er vorher gelegen hatte.

Überflüssig zu erwähnen, dass Alice K.s Vorgehensweise bezüglich der Wartung ihres Autos dieselbe ist. Alice K.s Autowartungssystem ist nahezu exakt dasselbe wie ihr Geldmanagementsystem:

Fahr das Auto!
Park das Auto!
Mach sonst gar nichts, außer das Auto läßt sich nicht starten oder macht so fürchterliche Geräusche, dass du eine Festnahme riskierst!

Das ist jedoch nicht die ganze Wahrheit. Etwa einmal im Jahr fährt Alice K. nämlich das Auto in die Werkstatt, stürzt mit besorgtem Gesichtsausdruck herein, murmelt etwas von Durchchecken und flieht.

Sie befürchtet, wenn sie zu lange dort herumhängt, könnte ihr der Mechaniker irgendwelche Fragen stellen – »Wollen Sie, dass ich die Bremsen durchsehe?« oder »Was ist mit dem Vergaser?« –, was dann zu einer zwanzigminütigen Unterhaltung über verschiedene Formen von Klopfen und Klingeln und unterschiedliche Einstellungsmöglichkeiten führen würde, die damit endete, dass Alice K. schließlich einen Scheck über die doppelte Höhe ihres monatlichen Einkommens ausstellen würde für Dinge, die sie nicht versteht und nicht einmal aussprechen kann.

Alice K. geht lieber zum Gynäkologen als in die Autowerkstatt. So schlimm ist es. Es ist weniger erniedrigend, auf dem kalten Untersuchungsstuhl zu liegen und die Beine in diesen Halterungen zu haben, als in einer Werkstatt zu stehen und irgend so einem Typen zu lauschen, der versucht, einem die Feinheiten der Quantenphysik eines Vergasers zu erklären, und so zu tun, als würde man auch nur einen Bruchteil von dem, was er sagt, verstehen.

»Also, wir haben hier ein Problem mit dem Ausgleichsgetriebe; das teilt das Drehmoment des Motors gleichmäßig auf die Treibwellen der Treibräder auf.«

Worauf Alice K. am liebsten sagen würde: »Was? Hey, können wir uns über Gefühle unterhalten oder Schönheitspflege oder irgendetwas, das ich kapiere?«

Natürlich sagt sie das nie wirklich. Sie schreit auch nicht oder bittet den Mann, eine Sprache zu benutzen, die sie in der Lage ist, zu verstehen, oder legt ihm auch nur nahe, etwas langsamer zu reden, damit sie versuchen kann, sich an seine Worte zu erinnern, um dann ihren Freund zu fragen, ob man sie übers Ohr gehauen hatte oder nicht.

Stattdessen steht sie da, nickt ernst und sagt: »Ach so. Verstehe ... Und, ähm, wie viel wird das kosten?«

Dann, $768,95 später, fragt ihr Freund, was an dem Auto kaputt war, und Alice K. bemüht sich, irgendwelche Worte zu finden, die zumindest ansatzweise technisch klingen, und murmelt am Ende: »Äh, irgendetwas mit den Triebwellen, glaub ich.« Und dann muss sich Alice K. einen fünfzehnminütigen Vortrag über ihre schreckliche Begriffsstutzigkeit anhören, und sie haben einen dicken Streit.

Sieht so die Romantik von Autos aus? Genau.

Alice K. hatte bisher drei Autos. Das erste war ein schlammfarbener Ford Pinto, Baujahr 1971, der eines Tages, während er vor ihrem Büro geparkt stand, von allein in Flammen aufging. Sie hörte damals die Feuerwehr, sah aus dem Fenster und sagte: »Hey! Da brennt ein Auto!«, und dann »Hey! Da brennt *mein* Auto!« Der Feuerwehrmann, der den Brand löschte, kaufte die Überreste des Wagens für $50,00 von Alice K. und tauchte ein paar Tage später mit einer Flasche Lambrusco an ihrer Wohnungstür auf, worauf sich Alice K. im oberen Geschoss versteckte und ihren Mitbewohnerinnen sagte, sie sollten ihm etwas von einem schrecklichen Unfall erzählen, der sie völlig entstellt habe.

Das zweite Auto war ein Toyota Corolla, Baujahr 1979, den sie so gründlich schrottreif fuhr, dass der Händler lauthals loslachte, als sie fragte, ob sie ihn in Zahlung geben könne.

Als Nächstes kam der schreckliche Hyundai. Alice K. zeigte sich als außergewöhnlich weltgewandte Kundin, als sie den schrecklichen Hyundai erwarb: »Er ist hübsch ... Gibt's den auch in Rot?« Dann unterschrieb sie einen Leasingvertrag mit einer Leasingrate von 19 Prozent, der die Gesamtkosten des Autos über einen Zeitraum von fünf Jahren von $5999 in eine Höhe von um die $ 8,3 Millionen hochschraubte.

Mittlerweile ist der schreckliche Hyundai gekauft und abbezahlt. Er hat ein kaputtes Radio, es fehlen ihm beide Seitenspiegel, die Karosserie ist voller Beulen und Rostflecken, und in vier Wochen ist eine Inspektion fällig. Eine Tatsache, mit der sich Alice K. gedanklich wahrscheinlich in sagen wir fünf oder sechs Monaten auseinander setzen wird.

Ruth E. sagt ihr, sie solle sich deswegen keine Gedanken machen. »Du verdrängst das Auto ganz einfach«, sagt Ruth E. »Viele Frauen machen das.«

Alice K. nickt ernst. In der Tat. Alice K. versteht diese Form der Verdrängung sehr gut.

Hinter ihr steckt die unerschütterliche Überzeugung, dass die überfällige TÜV-Plakette plötzlich wie durch einen Akt Gottes am Nummernschild auftaucht. Der feste Glaube, dass ein Strafzettel von über 40 Dollar einfach nicht mehr existiert, wenn man ihn unter der Fußmatte verschwinden lässt. Diese Art von Verdrängung bedeutet, dass man weiss – ja, weiss –, dass die Beulen und Schrammen sich in Luft auflösen, wenn man sie nicht beachtet, dass seltsame Geräusche aufhören, dass das Öl sich selbst reinigt und die Bremsflüssigkeit sich von alleine nachfüllt.

Deshalb ist Alice K. auch immer bass erstaunt, wenn dem schrecklichen Hyundai etwas Schlimmes zustößt. *Was? Sie haben ihn abgeschleppt, und ich soll $475 nachträgliche Parkgebühr bezahlen plus Abschlepp- und Stellkosten plus den Fahrpreis für das Taxi zum Rathaus, wo ich die Parkgebühr bezahlen muss, und dann zum städtischen Sammelparkplatz, um dort das Auto abzuholen? Aber WARUM?*

Autos sind vielleicht starke Maschinen, aber die Verdrängung ist ein starkes Werkzeug. Alice K. sieht es als eine Gabe an.

Männer verstehen das natürlich überhaupt nicht, obwohl Alice K. es ihnen mehrfach zu erklären versucht hat. Vielleicht ist sie nur einfach faul, sagt sie. Vielleicht ist sie auch selbstzerstörerisch veranlagt, von irgendeinem perversen Bedürfnis getrieben, sich ihre Verantwortungslosigkeit in Erinnerung zu rufen. Vielleicht ist sie aber auch nur ein Mensch. Schließlich ist es ermüdend, Woche für Woche zu versuchen, dem Bild der modernen Frau zu entsprechen. Auch das Gefühl, auf zu verschiedenen Ebenen gleichzeitig Erfolg haben zu müssen, ist ermüdend, und es ist eine Last, wenn man den Eindruck hat, ständig unter Beweis stellen zu müssen, dass man faktisch alles, was Männer tun, auch tun kann.

Vielleicht ist die Tatsache, dass Alice K. hartnäckig ihre Ignoranz in technischen Dingen betont, ein Symbol für den sehr menschlichen Wunsch, dass jemand (in diesem Fall jemand, der sich mit Autos auskennt) vorbeikommen und sie retten möge. *Hilfe! Hilfe! Ich verdiene mir meinen Lebensunterhalt selbst und arbeite hart in meinem Beruf und stelle meine Unabhängigkeit unter Beweis, aber bitte – bitte! – lasst mich nicht auch noch das Öl wechseln!*

Alice K. erwähnte diese Theorie einmal gegenüber ihrer Schwester, Beth K.

Beth K. hatte einen Moment lang nachdenklich dreingeblickt und dann gesagt: »Das ist eine Möglichkeit. Aber natürlich gibt es da noch eine andere. Vielleicht bist du ja auch nur eine Vollidiotin in diesen Dingen.«

Freizeitphobie

Sonntage. Hassen Sie Sonntage? Erfüllt Sie die Aussicht auf einen ganzen unverplanten Tag ohne irgendwelche Pflichten mit Furcht und Entsetzen? Vor allem, wenn es draußen sonnig ist?

Dann leiden Sie unter Freizeitphobie.

Und Alice K. kann Ihnen helfen.

Grob definiert ist Freizeitphobie das Gefühl von Angst oder Verzweiflung, das einige Mitglieder unserer heutigen Gesellschaft empfinden, wenn sie sich mehreren aufeinander folgenden nicht strukturierten Stunden gegenübersehen. Es ist eine Furcht vor Isolation und Einsamkeit, die sich durch die Unfähigkeit auszeichnet, sich selbst längere Zeit zu beschäftigen, ohne in Hoffnungslosigkeit und Verzweiflung zu verfallen. Dieses Gefühl überkommt vorrangig berufstätige junge Leute, die allein leben und sich nicht um die Bedürfnisse von Ehepartnern, Haustieren oder kleinen Kinder zu kümmern brauchen, und zwar bekanntermaßen vorrangig im Frühling.

Alice K. litt früher unter starker Freizeitphobie. Tiefer Freizeitphobie. Sie litt große Qualen. Jahrelang wachte sie sonntags mit Beklemmungsgefühlen auf. Manchmal stand sie vor dem Spiegel und sagte »Hallo, ich heiße Alice K. und leide unter Freizeitphobie«, als ob es half, wenn man dem Gefühl einen Namen gab. (Das tat es nicht.) Einmal dachte sie sogar darüber nach, eine Selbsthilfegruppe für Freizeitphobiker zu gründen, aber dann stellte Alice K. fest, dass der einzige Tag, an dem sich so eine Gruppe realistischerweise zusammenfinden konnte, der Sonntag war und dass sie alle zu ängstlich sein würden, ihr Haus für eine Zusammenkunft zu verlassen.

Panik. Angst. Wenn sie jetzt an ihre schweren Phasen von Freizeitphobie denkt, schüttelt sie verwundert den Kopf.

Alice K. stand dann auf, kochte Kaffee, werkelte unsicher fünfzehn oder zwanzig Minuten in ihrer Wohnung herum. Hier bin ich und bossele in meiner Wohnung herum... Hier bin ich und spüle meine Kaffeetasse... Hier bin ich, genetisch unfähig, mir vorzustellen, wie ich meine freie Zeit ausfüllen könnte, womit ich meine UNZULÄNGLICHKEIT ALS MENSCH offenbare.

Denn genau so empfand es Alice K.: als menschliches Defizit. *Was stimmt nicht mit mir?*, dachte sie, wenn sie von dem Herumgewirbele erschöpft war. *Der Rest der Welt schafft es, sich sonntags über die Tatsache zu freuen, keine Aufgaben und Verpflichtungen zu haben – warum kann ich das nicht? Der Rest der Menschheit verbringt den Tag draußen und amüsiert sich bestens – fährt Fahrrad, geht Hand in Hand im Park spazieren, verliebt sich –, während ich alleine zu Hause sitze. Was ist los mit mir?*

Alice K. stellte fest, dass sie ein wenig übertrieben hatte, aber es half nichts. Freizeitphobie schädigt das Selbstbild. Sie lädt zur Selbstsabotage ein. Sie lässt Wahlmöglichkeiten wie eine Last und Aktivitäten und Gelegenheiten für menschlichen Kontakt unmöglich, unattraktiv und niederdrückend erscheinen.

Soll ich die Zeitung holen? *Nö, zu stressig.*

Ins Kino gehen? *Nö.*

Die Wohnung putzen? *Eigentlich ja, aber mir ist das Ajax ausgegangen.*

Soll ich Briefe schreiben? Das würde ich ja, aber ich habe keinen Computer zu Hause, und ich scheine angesichts der engen Verknüpfung von Technik und Gesellschaft heutzutage wirklich nichts mehr mit der Hand schreiben zu können, und ich bin mir nicht einmal sicher, ob ich überhaupt Briefpapier da habe, und ...

Selbst in den akuten Phasen wusste Alice K., dass dies ein destruktiver Geisteszustand war. Alice K. wusste, dass ein Nachgeben gegenüber dieser jammernden inneren Stimme eine Kapitulation vor der Faulheit und der Langeweile bedeutete. Und Alice K. stellte fest, dass sie in einen Zustand tiefer Trägheit verfiel und Gefahr lief, den Rest des Monats auf dem Sofa klebend vor dem Kabelfernsehen zu verbringen, wenn sie nicht aufstand und an einem unstrukturierten Tag innerhalb der ersten Stunde nach dem Aufstehen etwas *tat*.

Aber dieses Wissen half nichts. Woche für Woche, Sonntag für Sonntag sah sich Alice K. in ihrer Wohnung gefangen, von Langeweile und Selbstzweifel überwältigt. War sie deprimiert oder lediglich faul? Langweilte sie sich, oder war sie ein langweiliger Mensch? Und warum bekam sie den Hintern nicht hoch und *tat* etwas?

Das war das Schlimmste, das Eingeständnis, dass sie, ein erwachsenes Wesen, keine klare Vorstellung hatte, womit sie sich aufmuntern oder unterhalten sollte. Alice K. saß dann da und dachte nach – über ihr normales Leben an den Wochentagen, das voller Arbeit, Pläne, Termine und Verpflichtungen war, um dann festzustellen, in welchem Maße ihr diese ganze Struktur dabei half, sich von den düstereren Dingen, die in ihrer Seele lauerten, abzulenken: Traurigkeit, Angst, Verwirrung. Und dann sehnte sie sich nach solch einer Ablenkung, sah auf die Uhr und sagte: *O Gott, erst halb vier!*

Aber eines Tages hatte Alice K. endlich eine Eingebung. Es war an einem späten Sonntagnachmittag, und sie hatte auf ihrem Sofa gesessen und nachgedacht. Sie saß da und dachte darüber nach, wie sehr sie sich wünschte, in einem Kulturkreis zu leben, in dem man den Menschen beibrachte, zu entspannen und die Einsamkeit hoch zu schätzen. Und dann dachte sie über das Sitzen und Nachdenken nach und darüber, wie sehr sie wünschte, diesen Teil ihres Gehirnes – welcher auch immer das war – abstellen zu können, der sie dazu zwang, dazusitzen und über das Sitzen und Nachdenken zu grübeln. Und dann stürzte sie sich in einem Anfall von Entschlusskraft in eine Flut von Aktivitäten. Sie schrubbte das Badezimmer, putzte die Küche, öffnete die Schränke und staubte deren Inhalt ab.

Diese Tätigkeit ermüdete Alice K. zwar, aber sie hielt sie davon ab, auf ihrem Sofa zu sitzen und über das Denken nachzudenken, und es machte ihr auch etwas klar bezüglich dieser Furcht, die sie empfand, dieser Unfähigkeit, mit unstrukturierter Zeit zurechtzukommen.

Tief in ihrem Inneren, dachte Alice K, würde es mit harter Arbeit verbunden sein, wenn sie lernte, mit diesem Problem umzugehen. Es würde bedeuten, dass sie sich die Fähigkeit aneignen musste, sich auf einer grundsätzlichen Ebene zu mögen und auf ihre Bedürfnisse zu achten, die Dinge herauszudestillieren, die der Seele gut taten, und die, bei denen das Gegenteil der Fall war. Das würde bedeuten, dass man so etwas wie Langeweile tolerierte und die Trägheit selbst vertrieb.

Und dann hatte Alice K. plötzlich eine Idee. Einen perfekten Plan. Einen Weg, ihre Selbstachtung zu steigern, ihren Bedürfnissen nachzugehen *und* ihre inhaltslosen Sonntage zu füllen.

Das ist es!, dachte Alice K. *Katalogshopping!*

Rückblende

Alice K. sitzt im Restaurant und ist im Begriff, ein Getränk zu bestellen, als sie sich unvermittelt in die Vergangenheit zurückversetzt fühlt. Das war in letzter Zeit häufig passiert, und sie macht sich langsam darüber Gedanken.

Der Kellner stellte eine einfache, nonchalante Frage: »Was

darf ich Ihnen bringen?«, und aus irgendeinem unerklärlichen Grund überfiel Alice K. der Wunsch zu fragen: »Was ist der Chardonnay des Monats?«

O mein Gott, denkt sie. *Was ist los mit mir? Diese Frage ist seit Jahren aus der Mode!*

Und dann hat sie alles wieder vor sich: die Kellner, die auf einen zukamen und sagten: »Hi, mein Name ist Jorge, und ich bringe Ihnen heute Abend Ihr Essen, und bald werde ich Sie alle siebeneinhalb Minuten belästigen, um zu sehen, ob sie sich nicht meine persönlichen Probleme anhören wollen oder vielleicht frisch gemahlenen Pfeffer über ihren Salat haben möchten, und wo ich schon hier stehe, lassen Sie mich die Spezialitäten des Abends aufzählen.« Dann folgte die Rede, der zwölfminütige Dialog über das aktuelle Fischangebot des Abends, das aus geräuchertem Lachs an Kaviar-Sahnesoße bestand, also Lachs, den man geräuchert hatte und dann in einer Soße aus Kaviar und Sahne servierte, und das Pasta-Angebot des Abends, nämlich Ziegenkäse-Tortelloni an einer kräftigen Cayennepfeffer-Tomatensauce, also Tortelloni, die mit Ziegenkäse gefüllt waren und dann in einer kräftigen Sauce aus Cayennepfeffer und sonnengetrockneten Tomaten geschwenkt wurden. O Gott! Es war schrecklich! Und dann trank man fünf Gläser Chardonnay, und das Essen kam und war ein winziger Teller, der $94,00 kostete, und man aß ihn nicht einmal auf, weil man aufgrund von zu viel Kokain den Appetit verloren hatte, und all das ließ einen erwachsen und schick erscheinen, aber wenn man aufwachte, hatte man einen grausamen Kater, kein Geld mehr im Portemonnaie und ...

Erst in diesem Moment versetzte sich Alice K. einen mentalen Klaps und versuchte sich in die Wirklichkeit zurückzukatapultieren. Sie schluckte kräftig und sah den Kellner an.

»Wir haben das Jahr 2000, stimmt's?«

Er nickte.

»Schön. Dann hätte ich gerne einen doppelten Cappuccino. Ohne Koffein. Mit zweiprozentiger Milch.«

Zu erwachsen

»Also, was genau möchtest du über mein Leben wissen?«

Mr Cruel, Alice K.s früherer Freund, hatte ihr diese Frage während eines Essens gestellt, das etwa ein Jahr nach ihrer Trennung stattgefunden hatte, worauf sie an ihrem Schweinekotelett fast erstickt war.

Was genau sie wissen wollte? Wie viele Details über das gegenwärtige Liebesleben ihres ehemaligen Liebhabers musste sie sich wirklich anhören? In welchem Maße ist es gesund, sich an einen Tisch zu setzen und den ganzen Dreck über sich ergehen zu lassen: Also, wie habt ihr euch denn kennen gelernt? Liebst du sie? Wie ist sie im Bett? *Wie ist sie verglichen mit mir?*

Alice K. hatte sich am darauf folgenden Tag mit Ruth E. während des Mittagessens darüber unterhalten.

»Ich denke, wir sind zu erwachsen geworden«, sagte Alice K. »Nicht nur, was mich und Mr Cruel angeht. Alle.«

Ruth E. stimmte ihr zu. Dann erzählte sie Alice K. von einem Arbeitskollegen. Sein Name war Mitch, und seine Freundin hatte vor kurzem einen ehemaligen Liebhaber für Ostern zu ihren Eltern nach Hause eingeladen, irgendeinen Typen mit Namen Antoine, was so hochgestochen klang, dass Mitch am liebsten gekotzt hätte.

»Mitch wollte eigentlich schreien und mit den Zähnen knirschen«, sagte Ruth E. »Aber stattdessen sagte er: ›Klar, lad ihn ein. Ich bin ein erwachsener Mensch, ich kann damit umgehen.‹«

Alice K. nickte ernst. Dann redeten sie über Beth K., die einmal mit einem Typen liiert war, der jede Woche einen Abend mit seiner Exfrau bei einem Candlelight-Dinner verbrachte, einer Frau, die mit Selbstmord drohte, als er sagte, er wolle sich scheiden lassen. »So ist das Leben heute«, sagte er, wenn Beth K. es nicht mehr ertrug. »Du kannst die Menschen, mit denen du eine so lange gemeinsame Geschichte hast, nicht einfach verlassen.« *Ach was, Geschichte*, wollte Beth K. immer sagen, aber das hätte unvernünftig geklungen. Also nickte sie, nahm es hin und schloss sich dann im Badezimmer ein, um zu heulen.

Alice K. sah von ihrem Salat auf. »Wie verständnisvoll sollen wir heutzutage eigentlich sein?«, fragte sie. »Wo arten Verständnis und Hinnahme in Selbstzerstörung und den Verlust des eigenen Ichs aus?«

Dann erinnerte sie sich aus heiterem Himmel an Barry T.

Sie fragte: »Erinnerst du dich noch an Barry T.?«, und dann schrien beide vor Lachen.

Viele Monde und Verabredungen zuvor war Alice K. das erste Mal bei Barry T. zu Hause gewesen – es war damals vielleicht ihr zweites Treffen – und hatte an seinem Küchentisch gesessen. Dann stellte sie fest, dass er auf diesem eine Packung Kondome liegen hatte. Sie sprangen ihr direkt ins Gesicht, und Alice K. saß mehrere Stunden da und bemühte sich mit aller Kraft, diese Kondome nicht anzusehen, nicht darüber nachzugrübeln, ob ihr Vorhandensein auf dem Tisch wohl bedeutete, dass er ihr etwas sagen wollte, und sich selbst davon zu überzeugen, dass eine vernünftige Frau mit so etwas kein Problem hatte. *Kondome auf dem Tisch? Was soll's?*

Später am Abend sagte Barry T. zu Alice K: »Du ziehst mich wirklich sehr an, Alice K., aber ich bin in einer anderen Beziehung engagiert, mit einer Frau, die momentan nicht in der Stadt ist, und wir ziehen vielleicht zusammen, aber ich bin mir nicht sicher, und in der Zwischenzeit würde ich gerne ein Wochenende mit dir wegfahren und Sex mit dir haben.« Dies war eines dieser »Wenn-du-vernünftig-bist-kannst-du-das-akzeptieren«-Gespräche, und Alice K. weiß noch, dass sie sich vor allem unter Druck gesetzt fühlte, wie ein reifer Mensch zu reagieren, verständnisvoll und einsichtig, obwohl sie eigentlich aufstehen wollte und sagen: »Was bin ich? Ein Buick, den du Probe fahren möchtest?«

Ruth E. schüttelte bei der Erinnerung an diese Episode den Kopf, dann rückte sie diese in eine historische Perspektive.

Vor langer, langer Zeit – sagen wir, in den fünfziger Jahren – hätte Alice K. dem Mann vielleicht eine heruntergehauen und wäre heulend davongelaufen.

In den Sechzigern wäre sie im Namen der freien Liebe an Ort und Stelle mit ihm ins Bett gesprungen.

In den Siebzigern und Achtzigern hätte sie sich auf ein entsetzlich ehrliches Gespräch über Gefühle und Bedürfnisse eingelassen und darüber, in welcher »Sphäre« sie sich beide bewegten.

Aber seit den Neunzigern ist die freie Liebe tot. Das Gleiche gilt für die totale Ehrlichkeit. Jedenfalls hat sie sich als zu schwer erträglich und schmerzlich herausgestellt. Und übrig geblieben ist... dass wir vernünftig und erwachsen sind.

»Was ist eigentlich aus Barry T. geworden?«, fragte Ruth E.

Alice K. konnte sich nicht erinnern. Sie wusste nur noch, dass sie sich unter Druck gefühlt hatte, emanzipiert und vernünftig zu handeln, und daran, dass sie rot geworden war und ungefähr elfmal »vielleicht« gestammelt und so zu tun versucht hatte, als wäre sie überhaupt nicht verlegen. Aber sie fuhr mit ihm nicht übers Wochenende weg, und sie kann sich auch nicht erinnern, ihn wieder gesehen zu haben.

Dann erinnerte sich Alice K. an Bill M., einen gut aussehenden, frisch geschiedenen Mann, mit dem sie ein Verhältnis gehabt hatte, das etwa zehn Stunden dauerte. Alice K. hatte an dem (zumindest nahezu) ersten Abend, an dem sie miteinander ausgegangen waren, mit Bill M. geschlafen, sich heftig in ihn verliebt und dann die nächsten drei Wochen in schierer Seelenpein verbracht und sich in den Zustand erwachsener Besonnenheit zu reden versucht. »Nein«, hatte sie sich gesagt, ganz rational und vernünftig, »wenn man mit jemandem schläft, bedeutet das noch lange nicht, dass man sich ineinander verliebt oder auch nur zum Telefonhörer greift, um sich ein zweites Mal zu verabreden.« Dann hatte sie Ruth E. angerufen und gejammert: »Aber er hat noch nicht einmal angerufen! Meinst du, das hat etwas zu bedeuten? *Was* hat das zu bedeuten?«

Alice K. dachte darüber nach. Früher gab es Regeln. Wenn du mit jemandem geschlafen hast, bedeutete dies, dass du eine Liebesbeziehung hattest. Und wenn du herausfandest, dass das nicht so war, hast du den Knaben ein Oberarschloch genannt, und all deine Freundinnen haben sich solidarisch um dich geschart. Heute ist alles, worauf wir zurückgreifen können, die Ansicht, dass Erwachsene die seltsamsten und unerklärlichsten Verhaltensweisen an den Tag legen und dass wir lernen müssen, nicht zu viel zu erwarten. Die Welt ist komplex – geh wie ein erwachsener Mensch damit um.

Als Bill M. schließlich doch angerufen hatte, war Alice K. ruhig und vernünftig gewesen, und sie und Bill hatten sich etwa zwanzig Minuten (über ihn) unterhalten, und dann hatten sie aufgelegt, ohne ein weiteres Treffen verabredet zu haben. Danach hatte Alice K. nachdenklich dagesessen. *Ich bin ein erwachsener Mensch. Nicht jede Beziehung endet so, wie man es sich wünscht. Solche Dinge passieren modernen jungen Frauen, so ist Gelegenheitssex eben.* Seufz.

Dann hatte sie das Telefon genommen und es an die Wand geschmissen.

Manchmal, denkt Alice K., ist es nicht gut, so reif und verständig zu sein. Manchmal macht es das Selbstbewusstsein kaputt, wenn man so dasitzt, nachsichtig, vernünftig und ruhig, und sich ganz rational sagt, dass Verletzungen einfach zum Leben dazugehören, dass es nur darum geht, Enttäuschungen mit Anstand zu bewältigen, die Komplexität des Lebens zu akzeptieren.

Dies war tatsächlich im Falle von Mr Cruel ein Problem gewesen. Alice erinnerte sich während ihres Essens daran. Einmal hatte Mr Cruel ihr gesagt, dass seine letzte Freundin ihm immer höllisch gut einen geblasen habe und dass dies etwas sei, das er vermisse, und er sage ihr dies nur, weil er der Ansicht sei, ihr Sexualleben brauche ein wenig Anschub; er wolle »an ihrer Beziehung arbeiten«. Es war egal, dass Alice K.s Selbstbewusstsein in Sachen Sex etwa dreizehn Jahre lang im Eimer war. Dies, versuchte sie sich damals einzureden, war ein Teil der Komplexität des Lebens.

Aber während sie dort mit Ruth E. beim Mittagessen saß, begann Alice K. über eine Frage nachzudenken: Was passiert mit den anderen Gefühlen, die einen überfallen, wenn man sich so erwachsen und vernünftig verhält? Was passiert mit dem Teil von einem, der schreien und schmollen möchte? Und was passiert mit dem tief in der Seele lauernden Verdacht, dass eine Menge der Verhaltensweisen, auf die man gefälligst wie ein erwachsener Mensch zu reagieren hat, häufig unverschämt und selbstsüchtig sind? Verhaltensweisen, die Männer und Frauen an den Tag legen, die alte Lieben nicht loslassen können. Oder die nicht ehrlich sind, was ihre Bindungsfähigkeit angeht. Oder die Dinge von einem fordern (blindes Verständnis, Sex), aber im Gegenzug keine Rücksicht auf die Gefühle des anderen nehmen wollen.

Dann fiel ihr eine Unterhaltung ein, die sie mit Beth K. geführt hatte. Beth K. war traurig gewesen. Ihr Mann war damals wütend auf sie gewesen, weil sie ängstlich, deprimiert und lustlos gewesen war. »Er möchte, dass ich mich wie eine Frau benehme«, hatte sie gesagt, »und er findet, dass ich mich wie ein Kind aufführe.« In einer Anwandlung von Weitsicht hatte Alice K. ihr geantwortet, dass es absolut in Ordnung sei, wenn man sich manchmal wie ein Kind benimmt. Dass, egal wie groß, stark und erwachsen wir seien, es einen Teil in uns gebe, der stets in kindliches Verhalten zurückfalle, der nichts anderes wolle, als sich unter der Decke zusammenzurollen, im Dunkeln zu liegen und sich an der Bettwäsche festzuklammern, dass dies menschlich sei, wie so viele andere menschliche Gefühle, die wir mit unserer Erwachsenenfassade zu verdrängen suchten: Ärger, Verwirrung, Eifersucht, Schmerz und Wagenladungen voller gewöhnlicher alter Neurosen.

Ruth E. unterbrach ihren Gedankengang: »Also, wie ging es dann weiter mit Mr Cruel bei diesem Abendessen?«

Alice K. erstattete Bericht: Sie hatte Mr Cruel gesagt, sie wolle den ganzen Dreck wissen, und er hatte ihn über ihr ausgeschüttet: Name, Adresse, Nummer wie viel, Brustumfang.

Na ja, nicht wirklich Brustumfang, aber das war nebensächlich.

Alice K. hatte ihm gleichmütig zugehört, Fragen gestellt, zustimmend genickt. Sie hatte sich wie eine gute Freundin verhalten. Sehr erwachsen.

Dann war sie nach Hause gegangen und hatte ihre Voodoopuppen hervorgeholt.

Zu jung

Alice K. sitzt auf ihrem Sofa, eine Zeitschrift im Schoß und einen Ausdruck von Entsetzen und Panik im Gesicht.

Es ist passiert. Eines dieser schrecklichen Ereignisse. Einer dieser Augenblicke wahren Horrors, die das Ego anfressen und einen jäh auf den Boden der Tatsachen zurückbringen.

Folgendes war geschehen: Alice K. hatte müßig die Zeitschrift durchgeblättert, als sie auf die Kurzbiografie einer Romanautorin gestoßen war, einer jungen Romanautorin, deren Buch auf die Bestsellerlisten gekommen und dann von einem großen Hollywoodstudio für eine Verfilmung gekauft worden war.

Sie las die Biografie und dachte: *Wie interessant.* Und dann fiel ihr das Foto der Romanautorin ins Auge, und es traf sie wie ein Blitz:

O mein Gott, ich kenne diese Frau. Sie war drei Klassen unter mir auf der HIGH SCHOOL! Diese Frau ist reich und berühmt und macht außergewöhnliche Dinge, und sie ist DREI JAHRE JÜNGER ALS ICH!

Alice K. unterdrückte einen leichten Brechreiz.

Das ist ein schreckliches Phänomen, denkt Alice K., und es erklärt, unter anderen Dingen, warum sie die Lektüre des Ehemaligenberichts ihres Colleges hasst und warum sie die Bücher von Brett Easton Ellis nicht lesen wird oder von Douglas Coupland oder ziemlich jedem dieser jungen Generation, der es geschafft hat, groß rauszukommen, noch bevor die letzten Pickel die Chance hatten zu verschwinden.

Zu jung!, denkt sie. *Das ist nicht fair! Wenn ich König wäre, würde ich verkünden, dass es niemandem erlaubt ist, berühmt und reich zu sein oder außergewöhnliche Dinge zu tun, der jünger ist als, sagen wir, ich.*

Sie ruft Ruth E. an und erzählt ihr, was passiert ist. Ruth E. ist äußerst mitfühlend.

»Junge Leute sollten ihre Zeit damit verbringen, ihren emotionalen Verpflichtungen nachzukommen und sich mit Minderwertigkeitskomplexen herumzuschlagen«, sagt sie. »Junge Leute sollten nicht zu selbstbewusst sein, zu ausgeglichen, zu erfolgreich. Es sollte entsprechende Vorschriften geben.«

Alice K. ist ganz ihrer Meinung. Dann erzählt sie Ruth E. von einem Vorfall, der sich ein oder zwei Tage zuvor ereignet hat, als sie hinter einer jungen Frau in der Schlange am Geldautomaten stand – sie war vielleicht neunzehn, höchstens Anfang zwanzig –, die in dieser widerwärtigen Art mancher jungen Leute in der Öffentlichkeit vor Selbstbewusstsein strotzte. Die junge Frau deckte ihren Freund mit spöttischen Bemerkungen ein und machte geistreiche Witze über komplizierte tagespolitische Ereignisse. Sie warf ihr Haar nach hinten und trug ein ungeheures Selbstbewusstsein zur Schau. Strotz, strotz.

Während sie so dastand, hatte Alice K. die verschwommene Vision, dass sich diese junge Frau zu der Sorte Mensch verwandelte, die mit fünfundzwanzig Botschafter wurde (oder einen Bestsellerroman schreibt und die Filmrechte an ein großes Hollywoodstudio verkauft, wenn sie drei Jahre jünger ist als Alice K.). Sie hätte ihr gerne eine geschmiert.

Sei gefälligst wie eine normale Zwanzigjährige, fauchte sie innerlich. *Sei unsicher, von Selbstzweifeln gebeutelt, schüchtern und ängstlich. Mit anderen Worten, sei, WIE ICH WAR.*

Immerhin ist Alice K. dreiunddreißig und verbringt noch immer viel zu viel Zeit damit, sich wie zwölf zu fühlen, und so führt es, wenn sie viel versprechende junge Leute voller Selbstbewusstsein herumtanzen sieht, nur dazu, dass der Zwiespalt zwischen ihrem äußeren und ihrem inneren Alter betont wird. Es macht sie verwirrt und nachdenklich. In welchem Alter wird man wirklich erwachsen, im vollen Sinne des Wortes?

Alice K. kannte Leute auf dem College, die diese Frage nicht im Leisesten in Verwirrung zu bringen schien, und sie hasste auch diese. Eine Frau, Eliza, die wie fünfunddreißig aussah und nicht von geringsten Selbstzweifeln befallen war, verkündete Alice K. zu Beginn des ersten Semesters, dass sie ihr Examen in Umweltpolitik ablegen, dann zwei Jahre in Indien herumreisen, nach Washington zurückkehren und in einer einflussreichen Position in der Umweltbehörde landen wolle. *Hä?* Alice konnte damals noch nicht einmal sagen, was sie zum Abendessen wollte. An den meisten Tagen kann sie das heute immer noch nicht.

Ruth E. hat diesbezüglich eine Theorie: Vielleicht ist die Welt einfach in zwei Lager geteilt: in Leute, die sich mit dem Erwachsenwerden quälen, und solche, die dies nicht tun. Alice K. ist eingetragenes Mitglied der ersten Gruppe, was bedeutet, dass sie das Erwachsenwerden für einen enorm langen und komplexen Prozess hält, einen lebenslangen Kampf, der beinhaltet, dass man seine Grenzen und die der anderen akzeptieren lernt, die eigenen Bedürfnisse und Eigenheiten versteht und sich allmählich in seiner Haut wohl fühlt. In Alice K.s Vorstellung kostet einen dies Jahre um Jahre, eine Menge seelischer Qualen und viele Veränderungen der Standpunkte.

»Ich habe einfach Schwierigkeiten, Leuten zu trauen, die den ganzen Prozess offenbar überspringen und der Zukunft ohne Angst entgegenschweben«, sagt sie zu Ruth E.

Ruth E. pflichtet ihr bei, und Alice K. fährt fort: »Ich hasse die Leute nicht direkt, die an dem Kampf nicht teilhaben«, sagt sie, »und auch nicht die, die instinktiv wissen, wer sie sind, und locker-flockig ihren Weg gehen.«

Ruth E. unterbricht sie: »Du möchtest nur, dass die kleinen Scheißer es unter Ausschluss der Öffentlichkeit tun, stimmt's?«

Alice K. lächelt. Sie liebt Ruth E.

Offener Brief an S. I. Newhouse

Sehr geehrter Mr Newhouse,

mir ist bewusst, dass Sie sich als Leiter von Condé Nast Publications bereits mit einem ganzen Haufen Zeitschriften herumschlagen müssen, aber ich habe einen Vorschlag für ein neues Magazin, das, wie ich denke, viele Ihrer Leser ansprechen würde.

Erlauben Sie, dass ich mich selbst vorstelle: Mein Name ist Alice K., und wie viele Mitglieder Ihrer Leserschaft, bin ich eine junge berufstätige Akademikerin in den Dreißigern. Gleichzeitig bin ich eine langjährige Leserin vieler Ihrer Zeitschriften (›Glamour‹, ›Self‹, ›Vogue‹ und so weiter). Aber während meiner Ansicht nach viele dieser Publikationen auf überzeugende Weise Wunschvorstellungen der Leute bezüglich ihrer Persönlichkeit ansprechen (sie wollen selbstbewusst, Trendsetter und relativ frei von Konflikten und innerer Unruhe sein), scheinen mir nur sehr wenige sich an die tatsächliche Persönlichkeit dieser Menschen zu wenden (die unsicher sind, nicht mit sich im Einklang und chronisch von Konflikten und innerer Unruhe geplagt).

Ich würde Ihnen gerne dabei behilflich sein, dieses zu ändern. Ich würde den Zeitungsmix von Condé Nast gern ausgewogener gestalten und eine neue, mehr auf der Realität aufbauende Publikation auf den Markt bringen, die ich ›Gefangen‹ nennen möchte.

Hier mein Vorschlag:

Warum wir die Zeitschrift ›Gefangen‹ brauchen

Im Wesentlichen brauchen wir die Zeitschrift ›Gefangen‹, weil nach meiner vorläufigen Marktforschung aus der Vorbereitungsphase 98,5 Prozent der Bevölkerung in der einen oder anderen Form gefangen sind. Im Job, in schlechten Beziehungen oder, genereller, in negativen und angstbeladenen Weltbildern und/oder dem eigenen Ich, was sie daran hindert, sich im Leben vorwärts zu bewegen.

Obwohl viele Publikationen (einschließlich der Ihren) das Phänomen ansprechen, dass man gelegentlich im Leben gefangen ist, sehe ich mich doch zu der Bemerkung genötigt, dass dies oft zufällig oder gar auf zweifelhafte Weise geschieht. Ausgehend von meiner Marktforschung habe ich herausgefunden, dass ein primäres Problem bei vielen Zeitschriften das übertriebene Gewicht ist, das diese auf äußere/kosmetische Veränderungen und Weiterentwicklung legen. ›Glamour‹ zum Beispiel regt Frauen dazu an, sich einen neuen Job, einen neuen Mann oder einen neuen Haarschnitt zuzulegen, als ob einen der bloße Besuch bei einem teuren Stylisten im Leben vorwärts katapultieren könnte. ›Self‹ bietet einem »Zehn Schritte zu einem besseren Selbst« an, eine eher heimtückische Anleitung insofern, als sie die Schuld für das Gefangensein dem Gefangenen zuschiebt. Die

Botschaft, die sich dahinter verbirgt, ist, wenn ich so vermessen sein darf darauf hinzuweisen, die folgende: Wenn du irgendwo gefangen bist, dann weil du Idiot nicht den »Zehn Schritten zu einem besseren Selbst« gefolgt bist. Es liegt nur daran, dass du deinem mangelnden Selbstbewusstsein erlaubt hast, dich an der Bewerbung um den Job eines Stellvertretenden Vostandsvorsitzenden des größten amerikanischen Konzerns zu hindern. Mit dem Programm schaffst du's!

Ich habe nicht vor, Sie zu kritisieren, S.I., wahrhaftig nicht. Aber diese Art von Botschaft scheint dem zu widersprechen, was meine vorausgehende Marktforschung bezüglich der menschlichen Natur ergeben hat.

Meine Marktforschung geht auf viele Jahre intensiver Psychotherapie zurück, die mich zu der folgenden Theorie gebracht hat, welche ich die Theorie der persönlichen Relativität nenne oder $A=L/A^2$ (für den Laien lässt sich dies als folgende Gleichung übersetzen: Ambivalenz = Liebe/Arbeit^2). Einfach ausgedrückt geht diese Theorie davon aus, dass Ambivalenz das innerste Wesen der menschlichen Natur ist, speziell wenn es um die beiden Dinge geht, die Sigmund Freud als zentral für das menschliche Wohlbefinden beschreibt: Liebe und Arbeit. Und da Ambivalenz ein zentraler Faktor der menschlichen Natur ist, verbringen die meisten Menschen einen Großteil ihres Lebens damit, sich zwischen gegensätzlichen Kräften in der Klemme zu fühlen. Diesem Job oder dem anderen. Dieser Beziehung oder jener. Tatsächlich kann man den Standpunkt vertreten, dass das Leben an sich im Großen und Ganzen daraus besteht, sich von einer Klemme zur nächsten zu bewegen, ein Prozess, der im Allgemeinen als »Erwachsenwerden« bekannt ist, der aber für die meisten von uns an alltäglichere Begriffe geknüpft ist wie Angst, Verzweiflung und einen unerklärlichen Heißhunger auf Kartoffelchips.

Auf jeden Fall heißt dies, dass man das Vorhandensein eines publizistischen Vakuums einräumen muss, wenn man dieses Element der menschlichen Natur anerkennt. Bis heute spricht keine

Publikation die Männer und Frauen an, die keinen Bezug zu den gewöhnlichen Weisheiten haben, die landläufige Magazine verbreiten. Keine einzige Publikation wendet sich an die, die keine neuen Haarschnitte wollen oder die nicht daran glauben, dass irgendwelche zehn Schritte ein besseres Selbst kreieren, oder die **nicht qualifiziert** sind für diesen Job als Vizevorstandsvorsitzender des größten amerikanischen Konzerns. Kurz gesagt, keine einzige Zeitschrift identifiziert sich mit denen, die sich irgendwo gefangen fühlen, oder verleiht ihnen eine Stimme.

›Gefangen‹ – Pilotnummer

Das Umschlagbild unserer Pilotnummer würde eine große Reproduktion von Edvard Munchs ›Der Schrei‹ zieren, dieser berühmte Holzschnitt, der so treffend das über viele Jahre hinweg entstandene Gefühl, gefangen zu sein, einfängt. Tatsächlich würde auf allen Ausgaben von ›Gefangen‹ eine große Reproduktion von ›Der Schrei‹ zu sehen sein. Das würde nicht nur untermauern, wofür dieses Magazin steht; es würde auch das Einfühlungsvermögen gegenüber unseren Lesern hervorheben, indem wir suggerieren, dass wir immer wieder an ein und demselben Umschlag festhalten, weil uns – ganz wie diesen – ein Wechsel zu viel Angst macht, wir zu sehr das Risiko scheuen, zu **gefangen** sind in unseren Vorstellungen, um irgendetwas anders zu machen.

Das Magazin würde aus diversen Artikeln und mehreren festen Rubriken bestehen. Die erste Seite des Magazins würde das Folgende beinhalten:

- Eine monatliche Ratgeberkolumne, um den Lesern zu versichern, dass das Gefühl, im Leben gefangen zu sein, gänzlich normal ist (zum Beispiel: Liebe gequälte Natur, natürlich fühlst du dich in deinem Job gefangen! Du arbeitest zu viel, du hast seit Äonen keine Gehaltserhöhung bekommen, dein Boss behandelt dich wie den letzten Dreck, und draußen herrscht eine Rezession, so dass die Chancen, dich beruflich zu verändern, praktisch gleich null sind. Sieh es ein, Kumpel, du steckst fest!)

- Eine regelmäßige Wirtschaftskolumne, die die staatliche Arbeitslosenstatistik wiedergibt, detailliert jegliche Aufschwung suggerierenden Wirtschaftsindikatoren widerlegt und dabei gleichzeitig denjenigen unter uns, für die keine berufliche Änderung möglich ist, versichert: Es ist nicht unsere Schuld.

- Eine Reportage mit dem Titel ›Die vertrackte Situation des Monats‹, die Menschen porträtiert, die ganz besonders in der Klemme sitzen und dadurch dem Rest von uns das Gefühl vermitteln, ein kleines bisschen weniger gefangen zu sein (nach dem Muster: »Sieh dir Lisa an! Sie ist fünfunddreißig Jahre alt, hat einen Job ohne Perspektive und ist seit sieben Jahren mit demselben Schwachkopf zusammen. Und sie kommt da auch nicht heraus!«).

Das Heft würde allgemeine Artikel darüber enthalten, wie es ist, wenn man festsitzt (»Die Stadt der Gefangenen: Geschichten aus dem Schützengraben«), wie man damit umgeht (»Noch immer gefangen? Wie Sie sich Ihre Eltern vom Hals halten«) und wie man das Beste daraus macht (»Sind Sie in Liebesdingen gespalten? Versuchen Sie sich in zwei Männer zu verlieben – wenigstens ist Ihnen dann nicht langweilig!«). Das Magazin würde auch Tipps zu einer Vielzahl von Themen rund um das Gefangensein anbieten.

Menschen, die zum Beispiel das Gefühl haben, in ihren Jobs nicht weiterzukommen, könnten, wenn sie zu ›Gefangen‹ greifen, dort praktische Tipps finden, wie man mit beruflicher Lethargie und Unzufriedenheit umgeht. Musterthemen könnten etwa sein, wie man so tut, als arbeite man; die Kunst, im Büro einen Lebenslauf zu kopieren, ohne erwischt zu werden, und ein Leitfaden, wie man während der Arbeitszeit Briefe schreibt.

Menschen, die in einem negativen Selbstbild gefangen sind, könnten Strategien erläutert werden, wie man Leute kennen lernt, die im selben Boot sitzen, wie man als Gefangener weniger hart mit sich ins Gericht geht und wie man die verborgenen Vorteile des Gefangenseins genießt, insbesondere die Freiheit von Verantwortung, den dieser Zustand hervorrufen kann. Mögliche Schlagzeilen? »Noch immer unmotiviert? Nicht Ihr Fehler! Geben Sie die Schuld dem Gefangensein!« oder »Sie haben diesem Schwachkopf noch immer nicht den Laufpass gegeben? Machen Sie sich keine Gedanken! Sie stecken einfach fest!«

Ist es denn nicht schon schwer genug, gefangen zu sein, ohne dass man sich deswegen auch noch mies fühlen muss? Verdienen die Gefangenen unter uns nicht Schonung und Unterstützung? Und was sogar noch wichtiger ist: Verdienen sie nicht eine Stimme?

Also, S.I. ... Was meinen Sie dazu?

In Erwartung Ihrer baldigen Antwort verbleibe ich
                                        mit freundlichen Grüßen
                                        Alice K.

2. Alice K. und die Liebe, Teil 1: Die Begegnung mit Elliot M.

Alice K. (Initiale geändert) liegt in ihrem Bett und wird von Angst, Schrecken und grundlegenden Garderobenproblemen geplagt.

Alice K. hat nämlich zu einer Verabredung zugesagt. Zu einer Verabredung mit einem Unbekannten, von dem sie nur die spärlichsten Details weiß: Sein Name ist Elliot M. (richtiges Pseudonym, falsche Initialen), er ist vierunddreißig, »Berater« (was auch immer das bedeutet) und der Cousin einer Freundin von einer früheren Arbeitskollegin, die schwört, dass er »echt süß« sei.

O mein Gott, was habe ich getan?, denkt Alice K. und würde sich am liebsten die Decke über den Kopf ziehen und sich die nächsten Jahre verkriechen. *Warum habe ich mich darauf eingelassen?*

Alice K. hasst erste Verabredungen. Sie hat nichts gegen Männer, sie hat auch nichts gegen das Konzept einer Beziehung, aber sie hasst diese Kennenlern- und Beschnüffeltreffen, die sie (zu Recht, wie sie glaubt) als mit Angst, Unsicherheit und potenzieller unermesslicher Langeweile beladen empfindet.

»Also ... hast du Geschwister?«
»Also ... wo bist du aufgewachsen?«
»Also ... ähm ...« Pause. Längere Pause.
»Hast du Haustiere?« Lähmende Stille.

Alice fühlt eine leichte Übelkeit beim Gedanken an so eine Konversation. Das weckt in ihr den Wunsch, Männer und Frauen könnten einfach dieses Verabredungstheater bleiben lassen und schnelle, geschäftsmäßige Zusammenkünfte vereinbaren, ihre Karten auf den Tisch legen und den andern rasch beurteilen, ohne unter dem Deckmäntelchen der Höflichkeit versteckt Informationen zu sammeln.

»Hi«, würde Alice K. sagen. »Mein Name ist Alice K., und wenn Sie ungelöste Konflikte mit Ihrer Mutter in sich tragen oder montagabends nicht ausgehen, weil Sie da zu Hause bleiben und Football sehen müssen, möchte ich nichts mit Ihnen zu tun haben, okay?«

Wäre das nicht einfacher? Würde uns das nicht endlos viel Zeit und Angst sparen, wenn wir Vor-Verabredungslisten machen und im Voraus sicherstellen könnten, dass der potenzielle Partner überhaupt die Zeit und Energie wert ist? Schließlich hat Alice K. genügend derartige Verabredungen erlebt, um zu wissen, dass diese Checkliste der eigentliche Kern eines ersten Treffens ist. Sie weiß, dass ihr Gehirn die Kriterien herunterrasseln wird, wenn sie die Tür öffnet, um Elliot M. zu begrüßen (was für ein Name ist das überhaupt, *Elliot?*) Sie wird lächeln und sagen: »Hi, Elliot, schön, dass du da bist«, während sie ihn im Geiste hektisch durchcheckt.

Hübsche Augen. Okay.
Richtige Größe. Okay.
Moment mal! Etwas untersetzt. Minuspunkt.
Iih! Polyesterhemd! Zwei Minuspunkte!

Alice K. hasst das. Sie fühlt sich dabei oberflächlich und schrecklich unsicher, weil der Typ ganz offensichtlich exakt dasselbe mit ihr macht.

Diese Überlegung lässt Alice K. in Gedanken zur nächsten Quelle der Besorgnis im Vorfeld einer Verabredung springen: der Kleiderfrage. Was könnte Alice K. anziehen, um zu signalisieren: *Hi, ich bin Alice K. und ich habe Eleganz und Stil, bin aber verletzlich genug, um nicht bedrohlich zu sein, und gleichzeitig modern, unwiderstehlich und sexy, und ich würde deiner Mutter gefallen«*, und zwar alles zusammen? Jeans? Nein, zu leger. Das kleine Schwarze? Nein, zu draufgängerisch. Rock und Pulli? Langweilig.

Was natürlich eintreten wird, ist, dass Alice K. sich tagelang vor dem Treffen mit der Kleiderfrage herumschlägt, um sich dann für etwas ganz Schlichtes zu entscheiden wie zum Beispiel Leggings und einen übergroßen Pullover. Und dann wird sie vor dem Spiegel stehen, sich schminken und in die Leggings und den Pullover schlüpfen. Dann wird sie vor dem Spiegel stehen, die Stirn runzeln, sich die Kleider herunterreißen, etwas anderes anziehen, wieder die Stirn runzeln, wieder alles herunterreißen, in etwas anderes schlüpfen und sich dieses wieder herunterreißen und damit fortfahren, bis der gesamte Inhalt ihres Kleiderschrankes auf dem Fußboden verstreut und sie schweißgebadet ist. Es wird damit enden, dass sie eine Dreiviertelstunde später exakt das anzieht, was sie zuerst anhatte. Und dabei sind noch nicht einmal die siebenundfünfzig Minuten mit berücksichtigt, die sie damit verbringt, an ihren Haaren herumzufuhrwerken und zu kneten.

Alice K. wälzt sich in ihrem Bett. *Warum bin ich nur so neurotisch, was diese Dinge betrifft?*, denkt sie. *Warum bin ich nicht der Typ, der sich irgendetwas anzieht und gut aussieht und nicht glaubt, dass ein abgebrochener Fingernagel oder ein geringfügiger Schönheitsmakel ein Desaster ist?*

Warum? Weil Alice K. einfach so ist. Sie stellte das im selben Augenblick fest, als Elliot M. sie anrief, um sich mit ihr zu verabreden. In dem Moment, in dem sie seine Stimme hörte, waren Alice K.s schwer erkämpfte Gefühle von Unabhängigkeit, Selbstständigkeit, Stolz wie weggeblasen, und sie musste feststellen, dass sie sich gegen ihren Willen in ein Rendezvous-Chamäleon verwandelte, das unablässig damit beschäftigt war, Elliot M.s Wünsche herauszufinden, nett und entgegenkommend zu sein und verzweifelt bemüht, das Richtige zu sagen.

»Gehst du gerne japanisch essen?«, hatte Elliot M. gefragt.

Alice K. hasst japanisches Essen. Sie stellt sich mit Stäbchen total blöd an und von Sushi wird ihr schlecht.

»Ja, natürlich«, hatte sie fröhlich gesagt und sich in Gedanken gesehen, wie sie versucht, ein Stück rohen Aal mit diesen beiden unhandlichen Stäbchen zu greifen und dann zum Mund zu führen, ohne sich zu übergeben oder sich als feinmotorische Null zu entlarven. »Klingt gut.«

Der Plan sieht folgendermaßen aus: Elliot M. holt Alice K. am Freitagabend um halb acht ab und dann gehen sie erst ins Kino und dann essen, wobei der Film das Gesprächsthema liefern wird. Und dann wird Alice K. feststellen, dass sie nach Worten sucht, weil sie sich die ganzen zwei Stunden so verlegen und unwohl in ihrer Haut mit dieser fremden Gestalt neben sich gefühlt hat, dass sie dem Film keine Sekunde ihre Aufmerksamkeit schenken konnte.

Es wird später und später und Alice K. wirft sich in ihrem Bett herum. Die Szenarien werden immer schlimmer.

Was ist, wenn er total grässlich ist und wie Mr Bean aussieht und wir bei unserem gemeinsamen Abend meinem Exfreund über den Weg laufen, der sich von mir getrennt hat?

Was, wenn er mich zum Abschied küssen will, ich das aber nicht möchte?

Was, wenn ich will, dass er mich zum Abschied küsst, dann aber feststelle, dass er mit ekelhaft viel Spucke küsst?

Was, wenn er den ganzen Abend nur über seine Mutter redet?

O nein! Was, wenn er einen behaarten Rücken hat?

Und dann, plötzlich, hat Alice K. einen wirklich Furcht erregenden Gedanken, der sie kerzengerade im Bett hochfahren und um ihre Seele fürchten lässt.

O mein Gott, denkt sie. *Was ist, wenn ich ihn mag?*

Vierundzwanzig Stunden später:

Alice K. liegt im Bett und leidet unter den Nachwehen ihrer Verabredung.

Wird er mich anrufen? Was, wenn er nicht anruft? Soll ich ihn anrufen? Wie bald? WAS SOLL ICH DANN SAGEN? O Gott, ich hasse das.

Die Verabredung war also erfolgreich. *Eine erfolgreiche Verabredung mit einem Unbekannten.* Ist das ein Ding der Unmöglichkeit oder was? Alice K. kann kaum glauben, dass ihr das Schicksal so gewogen war.

Er hat mir gefallen, denkt sie und wirft sich im Bett umher, *er hat mir wirklich gefallen.* Elliot M. hat dunkelbraunes Haar, grüne Augen und hübsche Unterarme. Er war gut aussehend in der Art eines Tom Hanks, was Alice K. wesentlich angenehmer fand, als wenn jemand in der Art eines Tom Selleck gut aussah, weil Frauen jemandem, der in der Weise eines Tom Hanks gut aussehend ist, auf der Straße nicht so nachstarren wie jemandem, der mehr Tom Selleck ähnelt; im Klartext hieß dies, sein Aussehen stellte eine geringere Bedrohung dar. Darüber hinaus schien Elliot M. nett zu sein. Hübsches Lächeln. Lockere Art. Und drei Schlüsseltests hatte er auch bereits bestanden: Er ist Mitglied der Demokratischen Partei, legt kein sichtbares Interesse am montäglichen Football an den Tag und hat nicht die Nase gerümpft, als sie das Wort »Psychotherapie« fallen ließ. Mit anderen Worten, er hat Potenzial.

Natürlich hatte dies auch eine Kehrseite. Wenn Alice K. Elliot M. nicht hätte ausstehen können – wenn er sich als Bier saufender, unterbelichteter Idiot herausgestellt hätte, der noch immer mit vier Kumpels aus seiner Studentenverbindung zusammenlebt, oder wenn er ein BMW-Fahrer und künstlich gebräunter Sklave von Statussymbolen gewesen wäre oder einer dieser empfindsamen neuen Männer, die Bäume umarmten und die Momente, in denen sie geweint hatten, als persönlichen Durchbruch beschrieben –, dann hätte Alice K. ihn sofort abhaken und gut schlafen können. Da er ihr jedoch gefallen hat, liegt sie nun im Bett, unfähig, zur Ruhe zu kommen, weil sie zwanghaft das Rendezvous auseinander nimmt.

Sie waren ins Kino gegangen: Elliot M. hatte einen Steve-Martin-Film ausgesucht (nachträgliche Analyse: gute Wahl, da dies auf ausgefallenen Humor und romantisches Zartgefühl schließen lässt – zehn Punkte; schlechte Wahl, weil Alice K. sich Gedanken machen musste, ob sie nicht zu laut, nicht laut genug oder zu hysterisch lachte – zwei Punkte Abzug).

Dann waren sie zum Abendessen in das japanische Restaurant gegangen (nachträgliche Analyse: schlechte Wahl, weil Alice K. japanisches Essen hasst; gute Wahl, weil sie seinen Geschmack in Sachen Socken bewundern konnte, als er aus seinen Schuhen schlüpfte. Kaschmir. Alice K. hat etwas übrig für Männer, die auf ihre Socken achten – fünf Punkte).

Was war sonst noch passiert? Sie hatten sich über ihre Arbeit unterhalten (er war ein EDV-Berater – acht Punkte). Sie sprachen über ihre Familien (Elliot M. war in Chicago aufgewachsen – zehn Punkte für seinen kosmopolitischen Hintergrund; er hatte ein enges Verhältnis zu seinen Eltern und seinen beiden Brüdern – zehn Punkte für das erfolgreiche Aufrechterhalten von Familienbanden; aber er hatte keine Schwestern – zwei Punkte Abzug für die potenzielle Unfähigkeit, Frauen wirklich zu verstehen). Im Laufe des Abends fand sie auch heraus, dass Elliot M. regelmäßig Sport trieb (fünf Punkte, es sei denn, dies wäre ein Anzeichen für zwanghaftes Verhalten). Er schätzte gutes Essen und guten Wein (dito) und hat früher eine Menge Drogen genommen und Zigaretten geraucht, es dann aber bleiben lassen (was ein Hinweis auf jetziges Gesundheitsbewusstsein war, aber auch auf die Fähigkeit, irgendwann einmal die jugendlichen Eskapaden zu beenden – zehn Punkte). Er mochte *LA Law* früher auch gerne, hörte aber auf sich die Serie anzusehen, als sie total blöd wurde (fünf Punkte), und er las eine Menge Romane, wobei er Richard Ford und Hemingway als seine momentanen Favoriten angab (unklare Analyse: könnte eine gesunde Identifizierung mit dem männlichen Naturburschen-Leben sein; könnte aber auch auf latente sexistische Tendenzen hindeuten und auf die Unfähigkeit, sich mit emotional komplexeren Themen auseinander zu setzen).

Alice K. rechnet die Punkte in ihrem Bett zusammen. Nicht schlecht, denkt sie, obwohl ihr noch eine ganze Menge Informationen fehlen und sie mancher Zweifel quält. Zum Beispiel fuhr Elliot M. einen Volkswagen (gut), aber er hatte das Radio auf einen Classic-Hits-Sender eingestellt (nicht so gut; könnte auf eine gewisse Gleichgültigkeit oder einen Mangel an Fantasie in musikalischen Dingen hinweisen. Hmmm).

Es wird später und später. Alice K. liegt da. Er gefällt ihr. Ja, Elliot M. könnte etwas Besonderes sein. Aber das ist ein schwieriger Gedanke. Während sie darüber nachdenkt, ob er vielleicht der Richtige sein könnte, beginnt Alice K.s nachträgliches Auseinandernehmen des Abends einem viel schmerzlicheren Zwang Bahn zu brechen, nämlich dem, sich selbst auseinander zu nehmen. Wie fand Elliot M. *sie?* Er sagte, er würde anrufen, aber was bedeutete das? Bedeutete das: »Ich rufe dich irgendwann nächstes Jahr an, um zu sehen, ob du immer noch so eine Verlierertype bist«? Oder bedeutete es: »Ich ruf dich morgen an, weil ich in dir die Mutter meiner Kinder sehen könnte«? Und genauso: Als er sie nach Hause brachte und sagte: »Es hat mich wirklich gefreut, dich kennen zu lernen«, meinte er es da im höflichen oder in einem tiefer gehenden, aufrichtigen Sinne? Und warum hatte er sie zum Abschied nicht geküsst? War er ein zurückhaltender Gentleman? Hatte sie Mundgeruch? Oder war er einfach *nicht interessiert?*

Alice K. fühlt bei dem Gedanken daran Angst und Sorge und steigert sich schon bald in einen Anfall von Selbstzweifel hinein. Er wird nicht anrufen. Oder er wird sie anrufen, aber am Ende wird er sie langweilig finden und unzulänglich und sie verlassen. Es wird sich herausstellen, dass er perfekt ist, *der Richtige, der Eine,* und er wird auf und davon gehen und irgendeine Schönheit heiraten, die wie Isabella Rossellini aussieht.

Alice K. versucht sich zu beruhigen. *Was soll das?*, fragt sie sich. *Warum tue ich mir das an?* Sie sagt sich, dass Elliot M. nur irgend so ein Typ ist: Sie kennt ihn kaum, er kann sich noch als totaler Idiot herausstellen. Sie denkt an all die Male, die sie sich mit Typen getroffen hat, die sie mochte, um dann am Ende enttäuscht gewesen zu sein. Sie überlegt, wie hart sie daran gearbeitet hat, unabhängig zu sein und im Leben ohne Mann über die Runden zu kommen. Aber noch gibt es da tief drinnen einen Teil von Alice K., der sich nach Liebe und Romantik sehnt, und wenn an diesem Teil von ihr gerührt wird, dreht dieser an einem Schalter und setzt all ihre tiefsten Hoffnungen, Wunschvorstellungen und Erwartungen frei.

Und wenn das passiert, dann geht Alice K. allmählich auf eine verrückte und irrationale Weise von dem leicht verwirrten Zustand nach einem Rendezvous (*Hey, ich glaube, ich mag diesen Kerl*) über zu dem von zwanghaften Fantasiegespinsten (*Werden wir heiraten? Kinder haben? Benachbarte Grabstellen kaufen?*).

Sie kann nichts dagegen tun. Wider ihren eigenen Willen fängt Alice K. an sich auszumalen, dass Elliot M. ihr am nächsten Tag Blumen ins Büro schickt. Sie stellt sich ihr nächstes Treffen vor: ein romantisches Abendessen, ein Gespräch, spritzig wie Sekt, der erste Kuss. Sie stellt sich vor, wie sie irgendwo ihr erstes Wochenende zusammen verbringen und Elliot M. ihr vor dem offenen Feuer in einem gemütlichen Landgasthaus seine Liebe gesteht: *Ich habe noch nie eine Frau wie dich kennen gelernt, Alice K. Warum treffe ich dich erst jetzt?* Sie stellt sich ihre erste Wohnung vor, die klare und eindeutige Entscheidung zu heiraten und wie sie beide dasitzen und sich die Vornamen für ihre zukünftigen Kinder ausdenken. Und sie malt sich aus, wie sie Elliot M. ihre tiefsten, dunkelsten Geheimnisse mitteilt, Dinge, die sie nie jemandem erzählt, Dinge, die Grenzen einreißen und echte Vertrautheit und dauerhafte Liebe wachsen lassen ...

Und dann kommt Alice K. plötzlich ein grauenhafter Gedanke, der ihr die Haare zu Berge stehen lässt. Sie sitzt kerzengerade in ihrem Bett.

O mein Gott, denkt Alice K. *Wenn wir heiraten, muss ich meine Initialen ändern.*

Drei Wochen später:

Alice K. liegt in ihrem Bett und wünschte, sie wäre Sharon Stone.

Genau in dieser Minute nämlich liegt Alice K. neben Elliot M., und sie hatten zum erstenmal Sex miteinander. Dies ist ein wichtiger Schritt in ihrer Beziehung, eine Bestätigung ihres gegenseitigen Interesses und der Anziehungskraft, die sie aufeinander ausüben, ein erster zärtlicher gemeinsamer Moment, weshalb Alice K. in sofortige und tiefe Panik verfällt.

Sie starrt an die Decke. *O mein Gott,* denkt sie. *Was, wenn es ihm nicht gefallen hat? Was, wenn er gedacht hat, Sex mit mir sei wundervoll und perfekt, und er ihn stattdessen als langweilig und einfallslos empfunden hat und dann in dieser kühlen und distanzierten Stimmung aufwacht, in die Männer verfallen, nachdem sie mit einem geschlafen haben, und sich unruhig und nervös aufführt wie ein in die Falle gegangenes Tier und auf Nimmerwiedersehen aus der Wohnung flieht, bevor er auch noch einen Kaffee getrunken hat?*

Aus diesem Grund also der Wunsch, Sharon Stone zu sein. Wenn Alice K. Sharon Stone wäre, würde sie eine Tigerin im Bett sein, vor Selbstbewusstsein nur so strotzen und über eine Masse erstaunlicher sexueller Tricks verfügen, so erotisch und aufreizend, dass sie Elliot M. für sein ganzes Leben zu ihrem ergebenen Sklaven machen würde. Wenn Alice K. Sharon Stone wäre, würden sich Alice K. und Elliot M. noch immer auf unbeschreiblich leidenschaftliche Art und Weise lieben – und sich dabei keuchend in die Augen sehen –, statt wie Mehlsäcke dazuliegen und zu schnarchen (er) beziehungsweise sich Gedanken zu machen (sie). Und wenn Alice K. Sharon Stone wäre, hätte sie das Gefühl, Beute gemacht, das Herz eines Mannes erobert zu haben, statt von der diffusen Vorstellung verfolgt zu sein, irgendetwas aufgegeben zu haben.

Warum das Gefühl, etwas aufzugeben?, fragt sie sich. Warum erzeugt Sex im frühen Stadium einer Beziehung bei Alice K. stets das Gefühl, sie habe einen entscheidenden Teil ihrer selbst ausgeliefert, ihre Selbstbestimmung bis zu einem gewissen Grad an ihren Partner abgetreten oder irgendwie eine kritische Grenze überschritten? Was war am Sex, das Alice so viel Angst einjagte, verlassen zu werden?

Alice K. dreht sich (ruhig) zur Seite und betrachtet Elliot M., der (natürlich) geräuschvoll schläft. Sie wünschte, sie könnte dieses Gefühl von Verletzlichkeit (denn genau das ist es) in Vertrauen umwandeln statt in Vorsicht; sie hätte gern, dass Sex ihr ein Gefühl größerer Nähe zu Elliot M. vermitteln und sie nicht so unsicher und ängstlich sein lassen würde. Denn Alice K. weiß, dass sie am Morgen aufwachen und sich zerbrechlich und befangen fühlen und unter der Vorstellung leiden wird, dass Elliot M. sie als Enttäuschung empfunden hat. Sie weiß, dass eine Art Barriere zwischen ihnen da sein und gegenseitige Zurückhaltung und Schüchternheit herrschen wird. Und sie weiß nicht, wie sie das vermeiden kann.

Sie denkt erneut an Sharon Stone. *Warum, oh, warum kann ich keine Sexgöttin sein? Warum kann ich nicht locker, verwegen und unbefangen mit Sex umgehen? Warum kann ich ihn nicht als etwas rein Körperliches betrachten und das ganze emotionale Gepäck an der Schlafzimmertür lassen?*

So hatte sie sich auch gefühlt, während sie mit Elliot M. Sex gehabt hatte. Alice K. hatte sich gefühlt, als hätte sie sich selbst aus einem fernen Winkel des Zimmers kritisch und abschätzig beobachtet. Gegen ihren Willen schossen ihr Bilder durch den Kopf – Meg Ryans vorgetäuschter Ich-komm-am-besten-Orgasmus in ›Harry und Sally‹; Susan Sarandons dominierende Sexualität in ›Annies Männer‹; Sharon Stone in ›Basic Instinct‹. Diese Frauen gingen an Sex heran...ja, wie Männer: mit Genuss, Ungezwungenheit und einem gewissen Maß an Egoismus, was ein Indiz dafür war, dass sie ihre eigenen sexuellen Bedürfnisse für berechtigt und echt hielten; Alice K. hingegen fühlte sich von ihrer eigenen Mangelhaftigkeit niedergedrückt, all den Dingen, die sie nicht war.

Oh, Alice K. ist alt genug, um zu wissen, dass Sex im Kino und Sex im richtigen Leben sehr wenig gemein haben. Sie weiß, dass Sex auf der Leinwand immer ganz organisch abläuft, heiß ist und wundervoll choreografiert, während im richtigen Leben Sex mit einer ganzen Menge peinlicher Momente, wenig berückenden Geräuschen und kollidierenden Körperteilen zu tun hat. Die Vorstellung von perfektem Sex ist dennoch nach wie vor mächtig und macht Alice K. schmerzlich bewusst, wie losgelöst sie sich oft von ihrem Körper fühlt, ein Zustand, der meist so lange anhält, bis sie zu einem Mann eine Verbindung entwickelt hat, die stark genug ist, um dieses ständige Sorgenmachen zu beenden. Genau wie sie es erwartet hatte, hatte sie also mit Elliot M. dagelegen, ihm die Initiative überlassen und sich gesorgt, ob sie interessiert genug agierte, um ihn nicht spüren zu lassen, wie zutiefst befangen sie tatsächlich war.

Es wird später und später, und Alice K. schwirrt der Kopf vor postkoitaler Sorgen. Heißt das nun, dass sie und Elliot M. jetzt eine *Beziehung* haben und nicht mehr nur romantische Gefühle füreinander hegen? Heißt das, dass sie von nun an sämtliche Wochenenden gemeinsam verbringen, und falls das so sein wird, wird es dann schön und angenehm sein oder erdrückend, kompliziert und unerfreulich? Und falls es auf eine ernstere Beziehung hinausläuft, wird Alice K. dann in der Lage sein, ihre Furcht vor Nähe und Intimität in den Griff zu bekommen? Wird sie Elliot M. vertrauen können? Mit ihm über die Dinge reden, die sie ängstigen oder beschäftigen?

Elliot M. bewegt sich neben ihr im Bett und Alice K. betrachtet ihn. Er sieht gut aus nachts: zerzaustes Haar, kräftige Mundpartie. Zögernd streckt sie die Hand aus und lässt sie auf seiner Schulter liegen: Sie fühlt sich kräftig und männlich an, und nach ein paar Sekunden schlingt sie behutsam ihre Arme fester um Elliot M.s Oberkörper und schmiegt sich ein wenig enger an ihn.

Er wendet sich daraufhin zu Alice und umarmt sie mit einem leichten, zufriedenen Seufzer. Und sie liegt da, geborgen in Elliot M.s Armen. Alice K. beginnt sich langsam zu entspannen.

Zumindest ansatzweise.

Zwei Monate später:

Alice K. liegt im Bett und leidet unter schwerer emotionaler Klaustrophobie.

Alice K. liegt mit Elliot M. im Bett und ist dabei, in eine altbekannte und schwierige Phase der Beziehung einzutreten, die sie die »O mein Gott, was mache ich mit diesem Mann«-Phase nennt.

Alice K. hasst das. Sie hat den Beginn dieser Phase erstmals vor zwei Wochen registriert, als sie und Elliot M. zusammen in ihrer Wohnung zu Abend aßen. Sie hatten den ganzen Tag gemeinsam verbracht, ebenso die vorangegangene Nacht, und mit einem Mal war Alice K. von einer tiefen Sehnsucht nach Einsamkeit, Distanz und persönlicher Freiheit befallen worden.

Alice K.s Wunschliste, Teil I

Im Laufe ihres Erwachsenendaseins hat Alice K. eine spezielle Liste von Hilfsmitteln zusammengestellt, die der gewöhnlichen, von Ängsten geplagten Frau von heute beim Umgang mit dem modernen Leben helfen. Letztendlich, so findet Alice K., haben wir für alle anderen Bestandteile des Lebens irgendwelche Werkzeuge, die uns dabei helfen, unser Auto zu reparieren, unser Zuhause sauber zu halten und unsere Mahlzeiten zuzubereiten. Aber wenn wir den steinigen Pfad einer Liebesbeziehung erfolgreich beschreiten wollen, dann sollten wir auch entsprechende Werkzeuge für unser persönliches Leben haben, eine Ausstattung, die uns dabei behilflich ist, effizient Beziehungen aufzubauen, zu reparieren und aufrechtzuerhalten. Hier deshalb ein Beispiel:

Der im Schlaf anwendbare Sex-Lügendetektor, ein echter Knüller

Diese Apparatur ist dazu gedacht, Männern und Frauen im Umgang mit zwei grundlegenden Wahrheiten zu helfen – zum einen, dass nämlich Menschen zu schüchtern und gehemmt sind, um über Sex zu reden; zum anderen, dass das sexuelle Interesse selbst in der besten Beziehung nach einer Weile erlahmt, eine Tatsache, die zu Desillusionierung, Frustration und meistens auch Wut führt.

Wie übliche Lügendetektoren würde der Sex-Lügendetektor Körperreflexe aufzeichnen; der wesentliche Unterschied dabei ist, dass Sie ihn an Ihren Gefährten anschließen können, während er oder sie schläft, und auf diese Weise die Halbwahrheiten und Peinlichkeiten vermeiden, die traditionell Diskussionen über Sex in hellwachem Zustand begleiten.

Sagen wir zum Beispiel, Sie werden von Unsicherheit geplagt, machen sich Sorgen, dass sich Ihr Partner mit Ihnen langweilt, und wissen nicht, wie sie sich deshalb verhalten sollen. Ohne den im Schlaf anwendbaren Sex-Lügendetektor würden diese Gefühle monatelang unter der Oberfläche brodeln und dadurch, dass sie unausgesprochen blieben, würden sie einer Self-fulfilling Prophecy den Weg ebnen: Je länger man sich Sorgen macht, desto gehemmter fühlt man sich, und – voilà! – desto lustloser und lahmer wird das Sexualleben.

Mit dem im Schlaf anwendbaren Lügendetektor würde alles anders. Während Ihr Partner tief und fest schläft, befestigen Sie die kleine Apparatur an seinem oder ihrem Handgelenk. Dann könnten Sie sich zurücklehnen, eine Menge detaillierte, anschauliche und persönliche Fragen stellen und sich die Messwerte auf dem Lügendetektor ansehen, die Ihnen auf all das, was Sie wissen müssen, eine Antwort geben.

Die Fragen und Antworten könnten zum Beispiel so aussehen: »Langweilst du dich mit mir?« (starker Ausschlag, also ja); »Liegt es an meiner Art zu küssen?« (schwacher Ausschlag, nein); »Ist es der Mangel an Abwechslung?« (starker Ausschlag, erneutes Ja); »Hättest du gerne, dass ich dich an der Tür in Klarsichtfolie eingehüllt begrüße?« (schwacher Ausschlag, schlechte Idee); und so weiter, bis all Ihre Fragen beantwortet sind.

Ganz einfach, nicht? Kein großes Theater, kein Zank und Streit und, was das Beste ist, keine Demütigung.

Natürlich war ihr in dem Moment nicht genau klar, was sie da fühlte; stattdessen wurde Alice K. plötzlich bewusst, dass sie die Kaugeräusche, die Elliot M. beim Essen machte, unerträglich fand. Sie aßen Hühnchen und Elliot M. nagte einen Schenkel ab, wozu er grässliche Schlürfgeräusche machte. Alice K. saß da und beobachtete ihn. Er hatte die Ellbogen auf dem Tisch und rückte, über seinen Teller gebeugt, dem Schenkel zu Leibe, als sei er am Verhungern. Er hatte ein wenig Hühnerfett an seinem Kinn verschmiert und am Mundwinkel ein winziges Stück Hühnerhaut hängen. Und plötzlich wollte Alice K. vom Tisch aufstehen, wegrennen und Elliot M. nie wieder sehen.

Was ist das bloß?, fragt sich Alice K. *Warum fängt ein Mann, sobald ich eine gewisse Nähe zu ihm empfinde, an, mir auf die Nerven zu gehen und mich wahnsinnig zu machen?* Denn genau das ist es, Alice K. kennt das, was ihr jetzt mit Elliot M. passiert. Er kam ihr zu früh zu nahe. Er hatte an diesem Abend zu alltäglich-vertraut an ihrem Küchentisch gewirkt, als er über sein Hühnchen gebeugt war, zu sehr, als sei er der Meinung, dass er hierher gehöre, was Alice K. in leichte Panik versetzte.

Sie dreht sich im Bett um und sieht zu Elliot M. hinüber, der geräuschvoll neben ihr schläft. *Ich möchte das nicht kaputtmachen*, denkt Alice K., *aber ich spüre, wie ich mich zurückziehe*. Das macht Alice K. traurig. Schließlich hatte Alice K. die ersten sechs Wochen ihrer Beziehung praktisch auf Wolken geschwebt. Sie hatte den ganzen Tag zu den seltsamsten Zeiten vor sich hin gelächelt, bei der Arbeit Elliot M.s Namen auf ihre Schreibunterlage gekritzelt und nachts von ihm geträumt. Sie hatte sich auf ihre Zusammenkünfte gefreut und ein aufgeregtes Kribbeln verspürt, wenn sie Dinge an ihm entdeckt hatte, die sie mochte oder bewunderte: Als sie zum Beispiel zum ersten Mal in Elliot M.s Wohnung war, hatte sie unverzüglich ihre Augen über die Bücherregale in seinem Wohnzimmer wandern lassen und festgestellt, dass er in puncto Bücher einen ausgezeichneten Geschmack hatte – er besaß eine riesige Krimisammlung, sämtliche Romane von Paul Auster, eine Menge Bücher von Anne Tyler. *Ah,* hatte sie gedacht, *ein weiterer Hinweis darauf, dass er der Richtige ist und zu mir passt.*

Aber jetzt spürt Alice K., wie sie allmählich unwirsch und schlecht gelaunt wird. Sie merkt, wie sie anfängt, Elliot M. kritischer zu beäugen und sich leicht unbehaglich zu fühlen, wenn sie zusammen sind. Letztens waren Alice K. und Elliot M. zusammen in einer Videothek gewesen, um sich einen Film auszuleihen, und Elliot M. hatte mit der Bemerkung: »Hast du den schon gesehen? Ich liebe diesen Film«, ›Auf dem Highway ist die Hölle los‹ herausgegriffen.

Alice K. war peinlich berührt. *›Auf dem Highway ist die Hölle los‹? Ich bin mit einem Mann zusammen, der Burt-Reynolds-Filme mag?*

Sie weiß, dass dieser Impuls, Elliot M.s gesamten Charakter auf der Basis einer falschen Filmwahl komplett in den Gully zu werfen, lächerlich ist. Aber Alice K. scheint nicht anders zu können. Ein Teil des Problems, das wird ihr klar, als sie im Bett liegt, besteht darin, dass Elliot M. einfach zu nett ist. Zu verfügbar. Zu sehr an einer echten Beziehung interessiert. Zu sehr an Alice K. interessiert, was dafür sorgt, dass sich Alice K. konfus und nervös fühlt.

Warum muss ich so sein?, fragt sie sich. *Warum muss ich eine dieser Frauen sein, die sich nur in Männer verlieben, die sich weigern, diese Gefühle zu erwidern?* Ihr fällt das berühmte Groucho-Marx-Zitat ein – dass er nämlich keinem Club beitreten wolle, der ihn als Mitglied akzeptieren würde – und Alice K. beginnt zu verzweifeln.

Schließlich hat Alice K. schon mit unzähligen Männern zu tun gehabt, die nicht verfügbar und desinteressiert waren, auf jede Verpflichtung phobisch reagierten und sie respektlos behandelten, und sie weiß, wie schrecklich man sich dabei fühlen kann: Das war das ganze Liebesleben von Alice K., eine zwanghafte/unglückliche/Ich-liebe-dich-mehr-als-du-mich-liebst-Beziehung nach der anderen mit Männern, die distanziert, unerreichbar und unzugänglich sind, Alice die ganze Arbeit und die ganze Schmachterei überlassen und sie mit dem Gefühl, zurückgestoßen worden und unzulänglich zu sein, weinend in ihrer Wohnung zurücklassen.

Also, warum ist ihr mit einem so wirklich netten Typen und in einer Beziehung mit Zukunft so unbehaglich zumute? Alice K. denkt an eine Episode zurück, die sich ein paar Wochen zuvor ereignete, als sie und Elliot M. in einem Restaurant gesessen hatten. Er hatte sie mit einem Ausdruck unglaublicher Zärtlichkeit angesehen und gesagt: »Wie bin ich nur bei dir gelandet? Ich habe das Gefühl, im Lotto gewonnen zu haben.« Damals war Alice K. das Herz aufgegangen – er hatte so süß ausgesehen, als er das sagte –, aber nun blickt sie auf diesen Augenblick zurück und findet ihn beängstigend. *Gelandet?* Der Satz hörte sich so ... endgültig an. In gewisser Weise ließ Elliot M.s Zuneigung gegenüber Alice K. diese an ihm zweifeln, sie irgendwie seinen Wert in Frage stellen. Sie war daran gewöhnt, sich in Beziehungen minderwertig zu fühlen, unzulänglich, und immer ein wenig im Schatten ihres Partners zu stehen. Die Tatsache, dass Elliot M. von ihr so fasziniert zu sein schien, löste in Alice K. eine Menge irritierender Gefühle aus: Wenn nicht sie in dieser Beziehung unterlegen war, vielleicht dann ja er!

Es wird später und später, Alice K. liegt im Dunkeln und wirft sich im Bett hin und her. *O mein Gott,* denkt sie, *was, wenn Elliot M. anfängt, von mir abhängig zu sein und mich zu brauchen? Was, wenn er beschließt, den Rest seines Lebens mit mir verbringen zu wollen?* Sie führt den Gedanken weiter: *Was, wenn Alice K. sich wirklich um diese Beziehung bemüht? Was, wenn sie ihr verrücktes Bedürfnis, mit unerreichbaren Männern eine Beziehung einzugehen, aufgibt* (was, wie Alice K. weiß, tatsächlich auch ein Weg ist, gar keine Beziehung mehr einzugehen) *und den großen Sprung in Richtung Vertrautheit wagt?*

Sie denkt darüber nach. Ihre Schwester, Beth K., die verheiratet ist und das Schaffen und Aufrechterhalten von Vertrautheit für harte Arbeit hält, würde sie ermutigen, den Sprung zu wagen. Außerdem würde sie Alice K. auch noch auf ein paar Tatsachen hinweisen: Sich auf eine Beziehung mit einem Mann wie Elliot M. einzulassen würde bedeuten, dass man sich reif und verantwortungsvoll in einer Partnerschaft verhielt. Es würde bedeuten, dass man diese ganzen schrecklichen Dinge tat, wie zum Beispiel Elliot M. ihre weniger erfreulichen Seiten sehen zu lassen, sich ihm gegenüber verletzlich zu zeigen und über all diese Fragen zu debattieren wie zum Beispiel die, wie viel Distanz und Raum man einander gewährte, und die Momente zu tolerieren, in denen man das Geräusch, das er beim Kauen macht, nicht mehr erträgt.

Und bei diesem Gedanken wird Alice K. plötzlich von tiefer Angst und Panik ergriffen, und ihre Nackenhaare richten sich auf. Sie sitzt kerzengerade in ihrem Bett.

O mein Gott, denkt sie, *ich müsste mich wie eine Erwachsene verhalten.*

Alice K.s Wunschliste, Teil 2
Der automatische Distanzsimulator für sie und ihn

Endlich eine Lösung für diese nervtötenden Ich-brauche-mehr-Raum-für-mich-selbst-Konflikte.

Sie kennen die Situation: Sie hatten einen schlechten Tag und möchten einfach nur im Wohnzimmer sitzen, die Wand anstarren und sich zurückziehen. Ihr Partner jedoch möchte einfach nur essen gehen, Händchen halten und in Zweisamkeit machen. Ohne die richtigen Hilfsmittel besteht die Gefahr, dass Sie bei einem hässlichen stillschweigenden Kompromiss landen, bei dem Sie sich beide betrogen und deprimiert fühlen werden. (Sie werden gemeinsam das Abendessen zubereiten, aber Sie werden nicht mehr als ein leichtes Grummeln von sich geben und Ihr Partner wird beleidigt sein, weil Sie ihm keine Aufmerksamkeit schenken, und Sie fangen sich einen Rüffel ein, weil Ihr Freund Ihnen einfach keine Verschnaufpause gönnt, und – na ja, Sie kennen das.)

Aber bringen Sie den automatischen Distanzsimulator für sie und ihn ins Spiel, und Sie erhalten ein völlig anderes Szenario: Sie kommen nach einem schlechten Tag nach Hause und wollen alleine abschalten. Aber statt einfach über die Bedürfnisse Ihres Partners hinwegzugehen, nehmen Sie auf einem Spezialsitz in Ihrem Distanzsimulator Platz (dieser ähnelt einem simplen Sessel, ist jedoch mit einer Reihe von Elektroden und einem Computer ausgestattet). Als Nächstes befestigen Sie die Elektroden an Ihrem Kopf und geben in den Computer das Ausmaß an Distanz ein, das Sie Ihrem Gefühl nach brauchen – eine Stunde, eine Nacht, ein Wochenende und so weiter. Dann drücken Sie einen Knopf, und – voilà! – die Elektroden werden aktiviert und Ihr Gehirn mit dem Gefühl von Distanz erfüllt. Innerhalb von Minuten werden Sie sich fühlen, als seien Sie ganz weit weg, ganz für sich allein, und zwar für so lange, wie Sie es für nötig erachteten. Man muss das Haus nicht verlassen und den liebenden Partner nicht zurückweisen. Ihr automatischer Distanzsimulator ist einfach zu bedienen und wird Ihnen ein Gefühl von Ruhe und Entspannung verleihen und es Ihnen wieder ermöglichen, sich den Herausforderungen einer engen Beziehung zu stellen.

Sehen Sie? Ist Liebe nicht schön?

3. Der Alltag einer Frau

Alice K.s Do-it-yourself-Pseudo-Wellness-Programm

Sie können das Do-it-yourself-Pseudo-Wellness-Programm starten, wenn Sie mit zwei simplen Tatsachen konfrontiert sind:

1. Sie sind müde, ausgebrannt, niedergeschlagen und möchten sich einmal richtig verwöhnen lassen.
2. Sie sind völlig pleite.

Ja, Alice K. weiß, wovon die Rede ist. Die Zeiten sind hart und das Geld ist knapp, und wer das Bedürfnis hat, einmal rundum aufzutanken, sieht sich damit konfrontiert, dass bezahlte Kuren der Vergangenheit angehören.

Wenn man jedoch einmal diese Realität akzeptiert hat, ist nicht alles verloren. Hier ist die Antwort für ausgebrannte Frauen, die haushalten müssen: Alice K.s Do-it-yourself-Pseudo-Wellness-Programm. Und so sieht es aus:

- Rufen Sie eine hilfsbereite Freundin an, die wir von jetzt an als Ihre »Wellness-Partnerin« bezeichnen wollen.
- Lassen Sie Ihre Wellness-Partnerin ein paar Stunden rum-

telefonieren, um ein billiges Motel irgendwo weit weg aufzutreiben. Besagtes Motel sollte mindestens eine Stunde entfernt sein, um einem genügend Distanz zum sonstigen Leben zu verleihen; es sollte auch über gewisse Wellness-Einrichtungen verfügen, namentlich über einen Swimming-Pool und eine Sauna.

- Warten Sie auf den Rückruf Ihrer Freundin und antworten Sie dann mit folgenden Sätzen:
  1. »Was? Das Ramada Inn? In Mystic, Connecticut? Im Februar?«
  2. »Es kostet nur 39 Dollar?«
  3. »Worauf warten wir noch?«
- Treffen Sie sich mit Ihrer Wellness-Partnerin am Freitagabend am anvisierten Ort und inspizieren Sie sorgfältig das Zimmer. Nehmen Sie dabei Notiz von dem schmalen Spiegeltisch außerhalb des Badezimmers. Packen Sie Kosmetika und Toilettenartikel auf besagten Tisch. Dieser wird von jetzt an Ihre »Wellness Bar« sein und von zentraler Bedeutung für Ihr Pseudo-Wellness-Programm.
- Entdecken Sie den ersten und wesentlichen Schlüssel für ein erfolgreiches Do-it-yourself-Pseudo-Wellness-Programm: Stellen Sie allen Wörtern und Aktivitäten, die mit der Kur in Zusammenhang stehen, das Wort »Beauty« voran. Mit dieser einfachen Technik wird aus dem Ramada-Inn Ihre »Beauty-Base«, aus Ihrem Zimmer eine »Beauty-Suite« und so weiter.
- Sie und Ihre Wellness-Partnerin sind nun so weit, um auf einen gesunden Beauty-Burger auszugehen. Spülen Sie besagtes Nahrungsmittel mit einem kühlen Beauty-Bier hinunter und gehen Sie dann in Ihre Beauty-Suite zurück, legen Sie sich dort hin und entdecken Sie dann den zweiten wesentlichen Schlüssel für ein erfolgreiches Do-it-yourself-Pseudo-Wellness-Programm: aktive Imagination. Liegen Sie ganz still. Geben Sie sich der Vorstellung einer langen, sanften Massage hin. Nun imaginieren Sie eine Kopfmassage. Eine Pediküre. Stehen Sie erfrischt auf.

Sehen Sie ein wenig fern. Kichern Sie zwischendurch mit Ihrer Wellness-Partnerin.

- Machen Sie das erste von zwei zehnstündigen Beauty-Schläfchen. Stehen Sie auf, verlassen Sie die Beauty-Base, genießen Sie einen geruhsamen Lunch und bereiten Sie sich dann auf ihre dritte, wesentliche Pseudo-Wellness-Aktivität vor: den für die Verwöhnorgie notwendigen Vorbereitungs-Lauf durch den Drogeriemarkt.
- Suchen Sie sich einen großen Drugstore. Gehen Sie hinein. Füllen Sie einen großen Korb mit Schönheitsprodukten im Wert von $52,79, darunter ein paar oder sämtliche der folgenden: El Vital Tiefen-Repair-Kur für coloriertes oder getöntes Haar, Hormocenta Anti-Stress-Maske, Intensivpflege für trockene, empfindliche Haut; Jade Hydro Aktiv, sanft tönende Tagescreme; tiefroter Nagellack (versuchen Sie es mit Margaret Astor Diamant Sensation – Provocation red), um sich die Zehennägel zu lackieren; riesige Mengen Schaumstoffrollen, um die Haare einzudrehen; verschiedene Haarspangen, Gels und Sprays; alle Arten von Puderquasten und Kosmetiktüchern, verschiedene Cremes und Feuchtigkeitspräparate und ein paar Frauenmagazine (jede Frauenzeitschrift ist okay, aber ›Cosmopolitan‹ ist Pflicht).
- Zahlen Sie an der Kasse und kichern Sie unaufhörlich, wenn Sie feststellen, dass die Sachen fast das Doppelte von Ihrem Zimmer kosten.
- Kehren Sie zu der Beauty-Base zurück, wobei Sie unterwegs noch einmal Halt machen, um für $2,55 Beauty-Karamellbonbons zu kaufen.
- Inspizieren Sie die Beauty-Base, um festzustellen, dass der Pool voller schreiender Kinder ist und nicht verlockend aussieht. Beschließen Sie, dass Sie »nicht in Sauna-Stimmung« sind. Gehen Sie in die Beauty-Base zurück und verbringen Sie ein wenig Zeit damit, sich irgendein Training vorzustellen.
- Blättern Sie ›Cosmopolitan‹ durch. Machen Sie den ›Cos-

mo‹-Test (in diesem Monat: »Sind Sie eine Prinzessin?«). Lesen Sie den umfangreichen Artikel mit dem Titel »Wie man sich einen reichen Mann angelt«. Kichern Sie und legen Sie sich nach dieser ermüdenden Tätigkeit für ein Schönheitsschläfchen nieder. Schlafen Sie tief und fest!
- Wenn Sie wach sind, bereiten Sie sich auf neue Pseudo-Wellness-Aktivitäten vor! Nehmen Sie eine extrem lange heiße Dusche und machen Sie, wenn nötig, eine Pause, um sich einen Aufenthalt im Whirl-Pool vorzustellen.
- Reiben Sie sich pfundweise die El Vital Tiefen-Repair-Kur in die nassen Haare, um dem »strapazierten Haar Glanz und Volumen zu verleihen«.
- Während die Schmiere im Haar einwirkt, legen Sie die Hormocenta Gesichtsmaske auf. Sie sieht aus wie dicker, weicher, feuchter Zement, und Sie werden feststellen, dass sie einem Beauty-Pantomimen ähneln.
- Schneiden und lackieren Sie Ihre Fingernägel. Schneiden Sie auch die Fußnägel und stellen Sie erfreut fest, dass einer der wunderbaren Vorteile bei einem Aufenthalt in einem 39-Dollar-Ramada-Inn-Zimmer darin besteht, dass Sie die abgeschnittenen Fußnägel auf den Teppich fallen lassen können, ohne sich genötigt fühlen zu müssen, sie zu beseitigen. Lackieren Sie die Fußnägel mit dem satten, kräftigen »Provocation red«. Bewundern Sie das Werk.
- Waschen Sie die Hormocenta Maske ab und bewundern Sie Ihre glatte, porenlose Haut. Waschen Sie die Schmiere aus Ihrem Haar. Föhnen Sie Ihr Haar und bewundern Sie den seidigen Glanz. Bitten Sie Ihre Wellness-Partnerin, dass Sie Ihnen beibringt, wie man flüssigen Eyeliner aufträgt. Legen Sie in aller Ruhe ein anderes Make-up (nach Ihrer Wahl) auf. Fühlen Sie sich extrem sauber. Ziehen Sie sich an und bereiten Sie sich auf den Wellness-Dinner-Ausflug vor.
- Suchen Sie sich ein großes Steakhouse am Stadtrand, wo sie harte Getränke in großen Gläsern servieren und der Sa-

lat eimerweise kommt. Bestellen Sie einen Beauty-Scotch, während Sie gelassen darauf warten, dass das Personal den Tisch herrichtet. Wenn Sie dann sitzen, bestellen Sie Folgendes: Eine Portion von der Beauty-Salatbar, ein großes Beauty-Sirloin-Steak, eine gebackene Beauty-Kartoffel mit Beauty-Crème-fraîche, von der Sie pflichtschuldigst als der Creme für die »innere Gesichtsmaske der Natur« sprechen.

- Beenden Sie das Wellness-Dinner und kehren Sie in die Hotellounge zurück, um sich dort einen Spezial-Beauty-Cognac zu genehmigen.
- Gehen (oder torkeln) Sie (je nachdem, wie Sie den Alkohol bis dahin vertragen haben) wieder in Ihre Beauty-Suite und bereiten Sie sich auf Ihren zweiten Zehn-Stunden-Schönheitsschlaf vor. Nach dem Aufwachen fühlen Sie sich frisch und ausgeruht. Dann suchen Sie sich für die letzte Etappe Ihres Wellness-Programms eine nahe gelegene Howard Johnson's Motor Lodge.
- Genehmigen Sie sich das fabelhafte Essen-Sie-so-viel-Sie-wollen-Büffet. Wählen Sie Eier, Würstchen, Speck, Muffins, Apfelpfannkuchen und Donuts. Überlegen Sie, ob Sie das Pseudo-Wellness-Programm nicht in ein Anti-Wellness-Programm verwandelt haben, und verwerfen Sie dann diesen Gedanken, indem Sie zum Essen-Sie-so-viel-Sie-wollen-Büffet zurückkehren und sich ein paar gesunde Früchte nehmen.
- Checken Sie aus der Beauty-Base aus und begeben Sie sich auf die lange Beauty-Fahrt, die Sie vielleicht für ein Beauty-Pipi unterbrechen. Essen Sie das letzte Beauty-Karamellbonbon auf.
- Verabschieden Sie sich von Ihrer Wellness-Partnerin und fahren Sie heimwärts, während Sie die ganze Zeit daran denken, wie glücklich Sie sich doch schätzen konnten, das Wochenende nicht an einem dieser Orte verbracht zu haben, wo Sie einem Reiswaffeln vorsetzen. Seufzen Sie glücklich beim Fahren: Wie gut lebt sich's doch heutzutage.

Alice K. macht Katalogeinkäufe

Alice K. liegt im Bett und macht sich über ihre Garderobe Gedanken.

Und über ihr Garderobenbudget.

Und über Leggings und Strumpfhosen und Sweat-Shirts und den feinen Unterschied zwischen »mitternachsblau« und »rabenschwarz« und wie es kommt, dass sie einmal mehr einen Samstagnachmittag damit verbracht hat, sich durch die Herbstkataloge zu blättern, und es irgendwie fertig gebracht hat, eine Summe in der Größenordnung von $734,95 auszugeben.

O mein Gott, denkt Alice K. *Wie ist das passiert?*

Sie wälzt sich im Bett hin und her und versucht sich diesen Konsumrausch noch einmal vor Augen zu führen, ihn zu verstehen. Da saß sie an einem ruhigen Samstagnachmittag auf ihrem Sofa und blätterte den J.-Crew-Katalog durch. Und da waren sie, all diese sauber geschrubbten, coolen, von der Sonne geküssten Models in ihren khakifarbenen Hosen und knittrigen Leinenhemden und den Sweat-Shirts aus hundertprozentiger Baumwolle, von denen jede aussah, als habe sie eben ihren Abschluss in Yale gemacht und käme gerade frisch vom Polofeld oder vom Strand, und da setzte irgendetwas in Alice K. einfach aus.

Es muss ganz unterbewusst geschehen sein, denkt Alice K., aber aus heiterem Himmel war sie auf hübsche, elegante Flanellshorts mit passender Weste und Jackett gestoßen. Und sie hatte auf das Foto des großen, schlanken Models geblickt, das diese Kleidungsstücke mit zurückgeworfenem Kopf und einem glückseligen Lächeln trug. Und das Model sah so ... aus einem Guss, gelassen und nach besserer Gesellschaft aus, dass Alice K. sich einfach des Gefühls nicht erwehren konnte, dass sie, ebenfalls so aus einem Guss und nach besserer Gesellschaft aussähe, wenn sie dieses Jackett, diese Weste und diese Shorts besäße.

Also bestellte sie sich das Ensemble in Erikarot.

Und dann, während sie darüber nachdachte, wie hübsch es wäre, es kombinieren zu können, bestellte sie es noch einmal in Maulwurfsgrau.

Und dann blätterte sie auf eine andere Seite und sah ein anderes Model mit sagenhafter Haut und herrlich zerzausten Haaren, das eine helle Seidenbluse trug (erhältlich in den Farben Crème, Rosé, Wodka, Gin-Tonic) und, na ja, vielleicht lag es daran, dass sie diese ganzen Farben las, aber, Alice K. musste es zugeben: Sie war regelrecht trunken – *trunken* – angesichts all dieser Kaufmöglichkeiten. Sie saß auf ihrem Sofa und gab sich ihren Fantasien hin: Sie konnte die roséfarbene Bluse zu der Hose in Erikarot tragen, und die crèmefarbene zu der Weste in Maulwurfsgrau und die maulwurfsgraue Hose zu der wodkafarbenen Bluse und die erikarote Weste, und und und. Kurz und gut, Alice K. bestellte alle vier, obwohl sie sich nicht sicher war, ob sie persönlich, geschweige denn ihr Kleiderschrank für eine zusätzliche Bluse in der Farbe Gin-Tonic Verwendung hatte.

O Mann, denkt Alice K. und wirft sich in ihrem Bett hin und her. *Warum mache ich das? Warum? Warum? Warum?*

Alice K. war schließlich schon mehrfach an diesem Punkt gewesen, gefangen im Land der Katalogexzesse. Sie liegt im Bett und denkt an die sieben Paar Leggings, die sie auf einen Schlag bei Tweeds bestellt hat, und an die neun Baumwoll-Sweat-Shirts von Smythe & Co. Und an die elf Paar Unterwäsche von Victoria's Secret, die eines Tages an ihren Arbeitsplatz geliefert wurden und Alice K. schrecklichen öffentlichen Demütigungen aussetzten, weil irgendein dämlicher niederer Charge das Paket versehentlich ihrem Chef gab, der es aufmachte und dann die nächste Dreiviertelstunde schallend über die Vorstellung von Alice K. (die Größe 70 und eigentlich weniger als Körbchengröße A hat) in einem tief dekolletierten, gepolsterten, purpurroten Spitzen-Push-up-BH lachte.

Alice K. windet sich bei der Erinnerung.

Aber das, so denkt sie, ist die Natur von Katalogeinkäufen. Es ist kaum zu verhindern. Alice K. hat die Theorie, dass die Versandhäuser all diese bizarren und vielfältigen Farbnamen nur deshalb erfunden haben, um die Kunden zu verwirren und ihnen so irrwitzige Gedankengänge aufzuzwingen, dass es ihnen praktisch unmöglich ist, sich nur für eine zu entscheiden. Alice K. ging das so bei der Geschichte mit den Leggings. Sie betrachtete damals die Leggingsseite und dachte: *Gut, ich nehme welche in Jade und Mahagoni ..., aber Moment, vielleicht sehen sie in Moos ja besser aus als in Jade ... Aber was ist der Unterschied zwischen Moos-, dunklem Smaragd- und Limonengrün? Und worin unterscheidet sich eigentlich mahagonifarben von tiefmahagonifarben, tiefdunkelmahagonifarben und tiefdunkelmahagonifarben-schokoladenbraun?* Und so tat sie, was die meisten Frauen in ihrer Situation tun würden, und kaufte sie alle. Das rationale Mäntelchen dafür ist natürlich, dass man sie herausnehmen, anprobieren, entscheiden, welche ein oder zwei einem am besten gefallen, und den Rest dann zurückschicken kann, wenn sie in ihrer hübschen Schachtel ankommen. Aber das bedeutet, dass man sie wirklich zurück in die Schachtel legt, sie den ganzen Weg zur Post schleppt und sein hart verdientes Geld dafür ausgibt, sie zurück nach Columbus/Ohio oder Roanoke/Virginia oder wo immer sie herkommen zu senden. Und meistens schiebt Alice K. es hinaus und hinaus und hat dann die Vorstellung, dass es zu spät ist, um die Sachen zurückzugeben, und außerdem hat das Ausgeben von Geld durch einen Katalog etwas an sich, das einem das Gefühl verleiht, gar nicht wirklich Geld auszugeben. Man kreuzt nur all diese kleinen Kästchen im Bestellformular an, schreibt seine Kreditkartennummer nieder, und, na ja, es ist, als würde man Spielgeld ausgeben.

Das andere Problem ist, dass Kleidung in Katalogen immer nach einem guten Kauf aussieht. Es ist egal, dass Alice K.s

Schrank voller Misskäufe aus Katalogen ist – Partykleider von Victoria's Secret, die im Katalog gut aussehen, aber in Wirklichkeit ziemlich schäbig sind, und Sachen von einem Möchtegern-Tweeds-Katalog, die billiger sind, aber wie ein Sack an einem hängen und nie richtig aussehen. Das alles macht nichts. Trotz alledem wirkt das Zeug verführerisch.

Gerade heute hat Alice K. den neuen Tweeds-Katalog durchgeblättert und dort dieses niedliche T-Shirt mit U-Ausschnitt (erhältlich in Bergblau, Mondlicht und Paprika) gesehen und diesen Seidenpullover mit V-Ausschnitt (in Rost, Ecru, Safran, Lagune und Khaki) und diesen kleinen schlauchförmigen Baumwoll-Lycra-Rock (in Curry, Anis und Melone), und na ja, alles sah so tragbar aus und so kombinierbar, und der Rock kostete nur $29,99, und der Pullover nur $49,00, und die T-Shirts kamen jedes nur $19,00, und es konnte doch nicht *so* teuer sein, wenn man sich einige wenige davon und ein paar lausige kleine Röcke kaufte. Also kreuzte sie ungefähr zweiundzwanzig Artikel an, und ehe sie sich versah, hatte sie im Handumdrehen $734,95 ausgegeben.

Alice K. wälzt sich in ihrem Bett und fragt sich, was sie sagen soll, wenn der UPS-Mann kommt. Auf geistige Verwirrung plädieren? Ihm sagen, dass es hier keine Alice K. gibt, und ihn wegschicken? Die Pakete einfach aufs Postamt tragen, ohne sie zu öffnen, und sie auf direktem Wege zurücksenden?

Und dann hat Alice K. plötzlich einen Geistesblitz. *Ha!*, denkt sie, *endlich ein Weg, sich durch die Kataloge durchzukaufen, ohne jemals wieder befürchten zu müssen, das Budget zu sprengen. Ein Weg, sich von jetzt bis in alle Ewigkeit in Pumpernickel und Paprika kleiden zu können!*

Alice K. setzt sich in ihrem Bett auf und lächelt. Warum hatte sie nicht schon früher daran gedacht?

Die Antwort: Kreditkartenbetrug.

Die Handtasche

»*Warum brauchst du so ein Riesending? Das hat die Größe einer Wassermelone. Was schleppst du denn alles darin herum?*«

Dies war bei ihrem dritten Treffen: Alice K. und Elliot M. waren auf dem Weg zu einem Restaurant und Elliot M. sprach von Alice K.s Handtasche.

Alice K. schüttelte den Kopf. Männer stellten immer solche Fragen. Männer führten ein Leben in Brieftaschengröße. Sie können alles, was sie brauchen, in eine einzige Tasche stopfen. Sie sind Männer und sie können das einfach nicht nachvollziehen.

»Du kapierst das einfach nicht, Elliot M.«, sagte sie. »Wenn du menstruieren würdest, verstündest du es, aber da du es nicht tust, bist du dazu nicht in der Lage.«

Natürlich konnte Elliot M. mit diesem Kommentar nichts anfangen, weshalb Alice K. fünfzehn Minuten darauf verwenden musste, ihm ihre auf der Menstruation basierende Theorie von der Handtaschengröße zu erklären. Und die sah wie folgt aus: Die Durchschnittsfrau trägt zu allen Zeiten durchschnittlich zweiundvierzig Tampons mit sich herum, um sich gegen Katastrophen zu wappnen. Viele dieser Tampons sind schon monatelang in der Tasche und liegen verbogen und zerknautscht in ihren Hüllen in allen Ecken herum. Aber die Frauen schleppen sie dennoch mit sich, weil die auf der Menstruation basierende Theorie von der Handtaschengröße eng mit der auf Tampons basierenden Relativitätstheorie verknüpft ist, einer höchst delikaten Wissenschaft, die Folgendes besagt: Je mehr davon vorhanden sind, desto größer ist die Chance, dass sich im Bedarfsfall einer davon in einsatzfähigem Zustand befindet.

»Also hassen wir es«, schloss Alice K., »einen Tampon wegzuwerfen, und brauchen eine große Tasche, um sie alle mit uns herumzutragen.«

Sie machte eine kurze Pause, dann fügte sie hinzu: »Außerdem hast du keine Brüste.« Elliot M. war neuerlich verwirrt, so dass Alice K. gezwungen war, ihm ihre Brustgröße= Handtaschengröße-Theorie zu schildern. »Wenn du Brüste hättest«, sagte sie Elliot M., »würdest du verstehen, wie es ist, wenn man mit schwingenden Armen eine Straße hinuntergeht und so seine Brüste den Blicken jedes anzüglich glotzenden, johlenden Lastwagenfahrers in Sichtweite aussetzt.« Die Lösung ist eine große Handtasche: An die Seite gepresst oder mit dem Tragriemen quer über den Brustkorb geschlungen, verleiht eine große Tasche einer Frau ein gewisses Gefühl körperlicher Sicherheit. Sie dient ihr als Schutzschild. Oder sie kann, wenn nötig, als nützliche Waffe eingesetzt werden.

Elliot M. verstand noch immer nicht. »Okay, die Tasche muss groß sein und sie muss eine Menge Tampons enthalten. Aber warum ist noch so viel anderes Zeug drin?«

Alice K. seufzte. »Kapierst du denn gar nichts? Hast du noch nie etwas vom Bürogesicht gehört?«

Und dann dachte sie: Natürlich hat er das nicht. Dies war eine weitere Tatsache: Männer bekamen nie ein Bürogesicht, weil ihre Gesichter immer gleich aussehen, egal, was sie getan haben. Frauen jedoch hatten ständig eines, und das machte sie sehr unglücklich. Das Bürogesicht ist an jeder denkbaren Stelle fleckig, blass und glänzend. Hier und da sind Flecken von Wimperntusche, der Eyeliner ist verschmiert, die Lippen sind trocken und rissig. Wenn einer Frau am Ende eines Arbeitstages also im Spiegel das Bürogesicht entgegenstarrt, greift sie natürlich nach ihrer Handtasche, die von den folgenden Gegenständen mindestens acht (wahrscheinlich aber mehr) enthält: Gesichtswasser, Feuchtigkeitscreme, Puder, Rouge, Grundierung, Lippenstift, Lippenpinsel, Eyeliner, Lidschatten (bis zu fünf Farben), Wimperntusche, Haarspray, Kosmetikbürste, Haarbürste und Lippenbürste.

»Das ist eine Menge Zeug«, sagte Alice K. »Du brauchst dafür eine große Handtasche.«

Natürlich erzählte Alice K. Elliot M. nicht die ganze Geschichte. Schließlich ist sehr viel mehr in diesen großen Taschen. Portemonnaie, Scheckbuch, Schlüssel, ein paar Stifte, Handcreme. Ein Roman für den Fall, dass man irgendwo festhängt und wartet. Pfefferminzbonbons für frischen Atem. Aspirin, Sonnenbrille, Briefmarken.

Und noch mehr. Einkaufszettel. Papierfetzen mit Telefonnummern. Und verräterische Dinge. Gerade im Moment hat Alice K. zum Beispiel drei unbezahlte Strafzettel in ihrer Tasche, eine überfällige Rechnung von ihrem Therapeuten, Dr. Y., und eine zwei Jahre alte Rückrufmeldung von Hyundai für irgendein Teil.

Das waren die Dinge, die sie Elliot M. nicht erklären konnte und wollte. Sie würde sich dabei einfältig vorkommen und sich schämen. Elliot M. würde nämlich die Strafzettel und die Rechnung des Therapeuten bezahlt und den Hyundai ohne weiteres Zögern zum Händler gefahren haben.

Aber Alice K.? Nein. Als Alice K. von der Arbeit nach Hause kam und eine Rückrufmeldung von Hyundai in der Post vorfand, war ihr Gedankengang etwa wie folgt: *O Mist, ich muss den Vertragshändler anrufen und dann das Auto dahin bringen, und das bedeutet, dass ich erst einmal die Zeit finden muss, um das Auto dorthin zu schaffen. Ich hasse es, mich mit dem Auto zu befassen, und wünschte, irgendjemand anderes würde das für mich übernehmen, ich hasse es, verantwortlich zu sein, ICH HASSE DAS, und so weiter.*

Und so stopfte sie die Mitteilung prompt in ihre Handtasche, wo sie sie, verborgen unter dem ganzen Müll, weder völlig ignorieren (das wäre zu unverantwortlich) noch sich direkt damit befassen konnte (was zu erwachsen wäre).

Alles klar? Die Handtasche ist ein sehr praktisches Werkzeug.

Im Übrigen hat Alice K. durchaus schon versucht, ohne sie über die Runden zu kommen. Einmal, nachdem sie längere Zeit die Predigten von Mr Cruel bezüglich der Größe ihrer Tasche über sich hatte ergehen lassen müssen, erblickte Alice

K. in einem Ledergeschäft in der Innenstadt ein kompaktes kleines Ding etwa in der Größe eines Herrenschuhs. Sie sagte sich: *Ich bin selbstbewusst, reif und erwachsen und muss nicht sieben verschiedene Lippenstifte, drei Kämme und zweiundvierzig Tampons mit mir herumtragen; ich krieg das hin.*

Also kaufte sie die Tasche und tat das wenige Notwendige hinein: Portemonnaie, Scheckbuch, Schlüssel. Einen Lippenstift. Einen Kamm. Einen einsamen Tampon.

Die Tasche beulte sich traurig an ihrer Hüfte aus. Als sie die Straße hinunterging, fühlte sie sich nackt, bloß und ungeschützt.

Sie fühlte sich erbärmlich.

Ein Mann würde das nie verstehen.

Das Kompliment

Der Mann wollte nur freundlich zu Alice K. sein: »Du siehst hübsch aus heute«, sagte er ohne größer darüber nachzudenken.

Dann trat ein Ausdruck von Panik in sein Gesicht und er begann seine Bemerkung zu modifizieren: »Ähm, ich meine, du siehst *jeden Tag* hübsch aus. Es ist nicht so, als würdest du das gewöhnlich nicht tun ... Ich wollte nur sagen, dass du heute ... ich meine ...«

Alice K. hatte Mitleid mit ihm. Der arme Kerl. Ganz offensichtlich ein misshandelter Komplimentemacher. Ein Opfer des Gefühls von Körperverletzung, das Frauen bei Komplimenten empfinden.

Ja, das ist so, und Alice K. weiß das. Früher machte ein Mann einer Frau ein Kompliment, und sie lächelte daraufhin sittsam und sagte bescheiden »Danke«. Heute gibt es so etwas wie ein Kompliment nicht mehr. Ein Kompliment ist nur mehr eine verdeckte Beleidigung.

Ich sehe heute hübsch aus? Bedeutet das, dass ich sonst furchtbar aussehe? Was soll das heißen: »Du siehst heute hübsch aus«?

Später berichtete Alice K. Ruth E. von dieser Beobachtung und Ruth E. nickte heftig.

»Das ist vor allem so, wenn wir zum Friseur gehen«, sagte sie. »Irgendein Typ kommt und sagt ›Oh, du warst beim Friseur‹ und du verfällst in einen längeren W.I.D.«

Alice K. nickte. Ach ja, W.I.D.: wütender innerer Dialog. Mann bemerkt neue Frisur. Frau lächelt höflich. Es folgt ein W.I.D.

»Was sollte das heißen: ›Oh, du warst beim Friseur‹? Natürlich war ich beim Friseur, ist das nicht offensichtlich? Ja, es ist offensichtlich, also muss es offenbar ein schlechter Haarschnitt sein. Ein wirklich schlechter Haarschnitt. Richtig? Wenn es ein guter Haarschnitt wäre, hätte er gesagt: ›Hey, du siehst großartig aus!‹ Aber das hat er nicht gesagt. Als moderner Mann hat er sich genötigt gefühlt, den neuen Haarschnitt zur Kenntnis zu nehmen, aber er hat es nicht über sich gebracht zu lügen und zu sagen, ich sehe gut aus, also sehe ich offensichtlich grässlich aus und werde meinen Kopf nie mehr in der Öffentlichkeit zeigen können.«

Der W.I.D. dauert an die zehn Sekunden, und bis dahin ist die betreffende Frau von Selbstverachtung und Verzweiflung erfüllt und hasst den Mann, der das bei ihr ausgelöst hat.

Alice K. hat eine Theorie zu diesem Phänomen: Frauen werden darauf trainiert, Komplimenten zu misstrauen und alle möglichen versteckten Bedeutungen in sie hineinzulesen.

Ein Grund dafür ist, dass alle erwachsenen Frauen einmal bösartige kleine Mädchen waren. Bösartige, rachsüchtige, hasserfüllte kleine Mädchen, die in der Schultoilette standen und sich gegenseitig über ihr Aussehen anlogen.

Ein solcher Dialog könnte so aussehen:

Mädchen A steht vor dem Spiegel und betrachtet einen Pickel auf ihrer Nase in der Größe eines Volkswagens: »O mein Gott, schau dir diesen Pickel an!«

Mädchen B: »Das ist nichts! Ehrlich! Ich hätte ihn gar nicht bemerkt, wenn du es nicht gesagt hättest.«
Mädchen A: »Wirklich? Meinst du das ernst?«
Mädchen B: »Ehrlich, ich schwör's dir.«
Mädchen A glaubt Mädchen B keine Sekunde lang, aber sie hat keine andere Wahl als vorzugeben, dass sie es tut, damit sie nicht gezwungen ist, zwei Wochen in der Toilette zu bleiben, bis der Pickel weg ist. Mädchen B. verspürt währenddessen in ihrer bösartigen Seele leichte Schadenfreude über das schwere Schicksal ihrer Freundin. *Hä, hä, denkt sie, Alice K. hat einen Pickel auf der Nase von der Größe eines Volkswagens, also bin ich hübscher als sie.*

Alice K. ist nämlich eine weitere Tatsache bezüglich bösartiger junger Mädchen bewusst: Sie stehen in fürchterlicher Konkurrenz zueinander, und das macht jede Art von Kompliment höchst suspekt. *Vielleicht will sie, dass ich schlecht aussehe,* mag die Empfängerin eines Kompliments denken. *Vielleicht will sie, dass ich dieses schleimfarbene Kleid mit den keulenförmigen Ärmeln kaufe, weil sie dann beim Tanzen besser aussieht als ich.*

Nach Alice K.s Ansicht würden die meisten Frauen das nicht zugeben. Aber es ist wahr. Wir lernen von einem frühen Alter an, uns gegenseitig nicht zu trauen, speziell wenn es um die äußere Erscheinung geht.

Alice K. hat zwei weitere Theorien zu Komplimenten: Sie betreffen das Stilproblem und das Männerproblem. Das Stilproblem ist ein Phänomen, das normalerweise auftaucht, wenn eine Frau Anfang bis Mitte zwanzig ist und noch kein richtiges Gefühl dafür entwickelt hat, wie sie aussieht. An diesem Punkt experimentiert sie mit allerlei seltsamer und schrecklicher Kleidung herum – Röcken, die zu kurz oder zu lang sind, Farben, die furchtbar aussehen –, und sie weiß tief in ihrer Seele, dass sie noch nicht den richtigen Look gefunden hat. Ein Mann, der ihr in diesem Stadium ein Kompliment macht, bringt sich nur in Schwierigkeiten. »Ich sehe schrecklich aus in diesen Springerstiefeln, stimmt's nicht?«, jammert die Frau vor ihrem Spiegel. Man stimmt ihr zu, und sie bricht in Tränen aus und klagt einen an, oberflächlich und unsolidarisch zu sein; man stimmt ihr nicht zu, und sie wirft einem vor zu lügen, was man vielleicht auch tut. Man kann nur verlieren.

Das Männerproblem ist wesentlich schwieriger, aber es hat damit zu tun, wie merkwürdig das Leben einer Frau manchmal ist, speziell wenn es darum geht, für das andere Geschlecht attraktiv zu sein (oder nicht). Selbst jetzt, wo sie an einem Punkt in ihrem Leben angelangt ist, an dem sie mehr Selbstbewusstsein bezüglich ihres Aussehens hat, weiß Alice K., wie schwierig ein Kompliment sein kann, wie viele Fragen einem durch den Kopf schießen können, wenn die Nettigkeiten von einem Mann geäußert werden.

Wenn man sich in einer Umgebung befindet – zum Beispiel am Arbeitsplatz –, wo man keinen Wert darauf legt, dass das Äußere von Bedeutung ist, kann ein Kompliment bedrohlich oder unpassend sein. Es kann einem das Gefühl vermitteln, Männer seien nur nett zu einem, weil sie der Ansicht sind, dass man gut aussieht.

Wenn man eine schwere Depression hat, sich eine Woche lang nicht die Haare gewaschen hat und sich wirklich unattraktiv fühlt, glaubt man den Komplimenten eines Mannes einfach nicht: Er muss einen gewaltigen Charakterfehler haben, denkt man, oder er ist einfach blind oder er will einen dazu bringen, etwas Unwahres zu glauben.

Und wenn man unsicher hinsichtlich seiner äußeren Erscheinung ist und unter mangelndem Selbstbewusstsein leidet oder sich in einer Krise befindet – tja, dann kann ein Kompliment glattweg destabilisierend wirken, eine Flut von widersprüchlichen Gefühlen auslösen, die selbst die gesündeste Frau zur Trinkerin werden lassen.

Mr Cruel war beispielsweise der erste Mann, der Alice K. Dessous kaufte, und sie argwöhnte wochenlang, dies zeige nicht, dass er ihren Körper liebte, sondern dass er ihre Unterwäsche hasste. Und wenn er ihre Unterwäsche hasste, so dachte sie, dann musste er auch die Art und Weise hassen, wie sie sich kleidete, und wenn er die Art und Weise hasste, wie sie sich kleidete, ja, dann musste er auch ihre Art an sich hassen, und wenn er ihre Art an sich hasste, dann hatte er sicher den Wunsch, sie zu ändern, und wenn das so war, ja, dann sollte sie Wut und nicht nur Unsicherheit verspüren, und ...

Seltsame Logik, ja: Aber so ist es manchmal, wenn man eine Frau ist.

Aber Alice K. hat eine Lösung gefunden. Sie bemüht sich mit aller Kraft, die Männer, die sie kennt, zu ihrer Anwendung zu bringen. Es gibt drei einfache Regeln, und Alice K. hat sie sogar aufgeschrieben:

- Versuchen Sie Komplimente auf Schmuck und Schuhe zu beschränken, die weniger konfliktträchtig sind als, sagen wir, Unterwäsche.
- Formulieren Sie nie ein Kompliment als Frage. Zu fragen: »Ist dies eine neue Bluse?«, und es dann dabei zu belassen, führt zu einem schweren W.I.D. auf Seiten der mit dem Kompliment bedachten Person. Ein simples »Das ist eine wirklich hübsche Bluse« ist wesentlich sicherer.
- Und wenn es um die Haare geht, gibt es nur einen einzigen sicheren Trick. Versuchen Sie so aufrichtig wie möglich zu wirken und üben Sie diesen einfachen Satz: »Du siehst aus wie Michelle Pfeiffer. Du siehst aus wie Michelle Pfeiffer. Du siehst aus wie Michelle Pfeiffer.«

Es ist eine dreiste Lüge, aber was soll's. Alice K. kauft es Ihnen ab.

Alice K.s Test zur Einschätzung männlichen Einfühlungsvermögens

Alice K. hat folgenden Test entwickelt, um Frauen bei der Entscheidung zu helfen, ob der Mann genügend Einfühlungsvermögen hat, um als Langzeitpartner geeignet zu sein.

Dies ist eine kritische Frage. Wie viele Frauen wissen, scheitern Beziehungen mit Männern, die es an Einfühlungsvermögen fehlen lassen, stets auf lange Sicht. Ohne diese zentrale Eigenschaft kann ein Mann keine Hilfe sein, wenn wir Anzeichen von PMS (des prämenstruellen Syndroms) zeigen oder lautstarke Auseinandersetzungen mit unserer Mutter führen oder schreckliche Anfälle von Unsicherheit bezüglich unseres Aussehens bekommen. Ohne diese Eigenschaft ist er unfähig, einer Frau zu geben, was sie wirklich braucht: Mitgefühl bei Haartrauma und Menstruationsbeschwerden. Unterstützung bei Abmagerungskuren und beim Gang zum Gynäkologen; uneingeschränkte Zuneigung und ein gelegentliches, wohl ausgewähltes Unterwäschegeschenk.

Lassen Sie uns beginnen:

1. Erläutern Sie folgende Dinge und vermerken Sie, wo Sie zu finden sind (das heißt im Körper, im Kleiderschrank, im Arzneischränkchen einer Frau etc. Hinweis: Es gibt dafür keine männlichen Entsprechungen):

Bikinizone
Handtaschenspray
Mischhaut
Hot Pants
Toupierkamm
Schweißblatt

2. Beschreiben und erklären Sie Folgendes:

Pilzinfektion
Abstrich
Ausfluss
Hormonschwankungen
Unterleibsschmerzen

3. Vergleichen Sie folgende Dinge und nennen Sie den Unterschied:

Rasieren und Epilieren
Lippenstift, Lip Gloss und Lippenpinsel
Flügelärmel und Flügelbinde
Haargel und Verhütungsgel
»leichte Tage« und »stärkere Tage«

4. Erklären Sie die Bedeutung folgender Dinge im Leben einer Frau:

Preiselbeersaft
Jeff Bridges
Das kleine Schwarze
schwarze Pumps
gerade Nähte
guter Gynäkologe

5. Erklären Sie den Zusammenhang zwischen:

Ellbogen und Zitrone
Haarspray und Seidenstrumpfhose
Klebeband und Saum
Bananen und PMS
gescheiterter Beziehung und Selbstmordgedanken

6. Was hätte eine Frau lieber:

Schulterpolster oder Schulterschützer?
eine Spirale oder eine Ausschabung?
einen Hüfthalter oder einen Federhalter?
eine schlechte Beziehung oder gar keine Beziehung?

7. Finden Sie zu den Produkten in Spalte A die passenden Funktionen in Spalte B:

Spalte A	Spalte B
Calypso Massageschwamm	verleiht gleichmäßige Gesichtsfarbe
Tönungscreme	macht weicheren Lidstrich
Astor Diamond extra hard	zieht die Poren zusammen und erfrischt die Haut
Feuchtigkeitstinktur	entfernt Beinbehaarung
Q-Tips	entfernt abgestorbene Hautzellen
Abdeckstift	schützt Nagellack
Grundierung	deckt Hautunreinheiten ab
Enthaarungscreme	gibt der Haut Feuchtigkeit

8. Welche der folgenden Aussagen löst bei einer Frau die größte Panik aus:

»Hier ist das Spekulum ... Sie werden jetzt nur ein kleines Zwicken spüren.«
   »Ihre letzte Periode war vor acht Wochen?«
   »Warum wir uns getrennt haben? Sie wollte heiraten und ich nicht.«
   »Hey, Schatz, sind dir diese Hosen nicht ein wenig zu eng?«

9. Finden Sie in den folgenden Listen die nicht zugehörigen Worte oder Sätze:

a) Sauforgie
heftiger Wutausbruch
Krämpfe
Aufgeblähtsein
Euphorie

b) verzerrtes Körperbild
fressen und kotzen
Magerquark und Karottenstäbchen
Langzeit-Psychotherapie
Selbstakzeptanz

c) Cervix
Klitoris
Tuba uterina
Vulva
Velveeta

10. Wenn Ihre Freundin wegen eines extrem schlechten Haarschnitts traumatisiert ist, lautet der korrekte Kommentar:

a) »Dein Haar sieht klasse aus!«
b) »Dein Haar sieht klasse aus!«
c) »Dein Haar sieht klasse aus!«

Der Test hat keine Antworten, weil
a) Alice K. der Ansicht ist, dass Sie sich in genügendem Maße für die weibliche Erfahrungswelt interessieren, um all diese Sachen zu wissen.
b) Alice K. inzwischen weiß, dass das Leben von Frauen sogar noch komplexer ist, und außerdem ist sie sich bei manchen Antworten selbst nicht sicher (Handtaschenspray?).

c) Alice K. der Ansicht ist, dass es wichtig ist, ein paar Geheimnisse zu behalten, um den Frauen dabei zu helfen, ihre mystische Aura zu bewahren.
d) Alice K. tief in ihrem Herzen davon überzeugt ist, dass es keine Antworten gibt, wenn es darum geht, Männern Frauen zu erklären.

Guter Einkauf

Alice K. liegt im Bett und denkt über die Bedeutung eines guten Einkaufs nach.

Gut nicht wie »ein gutes Bekleidungsgeschäft« oder »ein guter Schuhladen«. Nein, sie meint es im erfahrungstechnischen Sinne, so wie Männer über einen »guten Fick« reden (ein Ausdruck, den Alice K. im Übrigen widerlich findet) oder »ein gutes Spiel« (was erheblich weniger anstößig ist). Sie meint den Adrenalinstoß, den Push fürs Selbstbewusstsein, den man erfährt, wenn man etwas anprobiert, das einen automatisch zehn Pfund dünner oder zehn Grad intellektueller aussehen lässt als vorher. Sie meint dieses Schwelgen in Eitelkeit, die Erwartung des Beifalls, den man ernten wird (*Super Pullover, Alice K., du siehst toll aus!*). Aber vor allem meint sie die emotionalen Bande, die durch einen guten Einkauf entstehen, die gemeinsame Erfahrung mit anderen Frauen, die Bindung, die daraus erwächst.

An diesem Tag war Alice K. nämlich mit ihrer Schwester Beth K. einkaufen gewesen. Beth K. hatte einen Streit mit ihrem Chef gehabt, ihre kleine Tochter hatte wegen einer Erkältung drei Nächte lang Theater gemacht und Beth K. hatte sich überfordert und niedergeschlagen gefühlt. »Lass uns irgendwas kaufen gehen«, hatte Alice K. am Telefon gesagt. »Einen neuen Mantel. Neue Schuhe.«

Beth K., die nicht ganz so inbrünstig an die heilende Kraft

neuer Schuhe glaubte, war zunächst zögerlich, aber Alice K. bedrängte sie hartnäckig und schließlich trafen sie sich in der Innenstadt und verbrachten den Nachmittag mit Einkaufen. Sie zogen von Geschäft zu Geschäft. Sie hielten sich ungefähr eine Stunde in einem dieser kleinen Läden mit Wässerchen und Tinkturen auf, in denen Badeöle und wohlriechende Puder verkauft werden, und sie standen da, öffneten kleine Glasfläschchen und -gefäße und schnupperten daran. Sie verweilten eine Zeit lang in einem Geschäft, das nur Accessoires verkaufte: Sie probierten Hüte und Schals, Alice K. kaufte einen Gürtel, Beth K. eine neue Handtasche. In einem anderen Laden sahen sie sich seidene Nachthemden und ausgefallene Unterwäsche an, in einem weiteren Strümpfe und Schuhe.

Am Ende des Nachmittags hatten sie beide gar nicht so viel erstanden – ein paar Ohrringe für Beth K., Miederwäsche für Alice K. –, aber als sie sich für diesen Tag trennten, als Beth K. Alice K. kurz und fest umarmte und »Danke, das war super« sagte, da wusste Alice K., dass etwas ziemlich Wichtiges zwischen ihnen passiert war, etwas, das mit Teilen und Sich-etwas-Gönnen zu tun hatte, etwas, das eine Verbindung schuf, die in gewisser Weise gleichzeitig eng und stressfrei war.

Eng und stressfrei. Alice K. denkt, während sie so im Bett liegt, über diese beiden Begriffe nach. Im Grunde ihres Herzens findet Alice K. die Nähe zu anderen Menschen nämlich ziemlich schwierig, egal ob es sich dabei um Frauen oder Männer handelt. Sie ist ein unverbesserlich introvertierter Mensch, die Art, die es schrecklich findet, auch nur für einige Zeit aus sich herauszugehen, die eigene Gedankenwelt zu verlassen. Das erklärt zum Teil auch, warum sie so gerne mit Ruth E. zusammen ist, die extrovertiert und gesprächig, praktisch und direkt ist. Sie empfindet Ruth E.s Anwesenheit nicht als belastend, weil Ruth E. so erfahren darin ist, die Dinge in Bewegung zu halten: das Gespräch, die Gedanken, Alice K. selbst, sowohl im körperlichen wie auch im emotionalen Sinne. Aber Ruth E. ist die Ausnahme. Meistens findet

Alice K. es zermürbend, mehr als kurze Zeit mit anderen Menschen zusammen zu sein. Sie hat ein Bedürfnis nach Nähe, doch wenn sie sich dann einstellt, sehnt sie sich nach Flucht, Privatsphäre und einer Rückzugsmöglichkeit.

Einkaufen ist eine wundervolle Lösung für dieses Dilemma. Irgendwann an diesem Nachmittag war Alice K. zum Kosmetikstand hinübergewandert, während Beth K. auf der anderen Seite nach Strümpfen gesucht hatte. Ein paar Minuten lang hatte sie irgendwie ganz selbstverloren dagestanden und Lippenstifte auf ihrem Handrücken ausprobiert. Dann hatten sie und Beth K. fast im selben Moment aufgesehen und einander quer durch den Laden gesucht. Ihre Blicke hatten sich getroffen, und Beth K. hatte breit gegrinst, und in ihren Augen war echte Freude zu lesen gewesen. Es war, als hätte Beth K. gesagt: *Du bist meine Schwester. Du bist meine Schwester und dass ich dich habe, freut mich mehr, als ich dir sagen kann.*

In diesem Moment hatte Alice K. eine zärtliche Zuneigung für Beth K. empfunden, die so heftig war, dass sie fast weinen musste. Es war so einfach – nur zusammen einkaufen, nur durch ein Warenhaus schlendern –, aber auch so natürlich. Es war kein Gespräch nötig, kein langer Dialog über ihrer beider Leben, es wurde nichts Großartiges verlangt. Während sie sich einfach so durch Strümpfe und Lippenstifte hindurchwühlten, hatten sie für einen Moment das Beste beider Welten vereint, das Beste aus Abgeschiedenheit und Nähe, und zwar auf eine Weise, zu der nur Schwestern und beste Freundinnen in der Lage sind.

Wie man dumme Fragen stellt

Als sie etwa zwei Monate mit Elliot M. zusammen war, drehte Alice K. sich einmal zu ihm um und fragte ihn mit ziemlich weinerlicher, gequälter Stimme: »Findest du mich hübsch?«

Er sah sie einen Moment lang an, als hätte sie zwei Köpfe. Alice K. durchzuckte es blitzartig: Ups, sie hatte ihn in eine Falle gelockt, in das Land der dummen Fragen.

Läuft das nicht immer genau so? Sagen wir, Sie sind ein Mann. Sie sind seit etwa acht Wochen mit einer Frau zusammen. Alles geht glatt, man kommt sich näher, fühlt sich wohl, alles ist prima, und dann – wumm! – aus heiterem Himmel, sieht sie Sie mit diesem gequälten Gesichtsausdruck an, ihre Stimme hebt sich mehrere Oktaven, und dann werden Sie von ihr mit einer dieser... dieser *Fragen* attackiert.

»Findest du mich dick?« (Heul)

»Stehen mir diese Hosen?« (Winsel)

»Magst du mein Haar? Denkst du, ich sollte es schneiden lassen? *Bist du sicher?*« (Grein, grein, winsel, winsel.)

Sie röcheln. Sie würgen. Sie haben ein intensives Déjà-vu-Gefühl, und zwar zu Recht: denn Sie saßen wirklich schon einmal dort und werden wieder dort sitzen – in der Falle, genau wie Elliot M.

Es gibt keine richtigen Antworten im Land der dummen Fragen. Alice K. weiß das und Sie auch.

Als sie in dieser Nacht im Bett lag, dachte Alice K. über das Phänomen der dummen Fragen nach. Woher rühren sie? Warum verhalten sich Frauen so?

Sie überlegte. Sie und Elliot M. waren nun seit zwei Monaten zusammen, waren jetzt also in eine Phase eingetreten, in der er sich nicht mehr gezwungen fühlte, sie so heftig wie anfangs zu umwerben. Zu Beginn hatte er sie mit Abendessen verwöhnt, ihren Schmuck zur Kenntnis genommen, ihr für ihre Schuhe Komplimente gemacht. Und da sie gelernt hatte, dass Männer Freundlichkeit vermissen ließen, keine Seele hätten und unfähig seien zu dauerhaften Liebesbeziehungen, hatte Alice K. anfangs Abstand gewahrt. Langsam jedoch begann sie unter Elliot M.s Zuwendung aufzutauen und ließ ihre Deckung fallen. Drei oder vier Wochen lang (die Zeit bevor sie miteinander schliefen und das Ganze damit wirklich vermasselten) bewegten Alice K. und Elliot M. sich beziehungstechnisch auf der gleichen Wellenlänge und – erstaunlicherweise und höchstwahrscheinlich das einzige Mal während ihrer ganzen Verbindung – schienen beide den gleichen Grad an Nähe und Intimität zu wollen.

Und dann veränderte sich irgendetwas. Vielleicht begann Elliot M. *seine* Deckung fallen zu lassen. Oder vielleicht fing er an, von besagter Nähe und Intimität erdrückt zu werden. Oder beides. In jedem Fall schien er nicht mehr so überschwänglich und machte ihr auch weniger Komplimente für ihre Schuhe. Alice K. begann sich Sorgen zu machen. Sie hatten an diesem Abend zu Hause gesessen und sich ein Video angesehen. *Einen Film?,* dachte sie. *Was bedeutet das? Warum sieht Elliot M. nicht mehr mich über einen kerzenerleuchteten Tisch hinweg an? Und hat er meine neuen Schuhe überhaupt bemerkt?*

Andere Fragen folgten. *Fühlte sich Elliot M. noch immer von ihr angezogen? Gab es da jemand anderen? Und nun, da sie über die Beziehung als Beziehung nachdachte, mit allen Implikationen von Dauerhaftigkeit und Verpflichtung und gemeinsamen Wochenendnächten, verlor er da das Interesse?*

Natürlich konnte sie *diese* Fragen nicht stellen, weil sie sich dann noch verletzlicher fühlen würde, als dies ohnehin schon der Fall war. Also versuchte sie auf andere Weise, Anhaltspunkte zu finden. Ähm, Schatz, findest du mich hübsch?

Da haben wir sie, die dumme Frage.

Alice K. wälzte sich im Bett und dachte über noch mehr Dinge nach.

Hinter solchen Fragen lauerten, so wurde ihr klar, Wagenladungen von Unsicherheit und eine Masse Probleme, die mit direkter Kommunikation und Selbstwertgefühl zu tun hatten. *Wir stellen diese Fragen,* dachte sie, *um die Männer auf die Probe zu stellen.* Am Anfang muss sich eine Frau versichern, dass sie ihre sexuelle Unsicherheit in die vage (d.h. dumme) Frage über die Exfreundin irgendeines Typen kleiden kann (das heißt »Ähm, wie sah X denn aus?«), ohne dass er mit einer flegelhaften Antwort zurückschießt (soll heißen »Gott, sie war gut im Bett«). Später muss sie den Grad seiner Langzeitunterstützung testen: Kann er sich mit der Tendenz einer Frau abfinden, mindestens zweimal die Woche morgens aufzustehen, in den Spiegel zu sehen und diesen um die Bestätigung anzuflehen, dass sie nicht wie Roseanne aussieht? Kann er es ertragen, dass nichts, was er sagt, wirklich gut genug sein wird? Und das Wichtigste, kann er ihr über solche Momente hinweghelfen?

Am nächsten Tag diskutierte Alice K. dieses Phänomen mit Ruth E., und sie kamen zu dem Ergebnis, dass diese dummen Fragen, die Frauen stellten, in Wahrheit einem edlen Zweck dienten.

»Sie haben eine Schutzfunktion«, sagte Ruth E. »Sie bewahren dich davor, über die großen Dinge zu reden.«

»Du meinst solche wie das Leben, Enttäuschung und Verletzlichkeit?«

»Genau.«

Alice K. sah Ruth E. an. »Aber ich hasse es, sie zu stellen«, sagte sie. »Ich fühle mich dann so ... so dumm.«

»Das liegt daran, dass sie dumm *sind*«, sagte Ruth E. »Sie bemänteln richtige Fragen mit Schuhfragen. Mit Frisur- und Oberschenkelfragen. Man fühlt sich dumm und schwach, wenn man sie stellt.«

»Warum stellen wir sie dann immer wieder?«

»Weil wir Frauen sind.«

Alice K. wollte wissen, was sie damit meinte, und Ruth E. erging sich in einem ihrer berühmten Monologe über die unterschiedliche Art, wie Männer und Frauen die Welt erleben. Ruth E. wies darauf hin, dass Männer *in* ihrem Körper lebten, Frauen außerhalb ihrer Körper. Frauen wachsen mit der Einstellung auf, dass ihr Körper etwas ist, das von anderen betrachtet und berührt wird, und dass man ihn erbarmungslos mit dem Körper anderer Frauen vergleicht. Dementsprechend hat selbst die unabhängigste und gelassenste Frau Anwandlungen von Angst und Unsicherheit, Momente, in denen sie neben sich steht und ihren Körper von außen betrachtet – und den der Exfreundin ihres Freundes und die Körper der Frauen in den Zeitschriften und Katalogen und den von Frauen überall um sie herum. In solchen Momenten beurteilt sie sich mit extremer Härte. Sie ist sich ziemlich sicher, dass sie nicht dem gängigen Schönheitsideal entspricht (schmale Hüften und kleine Brüste; schmale Hüften und große Brüste; kräftige Oberschenkel und muskulöse Brüste; was auch immer gerade diese Woche angesagt ist). Und sie geht von zwei Dingen aus: dass Männer sie einer ebenso harten Prüfung unterziehen und dass sie sie ebenso fehlerhaft finden.

Ergebnis? Frauen brauchen ein bisschen mehr Bestätigung als Männer. Sie brauchen Männer, die nett zu ihnen sind.

Ruth E. beendete ihren Monolog und Alice K. nickte ernst. Und als sie an diesem Abend mit Elliot M. auf dem Weg zu einem Restaurant war, sah sie ihn an und sagte: »Elliot ... findest du, dass meine Füße in diesen Schuhen dick aussehen?« Aber sie meinte das nicht so. Ehrlich.

Wie man schnüffelt

Noch etwas anderes passierte in den ersten beiden Monaten von Alice K.s Beziehung: Sie schnüffelte. Sie war in Elliot M.s Wohnung, er ging rasch hinaus, um eine Flasche Wein fürs Abendessen zu holen, und sie schnüffelte. Sie schnüffelte einen Stapel Post auf seinem Küchentresen durch, die Tasche eines Mantels, der über einen Stuhl geworfen war, und ein Adressbuch.

Warum? Das ist leicht zu beantworten. Sie suchte nach Hinweisen, wollte Informationen über Elliot M. erhalten: wo er sich aufgehalten hatte oder gesehen worden war oder was er womöglich verbarg.

Alle Frauen schnüffeln. Oder zumindest würden alle Frauen es von Zeit zu Zeit gerne tun. Große Mädchen und kleine Mädchen. Psychisch stabile und ängstliche. Verheiratete, allein stehende, glückliche, traurige – es gibt keine, bei der es nicht so wäre. Früher oder später, egal wie sehr sie sich in der Theorie gegen diese Praxis stellen mag, hat jede Frau eine Anwandlung von Neugier oder Misstrauen und ist machtlos gegen den Drang. Sie muss schnüffeln. Sie muss es einfach.

Ruth E. rief dies Alice K. vor einiger Zeit während eines Abendessens in Erinnerung. Sie hatte ein lockeres Verhältnis mit einem Typen aus ihrem Büro gehabt, hatte ihm gegenüber vages Misstrauen gehegt und ihn schließlich wegen einer früheren Liebschaft mit einer Frau namens Eva B. zur Rede gestellt.

Alice K. fragte: »Zunächst einmal, woher wusstest du von dieser Eva?«

Ruth E. sagte: »Er war nicht da, also habe ich seinen Kalender durchgeblättert, und da stand es. Eva B., Mittagessen. Eva B., Abendessen.«

Alice K. und Ruth E. blickten einander wissend an. Ach ja, das Kalenderschnüffeln.

Ruth E.s Entdeckung war selbstverständlich ungewöhnlich. In neun von zehn Fällen finden Frauen nur wenig Aussagekräftiges auf ihren kleinen Schnüffeljagden: Benzinquittungen vielleicht oder Streichholzbriefchen oder alte Taschentücher (was ziemlich ekelhaft sein kann, wenn Sie Alice K. fragen). Aber Alice K. vermutet in gleichem Maße, dass es ganz unerheblich ist, ob man etwas findet. Unterziehe Herz und Seele der weiblichen Schnüffler einer genauen Prüfung, und du wirst in den meisten Fällen entdecken, dass es hier wirklich nicht um Ausspionieren und Neugier geht, sondern um Unsicherheit, Selbstzerstörung und Kontrollbedürfnis.

Hier sind die drei Stufen des Schnüffelns nach Alice K.:

1. Schnüffeln ersten Grades: Dies ist die unterste, harmloseste Stufe, die, auf der sie sich Elliot M. gegenüber bewegt hat. Sie sind bei ihm zu Hause, im Badezimmer, und putzen sich die Zähne. Sie streifen ein wenig umher und lassen Ihren Blick neugierig über die Dinge schweifen. Sie schauen, was auf der Anrichte liegt, auf dem Schreibtisch. Vielleicht werfen Sie einen Blick in seinen Kühlschrank, um zu sehen, ob der Inhalt auf eventuelle Kochkünste schließen lässt; vielleicht auch nicht. An diesem Punkt sind Sie wirklich nur auf der Suche nach kleinen Hinweisen, Anhaltspunkte bezüglich seines Verhaltens oder seiner Persönlichkeit. Wie ordentlich ist er? Wie diskret? Wenn eine Schachtel Kondome auf dem Nachttisch thront, wird Sie das ein wenig stören. Wenn seine Schränke ordentlich sind und voll mit schicken Hemden, werden Sie ihn mögen.
Diese Art des Schnüffelns findet gewöhnlich zu Beginn einer Liebesbeziehung statt. Alice K. nennt es das »Kennenlern-Schnüffeln«.
2. Schnüffeln zweiten Grades: Sie gehen zu dieser Phase über, wenn es in Ihrer Beziehung zu Spannungen und Unsicherheiten gekommen ist. Jetzt schnüffeln Sie unter der Oberfläche. Sie sehen in Schubladen und Hosentaschen, wenn er nicht zu Hause ist. Sie suchen nach größeren Anhaltspunkten für sein Leben und seine Geschichte. Gibt es da jemand anderes? Wen gab es vor Ihnen? Wie war sie? Und wie schneiden Sie dagegen ab?
3. Fortgeschrittenes Schnüffeln: Hier gehen Sie von den Schubladen zu den Dokumenten über. Sie lesen alte Briefe und Kreditkartenabrechnungen (Er hat ohne Sie 90 Dollar bei diesem neuen Italiener auf den Kopf gehauen? Was??). Sie öffnen Briefe. Sie warten darauf, dass er das Haus verlässt, damit Sie seine Adresskartei durchblät-

tern können auf der Suche nach fremden Frauennamen. An dieser Stelle hat sich ein Element der Verzweiflung in den Prozess eingeschlichen. Sie wollen Information. Sie wollen die Oberhand gewinnen.

Und das ist Alice K. zufolge der Schlüssel. Die Oberhand gewinnen. Wissen ist Macht und Frauen wollen den Informationsfluss kontrollieren. Deshalb sind wir so skrupellos, was das Schnüffeln betrifft, so verschlagen und hinterhältig. Wenn eine Frau weiß, dass er all die Fragen, die zu fragen sie sich fürchtet (Liebst du mich wirklich? Sehr? Mehr, als du sie geliebt hast?), mit ja beantworten wird, dann wird sie sich sicher und geborgen, als Herrin der Lage fühlen. Wenn sie andererseits Belege dafür findet, dass er einer anderen Rosen geschickt hat, wenn sie ein Maß an Leidenschaft in einem alten Brief entdeckt, das er ihr gegenüber nie an den Tag gelegt hat, dann wird sie wenigstens auf den Schmerz vorbereitet sein.

Natürlich fühlt eine Frau sich mies bei alledem. Sie kommt sich dumm vor, weil sie sich auf das niedere Niveau einer Schnüfflerin begeben hat. Sie erkennt, dass sie aus Unsicherheit heraus handelt. Sie weiß, dass es legitim und logisch ist und sie nichts angeht, wenn ein Mann vor ihr andere Menschen geliebt hat.

Das Schlimmste ist, dass eine Frau unangenehm in der Klemme sitzt, wenn sie zufällig auf eine entscheidende Information stößt. Durch Schnüffeln herausgefundene Fakten sind völlig nutzlos, wenn man nicht zugeben möchte, sich diesem unreifen und die Privatsphäre des anderen verletzenden Verhalten hingegeben zu haben. Deshalb ist das Herumschnüffeln auch so selbstzerstörerisch. Alice K. wird niemals vergessen, wie sie ganze Tage damit verbracht hatte, in einer Kiste mit Briefen alter Freundinnen von Mr Cruel herumzuwühlen, als er übers Wochenende verreist war. Einer war von einer Frau, von der sie nie gehört hatte, jemand namens Tiffany. Eine andere hatte einen langen, anschaulichen Brief über ein »heißes Wochenende« geschrieben, das sie zusammen auf dem Land verbracht hatten. Alice ließen diese Informationsfetzen ein halbes Jahr nicht mehr los. *Er war mit einer Frau zusammen, die das Wort »heiß« benutzte? Tiffany? Wer zum Teufel war Tiffany?* Sie fühlte sich dadurch ganz fürchterlich und konnte natürlich kein Wort zu ihm sagen.

Beth K. sagt, sie sei seit drei Jahren »clean«, was das Schnüffeln betreffe, nämlich seit sie verheiratet sei. »Ich werde es auch nicht mehr tun«, sagt sie. »Es ist, wie wenn man das Rauchen aufgibt oder so. Du weißt, dass es schlecht ist, und musst dich einfach zwingen, es nicht zu tun.«

Aber nach Alice K.s Ansicht wird solch eine Entscheidung nur selten getroffen. Sie und Ruth E. haben sich kürzlich darüber unterhalten, und Ruth E. beschrieb die Schnüffelei bei dieser Gelegenheit als natürlichen Teil von Weiblichkeit und weiblicher Unsicherheit, als biologischen Trieb, dem Bedürfnis, ein Kind haben zu wollen, nicht unähnlich. »Ich habe es früher getan und ich mache es auch weiterhin«, sagte Ruth E. »Es ist schrecklich, es gibt keine Rechtfertigung dafür. Aber ich werde es auch in Zukunft tun.«

Alice K. nickte ernst.

»Frauen sind so böse«, sagte Ruth E. Dann machte sie eine Pause und fügte hinzu: »Nur gut, dass wir schlau sind.«

Pseudo-Wellness, Teil 2:
Das Rundum-Schuh-Wochenende

Alice K.s Do-it-yourself-Rundum-Schuh-Wochenende, eine fortgeschrittene Version von Alice K.s Do-it-yourself-Pseudo-Wellness-Programms, kann beginnen, wenn Sie mit zwei simplen Tatsachen konfrontiert sind:

1. Sie sind eine Frau, also anfällig für Depressionen und Existenzangst.
2. Eines der wenigen Dinge, die Sie wirklich aufbauen, wenn Sie sich deprimiert fühlen oder unter Existenzangst leiden, ist der Kauf neuer Schuhe.

Alice K. kam folgendermaßen auf das Do-it-yourself-Rundum-Schuh-Wochenende. Sie fühlte sich elend und niedergeschlagen, lethargisch, aufgedunsen und prämenstrual. Dann hatte sie einen Gedanken: »Wenn wir noch in den achtziger Jahren wären, müsste ich jetzt eine Diät machen und ins Fitnessstudio rennen. Aber nein! Die achtziger Jahre sind lange vorbei! Zur Hölle mit den achthundert Kalorien am Tag! Zur Hölle mit dem Magerquark und dem Aerobic-Kurs! Was ich wirklich brauche, sind ein paar neue Schuhe!«

Und siehe da, Alice K.s Pseudo-Wellness-Do-it-yourself-Rundum-Schuh-Wochenende war geboren.

Und so funktioniert es:

- Rufen Sie eine hilfreiche Freundin an, die wie im Do-it-yourself-Pseudo-Wellness-Programm als Ihre »Wellness-Partnerin« bezeichnet werden wird.
- Suchen Sie sich mit Hilfe ihrer Wellness-Partnerin eine Gegend aus, wo es viele Schuhgeschäfte in der Nähe gibt. New York ist gut, wenn Sie über ein riesiges Einkommen verfügen, aber in der heutigen Zeit ist es vielleicht vernünftiger, eine andere Gegend abzugrasen, etwa eines dieser Einkaufsparadiese, in denen man unter anderem eine Niederlassung von 9 West, eine von Saks Fifth Avenue, eine von Nordstrom's und eine von Bloomingdale's findet.
- Wenn Sie und Ihre Wellness-Partnerin den Zielort bestimmen, kreischen Sie vor Freude (Beispiel: »Yippie«).
- Packen Sie Ihre Alice-K.-Do-it-yourself-Rundum-Schuh-Wochenende-Garderobe ein. Diese sollte aus wenigstens einem besonders schuhfreundlichen Einkaufsoutfit bestehen, das a)

deutlich den Fuß- und Knöchelbereich sichtbar macht und dadurch den ungehinderten Blick auf den Schuh erleichtert und b) keine umfangreichen Manöver beim An- und Ausziehen erfordert und dadurch das schnelle und effiziente Anprobieren von Schuhen möglich macht. Sie können auch ein Paar wirklich alte oder abgetragene Schuhe mitnehmen, um Ihr unwiderstehliches Bedürfnis nach neuen zu verstärken.

- Geben Sie eine große Summe aus, um an Ihren Bestimmungsort zu gelangen. Fliegen Sie! Reisen Sie erster Klasse im Zug! Sagen Sie sich, dass Ihre Reisekosten grob den Ausgaben für ein paar Schuhe in Ihrer Heimatstadt entsprechen, wohingegen Sie mindestens drei Paar Schuhe für diesen Preis allein in der Verkaufsniederlassung von Saks bekommen. Sie sparen daher haufenweise Geld, indem Sie dorthin fahren (oder irgendetwas in dieser Art).
- Wenn Sie an Ihrem Pseudo-Wellness-Bestimmungsort angekommen sind, fahren Sie in ein teures Hotel (folgen Sie den Rechtfertigungsbegründungen oben). Trinken Sie Wein und diskutieren Sie über Ihre Schuhbedürfnisse. Drücken Sie Ihr Bedauern über die naturgegebenen Schwierigkeiten aus, Schuhe in neutraler Farbe zu finden, die nicht altjüngferlich wirken. Nicken Sie ernst, wenn Ihre Wellness-Partnerin sagt: »Ja, neutral ist wirklich schwierig.«
- Ziehen Sie sich früh für ein Prä-Alice-K.-Do-it-yourself-Rundum-Schuh-Wochenende-Schläfchen zurück. Schlafen Sie elf Stunden.
- Trinken Sie nach dem Aufwachen ungefähr vierzehn Tassen Kaffee, um den Adrenalinpegel hochzutreiben und sich auf die Aktivitäten des Tages vorzubereiten.
- Fahren Sie zu einem riesigen Einkaufszentrum, stellen Sie das Auto ab und gehen Sie hinein. Gehen Sie als Erstes zu Saks und wärmen Sie sich ein wenig auf, indem Sie in der Abteilung mit der Designerkleidung herumstöbern. Probieren Sie verschiedene Designerstücke an und fällen dann die Entscheidung, dass Sie wirklich kein blaues Donna-Karan-Mini-Samtkleid brau-

chen, auch wenn es nur $95 kostet und von $179,99 herabgesetzt ist. Bewundern Sie sich für Ihre Selbstbeherrschung.
- Gehen Sie jetzt in die Schuhabteilung. Geben Sie die Selbstbeherrschung auf. Registrieren Sie Tisch für Tisch die Schuhkartons, die alle hübsch der Größe nach ausgelegt sind und unvorstellbar günstige Schuhangebote beeinhalten. Via Spiga Pumps für $39,95, heruntergesetzt von $165. Ferragamo-Schuhe für $50, heruntergesetzt von fast $200. Saks-Markenschuhe für $29,95, heruntergesetzt von $120. Spüren Sie, wie Ihr Blutdruck und Ihr Adrenalinspiegel steigen.
- Fallen Sie in wilde Schuhraserei. Stellen Sie sich mit Ihrer Wellness-Partnerin vor den Spiegel, einen olivfarbenen Pumps am einen Fuß, einen aus rotem Wildleder am anderen und drei weitere Schuhschachteln im Arm. Beobachten Sie das Einsetzen ernsthafter Symptome von Schuhexzess (Speicheltropfen, wilder, tollwütiger Blick) und werden Sie sich der Möglichkeit bewusst, dass Sie alle fünf Paar nehmen.
- Probieren Sie ein paar außergewöhnlich elegant geformte hochhackige rauchblaue Wildlederpumps an. Führen Sie sich vor Augen, dass Sie wahrscheinlich nie die Gelegenheit haben werden, diese zu tragen, aber versuchen Sie den Kauf dennoch zu rechtfertigen. Fragen Sie Ihre Wellness-Partnerin: »Aber was, wenn ich mir irgendwann ein elegantes rauchblaues Cocktailkleid kaufe ... werde ich *die* dann nicht brauchen?« Debattieren Sie über den Kauf mindestens zwanzig Minuten.
- Fahren Sie die Ausgaben bei Saks am Ende auf drei Paar Schuhe herunter (olivfarbene Pumps, rote Wildlederpumps und olivfarbene, flache Wildlederschuhe: Gesamtkosten $164,60). Seien Sie stolz auf sich, sich nicht nur die rauchblauen Stöckelschuhe, sondern auch ein wirkliche cooles Paar violetter Wildlederpumps verkniffen zu haben.
- Bleiben Sie in der Passage des Einkaufszentrums stehen. Atmen Sie tief durch. Beruhigen Sie sich und gehen Sie dann zu Macy's.
- Nähern Sie sich der dortigen Schuhabteilung. Sehen Sie sich

die Regale mit Schuhen in jeder nur erdenklichen Farbe und Form an. Flache Schuhe, Sandaletten, Boots und Pumps. Schuhe mit Riemen und Knöpfen und Bändern. Schnappen Sie nach Luft und stürzen Sie sich dann mit Schwung hinein.

- Probieren Sie nun sechsundzwanzig Paar Schuhe in ungefähr zwanzig Minuten an. Verleihen Sie ihrer Ungläubigkeit angesichts der Preise Ausdruck: $140 teure schwarze Stöckelschuhe auf $20 heruntergesetzt. Halbschuhe aus schwarzem und dunkelrotem Leder auf $16 heruntergesetzt. *Sechzehn!* Rote Wildlederhalbschuhe für $6,59! Registrieren Sie, wie Sie allmählich die Kontrolle verlieren, sich Ihnen der Kopf dreht. Laufen Sie Amok. Reißen Sie Schuhe aus der Ablage und führen Sie einen wilden Dialog mit Ihrer Wellness-Partnerin:

»Schau! Pfirsichfarbene Halbschuhe!«

»Ooooooh! Aber sieh dir diese aus rosafarbenem Wildleder an!«

»Ooooooh!«

»Und da drüben! Moosgrüne Sandaletten!«

»Ooooooh!«

- Machen Sie eine kurze Pause und beobachten Sie andere Frauen im Schuhrausch. Nicken und lächeln Sie der jungen Schwangeren in Ihrer Nähe zu, die, die Arme voller Schuhkartons, in ein Paar braune Lederpumps schlüpft und sagt: »O mein Gott, es macht so irrsinnig viel Spaß!« Machen Sie sich klar, dass Schuhekaufen für Frauen dasselbe ist wie Sportgucken für Männer: etwas wirklich Fesselndes und Faszinierendes, eine gemeinsame Erfahrung, die alle Frauen verbindet. Fühlen Sie das stolze Prickeln, eine Frau zu sein.

- Stehen Sie mit einer Menge Schuhkartons da und bestehen Sie gegenüber Ihrer Wellness-Partnerin darauf, dass Sie nicht sieben Paar Schuhe an einem Tag kaufen können, und gestatten dieser dann, Sie (ohne große Schwierigkeiten) vom Gegenteil zu überzeugen. Lassen Sie sie auf ein paar schwarzer Samtschuhe zeigen, die im Falle eines Kaufes das siebte Paar an diesem Tag wären, und hören Sie Ihre Wellness-Partnerin sagen:

»Du *musst* sie kaufen! Wieso auch nicht?« Stimmen Sie ihr zu und überzeugen Sie sie dann, ein paar schwarze Wildlederstiefel zu kaufen, obwohl sie erst letzten Monat ein paar schwarze Stiefel aus normalem Leder gekauft hat, die sie noch nicht ein einziges Mal anhatte (»Ja, aber die hier sind aus Wildleder!«).
- Kaufen Sie vier (4) Paar Schuhe. Wenn die Kassiererin mitbekommt, dass Sie nicht von hier sind, und Sie fragt, wie lange Sie schon in der Stadt seien, sagen Sie ihr: »Oh, so etwa zwölf Stunden.« Wenn Sie die Augenbrauen hochzieht und sagt: »Zwölf Stunden, und schon gehen Sie einkaufen?«, dann lächeln Sie verlegen und greifen nach Ihrer riesigen Einkaufstüte. Machen Sie sich klar, dass Sie eine abenteuerliche Perspektivverschiebung erlebt haben: Sie haben $82,96 ausgegeben – die geschätzten Kosten für ein einziges Paar zu Hause –, und der Gedanke, sieben Paar Schuhe an einem Tag zu kaufen, erscheint nun vollkommen vernünftig.
- Nehmen Sie die Schuhabteilungen von 9 West und Bloomingdale's unter die Lupe und stellen Sie dann fest, dass Sie jetzt erschöpft sind. Deuten Sie auf ein Paar rote Wildlederhalbschuhe (erinnern Sie sich – Ihre haben nur $6,95 gekostet) und sagen Sie: »Fünfunddreißig für die? Ha!«
Machen Sie sich auf den Weg zurück zum Auto. Äußern Sie Ihr Erstaunen, wenn Ihre Wellness-Partnerin Ihnen mitteilt, dass vier Stunden ins Land gegangen sind – Sie hatten das Gefühl, es seien vielleicht dreißig Minuten gewesen. Fahren Sie zurück zum Hotel, stellen Sie die Schuhe in einer Reihe auf den Teppich und bewundern Sie sie. Schauen Sie die dunkelroten Wildlederhalbschuhe Ihrer Wellness-Partnerin an und sagen Sie: »Tolle Schuhe!« Probieren Sie die braunen Via-Spiga-Wildlederschuhe an und hören Sie Ihre Wellness-Partnerin sagen: »Tolle Schuhe!« Fahren Sie mit dieser Übung etwa vierzig Minuten lang fort.
- Setzen Sie sich mit Ihrer Wellness-Partnerin hin und versuchen Sie die Zeit abzuschätzen, die Sie beide in den letzten achtzehn Stunden mit Gedanken und Gesprächen über Schuhe

verbracht haben. Beschließen Sie, dass es etwa sechs Stunden waren, vielleicht auch mehr.
- Ziehen Sie sich fürs Abendessen an. Tragen Sie neue Schuhe. Gehen Sie in ein Restaurant und unterhalten Sie sich während der Mahlzeit über andere Dinge (Männer, Arbeit). Spüren Sie, wie Ihr Mut beim Gedanken an die absolute Bedeutungslosigkeit des Lebens zu sinken beginnt. Denken Sie dann an die neuen Schuhe und fassen wieder Mut. Bringen Sie das Gespräch wieder auf die Fußbekleidung. Sprechen Sie mit Ihrer Wellness-Partnerin darüber, wie ein hübsches Paar Schuhe Ihre Lebenseinstellung grundlegend verändern kann. Reden Sie darüber, welches Gefühl es ist, an sich hinunterzublicken und seine Füße in eine neue Farbe oder Form gehüllt zu sehen. Wie man allein durch einen fabelhaften Schuh mühelos ein gewisses Selbstvertrauen erlangen kann.
- Kehren Sie ins Hotel zurück, bewundern Sie ein weiteres Mal Ihre Schuhe und ziehen Sie sich dann für einen zweiten Schönheitsschlaf zurück. Wachen Sie elf Stunden später auf und denken Sie darüber nach, noch einmal auszugehen und sich eine Pediküre verabreichen zu lassen. Beschließen Sie, dass das »zu viel des Guten« wäre. Packen Sie dann die Schuhe in eine große Tasche und bereiten Sie sich auf den Heimweg vor, in dem sicheren Wissen, dass Sie, egal, was sonst in Ihrem Leben passiert, wenigstens einen wahnsinnig wohl geformten Fuß haben.

Ein offener Brief an das Miss-Amerika-Komitee

Einmal, als Alice K. sich deprimiert fühlte, voll von Existenzangst und unfähig, ein Do-it-yourself-Rundum-Schuhwochenende zu arrangieren, setzte sie sich an ihren Schreibtisch und schrieb folgenden Brief an das Miss-Amerika-Komitee:

Liebe Komiteemitglieder,

darf ich mich vorstellen: Mein Name ist Alice K. und ich schreibe Ihnen, weil ich ein paar Ideen habe, wie Sie Ihre alljährliche Show vielleicht ein wenig erfolgreicher gestalten könnten.

Sie haben im letzten Jahr oder so versucht, dem Spektakel eine neue Richtung zu geben, indem Sie den Versuch unternommen haben, die Bewerberinnen für die amerikanische Durchschnittsfrau »realitätsnäher« wirken zu lassen. Ich respektiere dieses Bestreben, habe jedoch den Eindruck, dass die meisten ihrer Ideen hinter den Erwartungen zurückbleiben. Gut, die Bewerberinnen müssen sich jetzt selbst frisieren und schminken. Hmmm. Und sie können jetzt Hosen anstelle von Abendkleidern tragen. Na ja.

Mir scheint, dass weit radikalere Veränderungen angebracht sind. Wenn Sie wirklich eine Verbindung zwischen Ihren Kandidatinnen und der amerikanischen Durchschnittsfrau herstellen wollen, müssen Sie Ihr Augenmerk auf Frauen richten, deren Leben wirklich unserem eigenen ähnelt.

Glücklicherweise habe ich da ein paar Ideen.

Stellen Sie sich bitte Folgendes vor:

Als Erstes, live aus dem sagenhaften Trump Plaza im sagenhaften Atlantic City...

Die Wahl zur Miss Unsicher

Ja! Sehen Sie zweiundfünfzig herausragende Exemplare von kompletter Konfusion, Orientierungslosigkeit und tiefer Unsicherheit bezüglich dem Sinn des Lebens! Quer aus dem ganzen Land (und von der Insel Guam) zieht der Miss-Unsicher-Wettbewerb Frauen an, die mitten in einer Karrierekrise stecken, Frauen, die sich nicht entscheiden können, ob sie Kinder haben wollen oder nicht, Frauen, deren Gefühl für sich selbst so vage und schlecht ausgeprägt ist, dass sie kaum entscheiden können, was sie zum Frühstück essen wollen, geschweige denn, was sie sich von ihrem

Leben erwarten. Hier ein paar ausgewählte Kandidatinnen: die amtierende Miss Unsicher aus West Virginia, die seit zehn Jahren mit demselben Typen liiert ist und noch immer nicht weiß, ob sie ihn heiraten soll. Die amtierende Miss Unsicher aus Oklahoma, die ihre Ausbildung zur Krankenschwester abgebrochen hat, weil sie kein Blut sehen konnte und dann ein Nagelstudio in Oklahoma City eröffnete, weil sie nicht wusste, was sie sonst machen sollte, und nun völlig enttäuscht von ihrem Leben ist und absolut verunsichert, was sie als Nächstes tun soll. Und da ist die amtierende Miss Unsicher von Rhode Island, die viel Zeit damit verbringt, die Innenstadt von Providence zu durchstreifen und »Hmm?« zu murmeln. Welche dieser reizenden jungen Damen wird die Landeswahl zur Miss Unsicher gewinnen? Bleiben Sie dran!

Als Nächstes? Live aus dem sagenhaften Desert Sands Hotel im sagenhaften Las Vegas ...

Die Wahl zur Miss Hektisch

Diese reizenden amerikanischen Schönheiten haben bereits an landesweiten Vorausscheidungen teilgenommen, wo sie Punkte für hohen Blutdruck, übervolles Arbeitspensum und Anhäufung ungenutzter Urlaubstage gesammelt haben. Um ein absolutes Stressniveau festzulegen, wird unsere namhafte Jury dieses Jahr ihr Augenmerk verstärkt auf die Herzfrequenz der Mädchen richten, den Kaffee- und Zigarettenkonsum und allgemeine Schlaf- und Schwitzmuster. Ein spezieller Miss-Abgespannt-Preis wird dem Mädchen verliehen werden, das die höchste Punktzahl im Filofax-Einzelwettbewerb erzielt, bei dem die durchgängige Dichte und Schwere des Terminkalenders gemessen wird. Als Extraspaß für unsere Zuschauer werden unsere Kandidatinnen auch an einer fantastischen Paranoia-Parade teilnehmen, bei der jeder lokalen Miss Hektisch zwei Minuten zugestanden werden, um ihre speziellen Ängste, Obsessionen und Sorgen zu schildern, die sie bis spät in die Nacht wach halten. Was für ein Ereignis!

Und als Nächstes? Live aus dem herrlich gewöhnlichen Motel 6 am undefinierbaren Stadtrand von Dubuque, Iowa ...

Die Miss-Mittelmaß-Show
Hier treffen Sie auf zweiundfünfzig absolut unbemerkenswerte Frauen aus allen Ecken unseres schönen Landes. Frauen mit wenig oder gar keinem Talent und ohne Ambitionen! Frauen mit wirklich langweiligen Jobs! Frauen mit fleckiger Haut, schlechten Zähnen und strapaziertem Haar! Die Mindestvoraussetzungen für die Teilnahme beinhalten, dass man so gerade durch die Schule gerutscht ist, keine Hobbys, Haustiere oder andere Freizeitinteressen hat und eine grundsätzliche Aversion gegen Veränderung, persönliche Entwicklung und Leistung. Sie werden die Miss Mittelmaß aus Minnesota sehen, die in einer farblosen Zweizimmerwohnung außerhalb von St. Paul und Minneapolis wohnt, als Verkäuferin in einem Spätkauf arbeitet und seit sieben Jahren keinen Freund hat. Sie werden Miss Mittelmaß aus Arizona kennen lernen, die in einem Wohnwagenpark in Sun City lebt und seit ihrem Abschluss auf der High School kein Buch mehr gelesen hat. Und Sie werden die Gewinnerin der regionalen Vorausscheidung in New England erleben, die die Jury des Vorjahrs bei der individuellen Befragung dadurch erstaunte, dass sie nicht eine einzige auch nur entfernt interessante Begebenheit aus ihrem Leben berichten konnte. Endlich mal ein Wettkampf von Frauen, in denen Sie sich wiedererkennen können.

Das ist natürlich nur der Anfang. Wenn Wettbewerbe aus dem richtigen Leben mit Frauen aus dem richtigen Leben sich durchzusetzen beginnen, können wir noch eine Reihe von Nebenwettkämpfen einführen. Wir könnten die Wahl zu Miss Übergewicht durchführen, bei der die Kandidatinnen an ihren schlechten Essgewohnheiten und dem Wackeln ihrer Oberarme gemessen werden sowie daran, wie schrecklich sie in Leggings aussehen. Wir können eine Wahl zu Miss Depressiv durchführen, bei der im Grunde Mädchen aus dem ganzen Land einfach herumsitzen und jammern würden. Wir könnten Miss Schlampig wählen und die Mädchen ihre Fähigkeit unter Beweis stellen lassen, Autos zuzumüllen, Staub anzusammeln und die Wäsche mit allen möglichen Techniken hinauszuschieben. Wir könnten sogar eine Wahl zur Miss Nicht-besonders-gut-in-der-Küche kreieren, bei der die Kandidatinnen nach ihrer Einfallslosigkeit beim Würzen, ihrer Unfähigkeit, ein Huhn zu zerlegen, und ihrem grundlegenden Mangel an kulinarischem Einfallsreichtum bewertet würden.

Können Sie sich das nicht vorstellen? Es wird großartig sein. Wie schlicht, langweilig oder ungebildet sie auch sein mag, jede Frau wird in der Lage sein, sich in irgendetwas hervorzutun. Und von Küste zu Küste können wir dann den Fernseher andrehen und eine zarte Stimme singen hören: »Hier ist sie, Miss Nicht-besonders-gut-in-der-Küche ...«

Alles in allem, liebe Komiteemitglieder, halte ich dies für gute Ideen und hoffe, Sie werden darüber nachdenken. Bitte zögern Sie nicht, auf mich zurückzukommen, wenn ich Ihnen irgendwie weiter behilflich sein kann. Danke für Ihre Aufmerksamkeit.

Mit freundlichen Grüßen,
Alice K.

Demütigungen, mit denen man als Frau leben muss

Beth und Alice K. sitzen in einem Restaurant, und Beth K. erzählt eine außergewöhnlich schmerzliche Geschichte, eine Geschichte, die in den Augen von Alice K. die einzigartige Qual des Frauseins bezeugt.

»Es war schrecklich«, sagt sie, ein leichtes Zittern in ihrer

Stimme. »Ich habe auf ein Taxi gewartet, als ich eines dieser Löcher im großen Zeh meiner Seidenstrumpfhose bekam – du weißt, wie das ist? Das Nylon zieht sich eng um deinen Zeh, und es fühlt sich wie ein Messer an. Es schneidet dir im ganzen Fuß das Blut ab.«

Beth K. erschauert. »Ich schwöre dir«, sagt sie. »Es ist schlimmer als Wehen.«

Alice K. nickt ernst. Ach ja. Die Demütigungen, mit denen man als Frau leben muss.

Nicht dass es nicht eine Menge un-geschlechtsspezifischer Quellen von Erniedrigung da draußen für jeden von uns gäbe – jeder, ob Mann, Frau oder Kind, der zum Beispiel schon einmal beim Zahnarzt war, kann das entwürdigende Gefühl bestätigen und den Kontrollverlust, den man erlebt, wenn man, an einen Stuhl geschnallt, den Kopf nach hinten gerissen, den Mund voller metallener Instrumente, aufgefordert wird, auf eine Reihe von Fragen zu antworten (»Na, wie läuft's in Ihrem Job?« – »Ima.« – »Und wie geht's der Familie?« – »Ut.« Und so weiter.) Ebenso haben auch Männer verschiedene unwürdige und unangenehme Umstände zu erdulden, die spezifisch für ihr Geschlecht sind (der Ausdruck vorzeitiger Samenerguss fällt einem dabei ein).

Aber das Leben von Frauen ist gespickt mit solchen kleinen Gegebenheiten, Aspekten des Lebens, die nicht notwendigerweise unsere Funktionstüchtigkeit beeinträchtigen, aber dennoch peinlich und quälend sind und entschieden würdelos. Es gibt Instrumente, Kleidungsstücke und Werkzeuge des täglichen Lebens, die kein Mann jemals für sich entwerfen würde. Prozeduren, bei denen es selbst das hartgesottenste männliche Wesen eiskalt überlaufen würde. Und kleine Augenblicke, die uns immer wieder daran erinnern, wie ausgesprochen unangenehm es sein kann, in einer Welt zu leben, die zum größten Teil von Männern ersonnen wurde – mit anderen Worten von Menschen, die sich nie in ein Paar Nylons hineinkämpfen mussten, nie schwankend auf hohen

Absätzen über das Pflaster gehen oder mit gespreizten Beinen einem fremden Mann ins Gesicht sehen, der ein Spekulum schwingt.

Einmal, nach einem besonders brutalen Gang zum Gynäkologen (fragen Sie nicht!) setzten Alice K. und Ruth E. sich hin und verfassten eine Hitliste erniedrigender Situationen, die man als Frau erlebt.

Perlonstrumpfhosen

Perlonstrumpfhosen führen die Liste an, was nicht überrascht. Wie jede Frau weiß, die schon einmal die gleichermaßen heikle und gymnastische Übung gemeistert hat, sich einen langen, dünnen Nylonschlauch über die Oberschenkel zu ziehen, sind Perlonstrumpfhosen an sich eine Hauptquelle von Ungemach. Hier eine kurze Auflistung möglicher mit ihnen verbundener Übel:

- Perlonstrumpfhosen, die oberhalb des Knies reißen und ein Stück Oberschenkelfleisch durch das Nylon platzen lassen, das dieses einschnürt und einen stechenden Schmerz im ganzen Bein verursacht, wenn man versucht, es zu bewegen, zu beugen oder über das andere zu schlagen.
- Perlonstrumpfhosen, die den Gesetzen der Schwerkraft gehorchen und beharrlich den ganzen Tag hindurch nach unten rutschen, sich dabei an den Knien und Knöcheln ausbeulen und zu einem ausgesprochen unangenehmen »hängenden Schritt« führen, ein Syndrom, das sich nur beheben lässt, indem man wie eine Wilde zur Damentoilette rast und sich dort einer Reihe von Zieh- und Streckübungen unterzieht, die tiefen Kniebeugen nicht unähnlich sind.
- Eine Strumpfhosengröße zu haben, die zwischen zweien liegt, so dass man entweder das Phänomen des Rutschens zu erdulden hat (siehe oben) oder einen noch vernichtenderen Zustand hinnehmen muss, indem man nämlich in Strumpfhosen

feststeckt, die sich gar nicht erst bis oben ziehen lassen und eine fünf Zentimeter große Lücke zwischen dem Schritt der Strumpfhose und dem der Trägerin lässt. Dies ist unglaublich unbequem, umso mehr, als das Gummiband der zu kleinen Strumpfhose auch an den Hüften einschneidet.

Damenschuhe, Kleiderpannen

Hochhackige Schuhe kommen an zweiter Stelle der Liste Aussehen/Kleidung, wobei folgende Dinge besonders hervorgehoben werden sollen:

- Das Matschzehen-Syndrom, das auftritt, wenn man die zehn Zentimeter hohen Stöckelschuhe, die im Schuhgeschäft so fabelhaft ausgesehen haben, länger als zwei Minuten tragen muss.
- Das Stakssyndrom, das jedes Mal auftritt, wenn man auf hohen Absätzen neben einem großen Mann, der in Eile ist, hergehen muss. Man sieht dann aus wie ein verschrecktes Fohlen. (Besonders demütigend ist es, wenn man auf Kopfsteinpflaster laufen muss.)
- Unkooperative Kleidung, das heißt Kleidungsstücke, die sich in bestimmten Momenten plötzlich selbstständig machen. Wenn Sie während einer Sitzung an sich herabsehen und, sagen wir mal, feststellen, dass ihre Bluse aufklafft und einen Panoramablick auf Ihren Büstenhalter gewährt. Oder dass Ihr Rock zu hoch gerutscht ist und entweder zu viel Slip oder zu viel Bein entblößt. Oder diese vielen, vielen Augenblicke, wenn die Kleider ein Eigenleben zu führen scheinen. Der Rock, der sich ganz von selbst dreht, so dass der hintere Reißverschluss einem plötzlich seitlich auf der Hüfte sitzt. Der Slip, der einem mit einem Mal die Schenkel runterrutscht, so dass man hinlangen und verstohlen an ihm ziehen muss. Oder der Büstenhalter (schauder!), der mit einem Mal aufspringt.

Menstruation

Der Menstruationszyklus einer Frau ist das physiologische Gegenstück zu ihren Strumpfhosen, eine inhärente und konstante Quelle von Schmach und Ungemach. Sämtliche prämenstruellen Symptome (Aufgeschwemmtsein, Ausbrüche, Krämpfe) stehen oben auf der Liste; das Gleiche gilt für die erstaunliche Anzahl von Dingen, die mit Tampons zu tun haben:

- Da ist der Tampon, den Sie nicht ausgewickelt bekommen (und wenn Sie keine Anhängerin von Alice K.s Theorie bezüglich der Größe von Handtaschen auf der Basis der Menstruation sind, wird es der einzige sein, den Sie besitzen).
- Der Tampon, der versehentlich in die öffentliche Toilette fällt (dito: dies wird Ihr einziger sein).
- Der Tampon mit dem abgerissenen Faden.
- Der leckende Tampon (damit ist alles gesagt)
- Der leicht verrutschte Tampon, der schweres Unbehagen verursacht, nicht unähnlich dem durch das Loch in der Strumpfhose am Zehen ausgelöste.

Sex, Empfängnisverhütung und weibliche Gesundheit

Auch hier gibt es wieder viele, viele Kandidaten. Um die obersten Ränge streiten sich:

- Das Diaphragma, das nicht rein will.
- Das Verhütungsschwämmchen, das nicht raus will.
- Das Pessar, das weder rein noch raus will.
- Das Diaphragma, das plötzlich aus der Handtasche hüpft, während man sich an einem öffentlichen Platz (zum Beispiel in einem Bus) befindet.
- Die gynäkologische Komplettuntersuchung.
- Der Satz: »Legen Sie bitte Ihre Füße in die Halterungen und

rutschen Sie vor. Ein bisschen weiter... ein bisschen weiter... und noch ein bisschen weiter.«
- Und zu (allerdings mit Sicherheit nicht guter) Letzt, die zentrale Tatsache, die in der heterosexuellen Gesellschaft Frauen von Männern trennt: postkoitales Auslaufen.

Frauensachen und Weiberangelegenheiten

Tatsache Nr. 1: Alice K. ist Feministin.

Tatsache Nr. 2: Alice K. hat keine Schwierigkeiten damit, von Frauensachen und Weiberangelegenheiten zu sprechen.

Haben Sie damit Probleme? Erschrecken und beleidigen Sie diese Ausdrücke? Wenn dem so ist, sollten Sie Alice K.s Ansicht nach nun sofort aufhören zu lesen, ein langes, heißes Bad nehmen, sich vielleicht die Zehennägel lackieren, sich ein wenig durch irgendeine billige Frauenzeitung hindurchblättern und dann versuchen, sich daran zu erinnern, was eigentlich nett daran ist, ein weibliches Wesen zu sein.

Alles klar?

Es ist nicht so, dass Alice K. gar nicht nachvollziehen könnte, wenn jemand diesen Ausdrücken kritisch gegenübersteht. Manchmal findet sie die Benutzung der Termini Frauensache und Weiberangelegenheit völlig unangebracht, etwa wenn es um Gleichberechtigung geht. Aber wenn die Begriffe in einem geeigneten Zusammenhang und in angemessenem Ton verwendet werden, können Sie sehr nützlich sein und Frauen in manch kritischer Situation das Leben vereinfachen.

Zum Beispiel:
1. Der Begriff »Frauensache« kann Frauen sehr dienlich sein, wenn sie ihre Privatsphäre schützen wollen. Wenn Sie beispielsweise ein bestimmtes Gespräch mit einem Mann vermeiden möchten, machen Sie einfach eine wegwerfende

Handbewegung und sagen: »Ach, machen Sie sich deswegen keine Gedanken – das ist eine Frauensache.« Selbst der tapferste Feminist wird sofort vermuten, dass Sie über eine scheußliche eiternde Zyste reden oder Vaginalausfluss, und zu gerne das Thema wechseln.

2. Das Wort »Weiberangelegenheit« ist nützlich, wenn man seine Unabhängigkeit bewahren will. Wenn Sie eine Nacht für sich allein brauchen oder einen Abend mit engen Freundinnen, sagen Sie einfach: »Das ist heute Abend eine reine Weiberangelegenheit – ich denke nicht, dass dich das interessiert.« Diese Taktik ähnelt der oben zum Schutz der Privatsphäre: Egal, was für ernsthafte Dinge Sie vorhaben, der Mann wird sich sofort eine Horde Frauen vorstellen, die über Schuhe, Verhütung und andere Frauen gackern und keinerlei Bedürfnis haben, sich Ihnen aufzudrängen und Ihr Beisammensein zu stören.

3. Der Begriff »Frauenleiden«, um noch ein weiteres Beispiel zu nennen, bietet Frauen, von denen die meisten mit einem wenig ergründeten Perfektionsgen belastet sind, das sie unablässig hart gegen sich sein lässt, die Möglichkeit, einen unvermeidlichen kleinen Perfektionsmangel zu entschuldigen (zum Beispiel gelegentliche Phasen der Schwäche oder Unreife, Einkaufsexzesse oder prämenstruelle Wutausbrüche). »Ups!«, sagen Sie dann. »Sorry! Ein altes Frauenleiden.« Der Mann, dem Sie dies sagen, wird vielleicht mit den Augen rollen oder einen angewiderten Gesichtsausdruck aufsetzen; das ist aber egal – der springende Punkt ist, dass Sie sich selbst etwas erlaubt haben, das Sie nur selten tun: sich einmal gehen zu lassen.

Alice K. ist auch der Ansicht, dass es wichtige soziale und persönliche Implikationen haben kann, welche Worte man verwendet. Alice K. ist mancher Begriffe so müde. Sie sind so ernst, so gewichtig. Man kann Begriffe wie »Frauenthemen«, »Frauenheilkunde« oder »Frauenrechte« nicht äußern, ohne mit einer Flut ernster Tatsachen überschwemmt zu werden:

Abtreibung, gleicher Lohn für gleiche Arbeit, Vergewaltigung, Misshandlung, Sexismus, Brustkrebs und was sonst noch alles. Und obwohl Alice tief in ihrem Herzen der Ansicht ist, dass das Wort »Frau« ernst und gewichtig zu sein hat, dass es so viel Gewicht und Bedeutung haben sollte wie das Wort »Mann«, glaubt sie doch auch, dass die Medaille eine Kehrseite hat. Wenn man so viel Energie auf den Versuch verwendet, sich als Frau zu definieren – als ein starkes, erfolgreiches, gleichberechtigtes Wesen, das alles tun kann, zu dem ein Mann in der Lage ist –, dann verliert man leicht aus dem Blick, dass man auch ein starkes, erfolgreiches gleichberechtigtes Wesen sein kann, wenn man sich zu Dingen hingezogen fühlt, die (komme, was da wolle) als »weiblich« gelten, Dinge wie Nähe, Gefühle oder die gelegentliche neue Wildlederjacke.

Wenn sich daher jemand gegen die Bezeichnung »Weiber« oder »Mädels« sträubt, fragt sich ein Teil von Alice K. stets, ob der- oder diejenige damit sagen möchte, dass die Aspekte des weiblichen Lebens oder der weiblichen Natur, die man mit diesen Begriffen verbindet, irgendwie peinlich und unwichtig oder ein Grund, sich zu schämen. Und wenn man diese Termini nicht auch mal toleriert, bedeutet dies ihrer Ansicht nach, dass man manchen Unterschied zwischen den Geschlechtern aus den Augen verliert, der eigentlich ganz hübsch ist. Es ist manchmal sehr angenehm, sich unter »Weibern« fühlen zu können. Es ermöglicht Alice K., kichernd mit Ruth E. in der Damentoilette des Büros zu stehen, über Männer und Haarpflegemittel zu plaudern und so die verzweifelte Ernsthaftigkeit ein wenig aufzulockern, mit der sie der Aufgabe nachgeht, eine große, starke, erwachsene Frau zu sein.

Ruth E. bringt es auf den Punkt: »Weiber«, sagt sie, »sind Frauen mit einem Sinn für Humor.«

4. Alice K. und die Liebe, Teil 2: Die Begegnung mit Mr Danger

Einen Monat später:

Alice K. (Initiale geändert) liegt angespannt, besorgt und schuldbewusst in ihrem Bett.

Alice K. hat Mr Danger kennen gelernt.

Mr Danger ist natürlich nicht sein wirklicher Name. In Wahrheit heißt er Jack S., aber für Alice K. war er vom ersten Moment an Mr Danger. Sie traf ihn auf einer Party, auf der sie zusammen mit Elliot M. war, und lief ihm in der Küche über den Weg, während Elliot M. sich in einem anderen Zimmer befand.

Mr Danger war groß, dunkel und hatte einen geschmeidigen Gang. Mr Danger trug ausgebleichte Jeans, schwarze Cowboystiefel und ein weißes T-Shirt. Mr Danger hatte ein kräftiges Kinn, glühende Augen und dichtes, dunkles Haar, aus dem sich eine Strähne verführerisch auf seiner Stirn kringelte. Ein Freund von Elliot M. stellte sie einander vor, und Mr Danger lächelte und sagte hallo, und Alice K. ließ fast ihr Bier fallen.

O mein Gott, dachte sie und wusste sofort, welchen Typus sie da vor sich hatte. Das ist einer dieser gut aussehenden, schwer zu fassenden Herzensbrecher, die clevere, fähige Frauen in zwanghafte, von Konkurrenzdenken geprägte, heulende Närrinnen verwandeln, und wenn ich nur einen Funken gesunden Menschenverstand hätte, würde ich unverzüglich die Küche verlassen und ihm nie wieder in die Augen sehen.

An diesem Punkt verdünnisierte sich allerdings Alice K.s gesunder Menschenverstand, sie blickte in Mr Dangers Augen und war von dem Wunsch beseelt, ihn in ein Gespräch zu verwickeln.

Sie liegt im Bett und denkt darüber nach, was als Nächstes geschah. Sie redeten eine halbe Stunde lang. Mr Danger stellte sich als Künstler heraus (gefährlich!), der in einer örtlichen Band namens Ice Picks of Love (gefährlich! gefährlich!) Schlagzeug spielte und offenbar ein eher wildes und ungebundenes Leben führte: Am Tag malte er, in der Nacht spielte er mit der Band, bereiste im Urlaub exotische Stätten und blieb bei wilden Wochenenden in New York achtundvierzig Stunden am Stück auf (gefährlich! gefährlich!).

Wiederholt klingelten die Alarmglocken in Alice K.s Kopf. Es klang mehrfach nach Exzess, wovon er da sprach. Schlechtes Zeichen. Er machte vage Andeutungen über seine Zukunft, bedeutete, dass er sich nicht sicher sei, ob er ein Maler oder Musiker sein oder vielleicht irgendwann mal nach Vermont gehen solle, um dort als Tischler oder so zu arbeiten. Sehr schlechtes Zeichen.

Aber Alice K. konnte nichts dagegen tun. Die gute Seite ihres Gehirns raunte ihr unaufhörlich Botschaften zu: *Finger weg! Er ist flatterhaft und der Typ Mann, der Frauen wahnsinnig macht! Er hat nichts von Elliot M., der solide und freundlich ist und eine ernsthafte, dauerhafte Beziehung will.* Aber kaum dass sie so dachte, mischte sich die schlechte Hälfte ihres Gehirns ein und flüsterte nur einen einzigen Satz: *Gott, ist der Typ toll.*

Was stimmt nicht mit mir?, fragt sich Alice K. und wirft sich im Bett hin und her. *Warum finde ich Männer wie diesen attraktiv? Warum lässt mich solch ein Mann Elliot M. ansehen und puuh denken?*

Denn genau das geschah als Nächstes. Elliot M. spazierte in die Küche, kam auf Alice K. zu, legte seinen Arm um sie, und Alice K. wünschte sich einen schrecklichen Moment lang, dass sich der Küchenboden jetzt und an dieser Stelle öffnen und ihn verschlingen möge. Neben Mr Danger wirkte er so ... durchschnittlich. So normal. Einen kurzen Moment lang wollte Alice K. ihn mit »Das ist mein Lebensgefährte, Elliot M., er ist Computerfachmann« vorstellen, aber sie konnte sich einfach nicht dazu bewegen, das zu sagen und stellte ihn Mr Danger einfach als »ein Freund« vor.

Wenig später verschwand Elliot M. auf der Toilette, und Mr Danger beugte sich zu Alice K. herab und sagte: »The Ice Picks of Love spielen ein paar Wochen im Cave ... Soll ich dich auf die Gästeliste setzen?« Und wider alle Vernunft hörte sich Alice so munter und beiläufig wie möglich sagen: »Aber klar! Furchtbar gern.« Mr Danger sagte »großartig« und dann, dass sie danach noch auf einen Drink ausgehen könnten. Dann winkte er ihr zu und sagte, er müsse jetzt gehen. Als er aus der Küche ging, streifte er sie und drückte kurz ihren Arm, woraufhin sich Alice K. einer Ohnmacht nahe fühlte.

Im weiteren Verlauf des Abends ging Elliot M. Alice K. natürlich auf die Nerven. Sie ertappte sich dabei, wie sie seine Garderobe (khakifarbene Hosen, Turnschuhe) und sein (ein wenig schütter werdendes) Haar unter die Lupe nahm und dachte: *Mist, irgendwie ... also einfach überhaupt nicht sexy.*

Sie registrierte, wie vorsichtig er das Auto fuhr, und stellte an sich den Wunsch fest, er möge den Motor doch ein bisschen aufheulen lassen oder die Kurve schneller nehmen. Und sie ertappte sich dabei, dass sie ihn testen wollte, ihn fragen, ob er jemals etwas von den Ice Picks of Love gehört hatte, und wurde sich dabei bewusst, dass sie ihn die ganze Zeit nur in eine Falle locken wollte, in der er zugeben musste, kein so cooler Typ wie Mr Danger zu sein.

Aber was soll das alles?, fragt sich Alice K., während sie so wach liegt und an die Decke starrt. *Was ist »cool«?* Als sie nach Hause kamen, ging Elliot M. direkt ins Bett, und sie blieb noch im Wohnzimmer und gab vor zu lesen, da sie im Moment die Vorstellung nicht ertragen konnte, sich neben ihn zu legen und sich von ihm berühren zu lassen. Sie wusste, dass sie sich angespannt, in sich gekehrt und voller widersprüchlicher Gedanken fühlen würde. Aber jetzt sieht sie Elliot M. an, der geräuschvoll neben ihr schläft. Er sieht süß aus, denkt sie. So lange Wimpern. So kräftige Schultern.

Alice K. hat Gewissensbisse. Sie zwingt sich, an Dinge zu denken, die sie an Elliot K. anziehend findet: sein liebenswürdiges Wesen, seine Intelligenz und sein Verständnis, die Art und Weise, wie er ihr wirklich zuhört, wenn sie über wichtige Dinge spricht. Sie muss sich eingestehen, dass die Anziehungskraft, die Mr Danger auf sie ausübt, mit ihrer Furcht vor Nähe gegenüber Elliot M. zu tun hat, der Angst vor einer Beziehung, in der sich wirkliche Vertrautheit entwickeln könnte. Und sie denkt: *Okay, ich will mich wie ein erwachsener Mensch benehmen. Ich will Elliot M. nicht davonlaufen. Ich will Mr Danger vergessen und mir nicht The Ice Picks of Love anhören.*

Sie dreht sich zur Seite und beobachtet Elliot M., wie er schläft. Und dann ist da plötzlich etwas, was Alice am liebsten aus dem Bett springen lassen würde, zum Telefon sausen und Mr Danger anrufen, damit er sie von hier wegbringt.

Ja, da gibt es keinen Zweifel. Elliot M. hat im Schlaf auf das Kopfkissen gesabbert.

Ein paar Tage später:

Alice K. liegt im Bett und denkt über die feine Linie zwischen Lust und Langeweile nach.

Alice K. hat nämlich den größten Teil der Woche mit

einem Gefühl von Überdruss gegenüber Elliot M. verbracht und sich dabei heimlich nach Mr Danger verzehrt, und diese neue Obsession beschäftigt sie sehr und hält sie bis spät in die Nacht hinein wach.

Begehrt sie Mr Danger, weil Elliot M. sie langweilt? Langweilt Elliot M. sie, weil sie sich nach Mr Danger sehnt? Macht das wirklich einen Unterschied?

Alice K. kämpft den Wunsch nieder, sich die Decke übers Gesicht zu ziehen und darunter zu jammern. *Was soll das?*, fragt sie sich. *Warum verleihe ich einem Mann, den ich kaum kenne, so viel Macht über mich, nur weil er gut in Cowboystiefeln aussieht?*

Denn genau das hat Alice K. in den ersten Tagen nach ihrem Zusammentreffen mit Mr Danger getan. Sie hat ihre Hoffnungen, Träume und Fantasien auf das Bild, das sie von ihm hat, gerichtet. Sie hat zugelassen, dass er die potenzielle Lösung für all das verkörpert, was in ihrem Leben falsch läuft, für alles, was in ihrer Beziehung mit Elliot M. fehlt oder unbeantwortet ist. Dabei spielt es keine Rolle, dass sie eigentlich nur etwa dreißig Minuten mit Mr Danger geredet hat. Und auch nicht, dass er, rein objektiv betrachtet, nicht wie jemand wirkt, den es in absehbarer Zeit zu häuslicher Zweisamkeit hinzieht. All das verblasst, wenn sie an Mr Danger denkt.

In ihrer Fantasie ist seit ihrem Treffen Folgendes abgelaufen: Sie ist in der Bar aufgetaucht, in der er spielt; sie haben während des gesamten Auftritts der Band intensiven Augenkontakt gepflegt, sie haben am Ende des Abends an einem schummrigen Tisch gesessen, und sie hat ihm ihr Herz ausgeschüttet; er hat in ihre Augen geblickt und ihr gesagt, er habe noch nie eine Frau wie sie getroffen; sie haben die Bar verlassen und sich leidenschaftlich unter dem Sternenhimmel geküsst; sie ... nun ja, so in etwa.

Ein Teil von Alice K. weiß, dass das absurde Fantasien sind, ein anderer Teil kann sie jedoch nicht stoppen. Ein Teil von Alice K. ist sich darüber im Klaren, dass ihre plötzliche Vernarrtheit in einen nahezu Fremden direkt mit ihren ambivalenten Gefühlen bezüglich der Nähe in Beziehungen zu tun hat, während ein anderer Teil von ihr sagt: *Na und?* Ein Teil von Alice K. weiß genau, dass sie sich mit ihren Gefühlen gegenüber Intimität und Abhängigkeit auseinander setzen müsste, und ein anderer sagt: *Oh, ich scheiß auf die Selbstanalyse: Ich will nur mal wieder was Aufregendes erleben.*

Alice K. denkt über diese Empfindung nach. Es ist nicht so, dass Elliot M. sie wirklich langweilt. In Wahrheit haben sie vieles gemeinsam und haben in den letzten paar Monaten viele schöne Momente zusammen erlebt: Sie haben abends zusammen gekocht, sind gemeinsam ins Kino gegangen, haben ihre Lieblingsbücher ausgetauscht und hatten sogar ein romantisches Wochenende in einem Landgasthof mit allem, was dazugehört: Kerzenlicht und langen Waldspaziergängen. Aber Alice K. war an diesem seltsamen Punkt in der Beziehung angelangt, an dem sich die Neuheit einer Beziehung erschöpft hatte, die Gefühle junger Liebe sich allmählich in die von Stabilität verwandelten und die Aussicht auf eine sichere Beziehung zu einer tiefen Furcht degeneriert war, in der Falle zu sitzen.

Daher rührte auch die Anziehungskraft von Mr Danger, der den Kitzel der Fantasie, den Reiz der Jagd verkörperte. Diese Erkenntnis bringt Alice K. ganz durcheinander und sie beginnt, im nächtlichen Dunkel zu verzweifeln. *Warum kann ich nicht einfach glücklich sein mit dem, was ich habe?*, fragt sie sich. *Warum kann ich nicht das Gute schätzen, das so nah ist? Und warum weckt eine stabile Beziehung in mir ein so unbehagliches Gefühl?*

Natürlich stellt sich Alice K. diese Frage bereits seit einiger Zeit. Im Verlauf der letzten Monate, als sie und Elliot M. immer mehr Zeit miteinander verbrachten, hatte sie sich oft gefühlt, als betrachte sie sie beide aus der Entfernung und beurteile, ob er sich als Partner eignete. Sie sah ihm beim Abwasch nach dem Abendessen zu und dachte: *Ja! Eine guter Mann! Er wäre ein guter Ehemann!* Und dann sah sie ihn hinter der Zeitung beim Frühstück in der Nase popeln, und dieses Gefühl fiel in sich zusammen. *Bäh! Er popelt in der Nase! Weg mit ihm aus meinem Leben!*

Aber es ist nicht nur das gelegentliche Nasepopeln. Wie sie so in ihrem Bett liegt, denkt Alice K. an einen Vorfall einige Abende zuvor zurück, als sie ins Badezimmer gegangen war und Elliot M. dabei beobachtet hatte, wie er seine Zähne mit Zahnseide reinigte. Elliot M. ist ein leidenschaftlicher Zahnseidebenutzer. Er ist der Typ, der einfach nicht ins Bett geht, bevor er seine Zähne mit dem Zahnstocher bearbeitet, gebürstet und mit Zahnseide bis zu einem unglaublichen Sauberkeitsgrad gereinigt hat. Als sie so dastand und ihn bei diesem Ritual beobachtete, musste Alice K. den Impuls zu schreien niederkämpfen. *Er ist so verdammt... verantwortungsbewusst*, dachte sie. Elliot M. reinigt seine Zähne mit Zahnseide, zahlt rechtzeitig seine Rechnungen, gleicht jeden Monat sein Girokonto aus, wechselt regelmäßig das Öl in seinem Wagen, und Alice K. kann nicht anders: Die Beobachtung, dass Elliot M. all diese kleinen Pflichten und Aufgaben verantwortungsvoll erfüllt, beginnt in ihr eine lähmende Angst auszulösen, das überwältigende Gefühl, wie banal die tägliche Existenz doch war.

So sähe ein Leben mit Elliot M. aus, dachte sie, während sie ihn im Spiegel beobachtete. *Die Zähne würden mit Zahnseide gereinigt, die Rechnungen bezahlt, und wir würden uns wie Erwachsene gebärden.* Und während sie dies dachte, begann sich Alice K. nach etwas anderem zu sehnen: Sie sehnte sich nach den Tagen als Single, als sie Liebesbeziehungen noch romantisieren konnte anstatt sich damit abzuquälen, deren weniger leidenschaftliche Momente zu akzeptieren; sie sehnte sich mehr nach der Vorstellung der idealen Liebe als nach der Gewöhnlichkeit der wirklichen; sie sehnte sich nach ... Mr Danger.

Und so begann die rituelle Befragung ausgesuchter Freundinnen. Nach der Geschichte mit der Zahnseide verbrachte Alice K. zwei Tage damit, eine Reihe von Freundinnen telefonisch um Rat zu fragen: Sollte sie dem wachsenden

Gefühl, in der Falle zu sitzen, nachgeben und zu Mr Danger und den Ice Picks of Love gehen? Natürlich suchte sich Alice K. für diese Mission nur eine bestimmte Gruppe Freundinnen aus: allein stehende Freundinnen, solche, die Alice K. gar nicht so wahnsinnig gut kannten und die ihr ihre Verbandelung mit Elliot M. vielleicht übel nahmen, Freundinnen, die sich mehr für Leidenschaft und Abenteuer einsetzten. (In anderen Worten, Alice K. telefonierte nicht mit ihrer Schwester Beth K.). Sie war ebenso sorgfältig darauf bedacht, ihre Schilderungen in einer Weise in Worte zu fassen, die ihr Unterstützung für ihren Schritt weg von Elliot M. garantierte, eine halb bewusste Taktik, die beinhaltete, dass sie keine Verantwortung für ihre widersprüchlichen Gefühle übernahm und stattdessen alles auf Elliot M. schob.

Es ist nicht so, dass ich mir aus Elliot M. nichts mache; ich mag ihn wirklich, sagte sie einer Freundin, die sie mehr als ein Jahr nicht gesehen hatte. *Aber ich habe einfach das Gefühl – ich weiß nicht –, als wolle er zu viel von mir.*

Ich vermisse einfach meine Unabhängigkeit, sagte sie einer anderen (einer früheren Kollegin von vor Jahren, die Single war und deswegen verzweifelt). *Elliot M. ist so ... na ja, plötzlich verbringen wir quasi jedes Wochenende zusammen, und er erwartet irgendwie, dass wir uns wie ein richtiges Paar benehmen, weißt du, und ...*

Und so weiter. Alle Freundinnen rieten Alice K. natürlich, direkt loszuziehen und sich die Ice Picks of Love anzusehen. *Du bist ja schließlich nicht mit Elliot M. verheiratet,* sagten sie. *Du solltest dir deine Unabhängigkeit bewahren.*

Und obwohl Alice K. sich bewusst war, dass sie niemanden wie Beth K. befragte, niemanden, der sagen würde, dass es in einer Beziehung immer Zeiten gab, in denen man zweifelte oder sich langweilte, und dass man durch diese einfach hindurch musste, beendete sie all diese Telefongespräche mit einem Gefühl von Beschwingtheit und heimlicher Erregung. *Ich tu's,* dachte sie. *Ich gehe hin.*

Nun liegt sie im Bett und fragt sich, ob sie wirklich den Willen hat, die Sache durchzuziehen. Kann sie zu den Ice Picks of Love gehen, ohne Elliot M. zu erzählen, was das bedeutet? Wenn sie geht, wird sie dann versuchen, Kontakt mit Mr Danger aufzunehmen? Und dann schießt Alice K. eine noch Furcht erregendere Frage durch den Kopf, etwas so Schrecken erregendes, dass sie senkrecht in ihrem Bett in die Höhe fährt.

O mein Gott, denkt sie. *Was soll ich bloß anziehen?*

Eine Woche später:

Alice K. liegt im Bett und krümmt sich vor Schuldgefühlen, Angst und Verwirrung: Es ist Sonntagnacht und Alice K. hat den vorhergehenden Samstagabend mit Mr Danger verbracht.

Alice K. fühlt sich deswegen natürlich schuldig, denn im Moment liegt sie mit Elliot M. im Bett, was ihr wiederum bange Gefühle verursacht: Alice K. hat Elliot M. gefragt, ob sie nicht die Nacht zusammen verbringen wollten, weil sie sich schlecht fühlte wegen ihres Treffens mit Mr Danger, und ein Teil von ihr weiß das auch. Aber ein anderer Teil von ihr wünscht sich, dass er sich aus ihrem Bett scheren und nach Hause gehen möge, damit sie in Ruhe daliegen und vor sich hin jammern könnte. Und das, überflüssig zu sagen, macht Alice K. ganz konfus.

Elliot M. weiß natürlich nichts Spezifisches über Mr Danger. Alice K. sagte ihm nur, dass sie zusammen mit Ruth E. ausgehen wollte, was nur ansatzweise eine Lüge war, weil sie sich von Ruth E. tatsächlich zu der Bar begleiten ließ, in der Mr Dangers Band spielte. Dennoch weiß Alice K., dass sie eine Art Grenze auf dem Gebiet der Ehrlichkeit und Offenheit überschritten hat, und sie ist sich darüber im Klaren, dass dieser Akt ein gewisses Risiko birgt: Er errichtet eine Barriere zwischen ihr und Elliot M.

Alice K.s Wunschliste, Teil 3:
Der magische Männer-und-Persönlichkeits-Mixer

Wie oft ist Ihnen das schon passiert? Sie verlieben sich in Typ A, der nett und freundlich ist und Ihnen Komplimente zu Ihren Schuhen macht und Ihnen ein Gefühl von Sicherheit, Wärme und Behaglichkeit verleiht. Dann treffen Sie Typ B, der männlich und stark ist, distanziert und unberechenbar und der Sie in der einen Minute schweben lässt und in der anderen an den Rand der Verzweiflung bringt. Sie fühlen sich zu beiden Männern hingezogen, treffen sich mit allen beiden und fühlen sich absolut glücklich dabei, weil Typ A Ihren Bedürfnissen nach Nähe und Vertrautheit Rechnung trägt und Typ B denen nach Distanz und persönlichem Freiraum. Das läuft etwa sechs Wochen prima für Sie, dann jedoch fühlen Sie sich zerrissen, schizophren, doppelzüngig und können nicht mehr schlafen.

Das kommt Ihnen bekannt vor? Dann brauchen Sie einen magischen Männer-und-Persönlichkeits-Mixer. Basierend auf demselben Prinzip wie eine gewöhnliche Küchenmaschine mixt der Männer-Mixer bestimmte, im Vorhinein ausgewählte Elemente zweier sich ergänzender Rivalen und verschafft Ihnen (endlich!) Zugang zu der extrem seltenen und beneidenswerten Erfahrung, all Ihre Bedürfnisse auf einmal befriedigt zu sehen.

Sie müssen einfach beide Männer in Ihre Wohnung einladen und sie bitten, gleichzeitig in den Männermixer zu steigen, der einer großen metallenen Kiste in der Größe eines Kühlschranks ähnelt (machen Sie sich keine Sorgen, Sie finden schon einen Weg, die Herren hineinzubekommen). Schließen Sie beide Männer dort ein. Geben Sie Ihre speziellen Wünsche in den angeschlossenen Computer ein (Typ A.s

Sinn für Humor, Typ B.s Unterarme und so weiter). Dann drücken Sie einen Knopf und erhalten – voilà! – den Mann, auf den Sie ihr ganzes Leben gewartet haben.

Eine handliche Alternative: Ambivalenzlöser (Kapseln und Pillen)

Ambivalenzlösende Kapseln und Pillen dienen einem ähnlichen Zweck, indem sie Sie ein für alle Mal von den quälenden Dämonen befreien, die Sie und Ihren Partner malträtieren: diesen verdammten gemischten Gefühlen, diesen blöden inneren Konflikten und dem damit einhergehenden kleinen Bindungsproblem.

Finden Sie Ihren Schatz einfach perfekt bis auf die irritierenden Geräusche, die er mit seinen Zähnen macht? Haben Sie das Gefühl, Sie würden ihn lieben bis in den Tod, wenn er nur einen besseren Krawattengeschmack hätte? Entspannen Sie sich. Die Hilfe ist nur eine Kapsel entfernt. Werfen Sie einfach einen Ambivalenzlöser ein und warten Sie. Innerhalb von vierundzwanzig Stunden werden Sie ihn (oder sie) mit anderen Augen sehen. Hey, werden Sie denken, er macht vielleicht von Zeit zu Zeit entsetzliche Geräusche, aber wenigstens fühle ich mich geliebt! Oder, es ist mir doch ganz egal, ob er Krawatten mag – er ist einfach ein Schatz!

Dies war tatsächlich bereits der Fall. Zum Beispiel hatte Elliot M. den Samstagnachmittag in Alice K.s Wohnung verbracht und sich Videos angesehen, und Alice K. hatte neben ihm gesessen und sich durch ihre widersprüchlichen Gefühle ganz gelähmt gefühlt. Auf der einen Seite verbrachten sie einen absolut netten Nachmittag zusammen, und es schien Alice K. unnötig, ihn dadurch zu verderben, dass sie dieses Interesse für irgend so einen rücksichtslos und wild wirkenden Musiker entwickelt hatte, den sie kaum kannte. Auf der anderen Seite war ihr klar, dass ihr Schweigen an sich bereits Betrug war: Elliot M. diese Information vorzuenthalten hieß, ihn über ihre Absichten im Dunkeln zu lassen; eine Diskussion über Mr Danger zu vermeiden hieß, das Thema ihrer widersprüchlichen Gefühle auszuklammern.

Sie saß also lediglich neben ihm auf dem Sofa, nickte und lächelte zu seinen Kommentaren über den Film und quälte sich insgeheim mit der Frage, was sie anziehen sollte.

Elliot M. ging am späten Nachmittag, und ungefähr drei Stunden und zweiunddreißig anprobierte Outfits später saß Alice K. im Cave, dieser relativ kleinen Bar vom Typus Studentenkneipe, in der Mr Dangers Band spielte. Alice K. hatte bereits ihren dritten Wodka mit Grapefruitsaft intus, und die Ice Picks of Love hämmerten einen Song namens ›The Ice Queen‹ herunter, dessen Refrain »Baby, baby, baby, warum lässt du mich nicht an deinen Kühlschrank?« lautete, und Alice K. fühlte sich ein wenig schwummrig im Kopf.

Genauer gesagt fühlte sie sich der Ohnmacht nahe. Alice K. war wahnsinnig befangen gewesen, als sie und Ruth E. hereingekommen waren: Alle anderen Frauen im Raum schienen lange blonde Haare, perfekte Figuren, schwarzes Augen-Make-up und schenkelhohe Stiefel zu haben, und Alice K. hatte sich zu Ruth E. gebeugt und geflüstert: »O mein Gott, ich bin die einzige Frau hier, die nicht wie eine Absolventin der Groupie-Schule aussieht.« Aber dann hatten sie einen Tisch in Richtung Bühne vorne gewählt, und als Mr

Danger Alice K. erspähte, grinste er breit und winkte ihr zu. Er hatte ihr zugewinkt!

Lange Zeit saß sie nur da und versuchte, locker zu wirken und ihn nicht anzustarren. *Gott, sieht er gut aus,* dachte sie die ganze Zeit. Die Tatsache, dass er Künstler war, war auch irgendwie so ... so sexy. Sie ließ Alice K. auf Selbstbewusstsein und Beherrschung schließen sowie auf die Fähigkeit, sich einer Sache ganz zu widmen, was sie zutiefst bewunderte. Er sah so frei aus da oben, er schien sich so wohl in seiner Haut zu fühlen.

Alice K. liegt in ihrem Bett und denkt darüber nach, was sich dann im Einzelnen ereignete. Es ist alles ein wenig verschwommen, aber die Band von Mr Danger hörte so gegen halb zwölf auf zu spielen, und dann kam er zusammen mit dem Leadgitarristen an den Tisch von Alice K. und Ruth E., und dann gingen Mr Danger und Alice K. irgendwie nach draußen auf den Parkplatz, um ein wenig Luft zu schnappen. Alice K.s Herz schlägt ein wenig schneller, als sie so darüber nachdenkt. Sie hatten, an die Mauer gelehnt, dagestanden und wahrscheinlich mehr als eine Stunde lang geredet. Alice K. gefiel Mr Danger. Ihr gefiel sein Selbstvertrauen, seine Direktheit. Er stellte ihr eine Menge direkter Fragen von der Sorte: Wer bist du wirklich? Warum lebst du da, wo du lebst? Welche Art Musik magst du? – und dann trat er ein Stück zurück, wenn sie antwortete, und nickte langsam, als wollte er sagen: *Ach ja, ich sehe, du bist diese Art Mensch.*

Alice K. würde nicht sagen, dass er beeindruckt schien von ihr oder irgendetwas, aber sie spürte, dass er sie mochte, dass er das, was sie offenbar war, schätzte. Während sie so daliegt und darüber nachdenkt, wird Alice K. sich auch bewusst, dass Mr Danger auch etwas Scharfkantiges an sich hatte, das sie ausgesprochen unwiderstehlich fand. Er war ein wenig grob, ein klein bisschen überheblich, und er hatte, wie sie dort neben ihm stand, eine gewisse stählerne innere Härte ausgestrahlt, ihr das Gefühl vermittelt, als könne sie sich nicht auf ein Spielchen mit ihm einlassen, ohne gefressen zu werden. Gegenüber Elliot M. fühlte sie sich ganz anders. Elliot M. war so ... na ja, emotional so weich, so verfügbar und einfühlsam, und manchmal verlieh dies Alice K. ein geradezu lähmendes Gefühl von Klaustrophobie, als wären die emotionalen Grenzen zwischen ihnen nicht klar genug gezogen, als könnten sie am Ende zu einem Paar verschmelzen und sich nicht mehr nur einfach nahe sein. Ihre Probleme wurden zu seinen, seine wurden zu ihren. Nach einer Weile hatte sie das Gefühl, nicht mehr atmen zu können.

Alice K. liegt wach und wirft einen verstohlenen Blick auf Elliot M., der friedlich an ihrer Seite schläft. Er sieht immer süß aus, wenn er schläft, süß und unschuldig. *Ist das nicht etwas, worüber ich mich mit Elliot M. auseinander setzen müsste?*, fragt sich Alice K. *Gehört es nicht generell zu einer Beziehung, dass man lernt, jemandem nah zu sein ohne seine Unabhängigkeit aufzugeben?* Letztendlich ist sich Alice K. darüber im Klaren, dass die Anziehungskraft von Mr Danger für sie partiell in der Tatsache liegt, dass er ganz wie die Sorte Mann wirkte, der man gar nicht nahe kam. Er wirkte, als würde er zurückschrecken, wenn ihm jemand zu dicht auf die Pelle rückt, wie jemand, der dafür sorgen würde, dass seine Grenzen zu anderen nicht verschwammen. Mit anderen Worten: Mr Danger würde die Art von Distanz schaffen, die Alice K. gegenüber Elliot M. aufzubauen versuchte.

Dieser Gedanke beginnt Alice K. verzweifeln zu lassen. *Was will ich eigentlich wirklich?*, fragt sie sich. *Möchte ich in einer Beziehung leben, in der ich jemand anderem nahe sein kann, oder will ich eine Beziehung haben, in der ich Angst haben kann, jemand anderem nahe zu sein?*

Vor dieser Wahl steht sie jetzt, wie es ihr scheint. Soll sie das Risiko einer zermürbenden Enge mit Elliot M. eingehen oder das, von Mr Danger das Herz gebrochen zu bekommen? Will sie Liebe oder unerwiderte Liebe? Und würde ihr Verhalten diese Fragen für sie beantworten helfen?

Später am Abend, bevor Alice K. und Mr Danger in die Bar zurückgingen, hatte er vor ihr gestanden und ihr Haar berührt. *Sehr hübsch*, sagte er. Dann nahm er ihr Kinn in seine Hand und fuhr ihr ganz leicht mit dem Daumen über den Wangenknochen. Er lächelte sie an.
Darf ich dich anrufen?
Alice K.s Knie wurden weich. Elliot M. schoss ihr durch den Kopf, seine Güte und Liebe ihr gegenüber, seine Freundlichkeit.

Dann öffnete sie den Mund und ließ ein Wort verlauten: *Ja*.

Eine Woche später:
Alice K. liegt im Bett und wird von Angst und Verwirrung gepeinigt.
Soll sie mit Mr Danger schlafen? Soll sie wirklich diesen Schritt wagen?
Alice K. hatte ihre erste Verabredung mit Mr Danger.
Sie denkt über den Abend nach. Mr Danger holte sie um sieben Uhr ab, angeblich um in ein Konzert von ein paar Freunden zu gehen. Er trug schwarze Jeans, ein weißes T-Shirt und braune Wildlederstiefel, und er sah groß und langgliedrig und zum Umfallen aus. Er fuhr einen Cherokee-Jeep (auch zum Umfallen), und als sie Alice K.s Wohnung hinter sich gelassen hatten, beugte er sich zu ihr hinüber und sagte: »Lass uns auf das Konzert scheißen, oder was meinst du? Ich kenne ein nettes Fleckchen, wo wir stattdessen etwas essen und dann vielleicht noch tanzen können.«
Alice K. schluckte und sagte so ungezwungen wie möglich »okay«, aber ihr Herz klopfte und ihr war ganz schwindelig.
Ein Abend allein mit Mr Danger? Mann!
Denn dies war nicht nur eine erste Verabredung mit Mr Danger; dies war auch ein erster ernsthafter Schritt weg von Elliot M.
Unfähig zu schlafen, starrt Alice K. zur Decke und denkt

darüber nach. *Ist das etwas Schlechtes, was ich da getan habe?*, fragt sie sich, *mit Mr Danger auszugehen, ohne Elliot M. etwas davon zu sagen? Bin ich ein schlechter Mensch?*

Tief in ihrem Herzen glaubt Alice K., dass die Antwort ja lautet, aber irgendetwas in ihr war unfähig, Mr Danger zu widerstehen. An diesem Abend waren sie in einem winzigen italienischen Lokal außerhalb der Stadt gelandet, und Alice K. hatte dagesessen und war allein bei seinem Anblick buchstäblich dahingeschmolzen. Sie betrachtete die kräftige, männliche Linie seines Kinns und seine muskulösen, männlichen Unterarme und die dichte dunkle Locke, die sich auf seiner Stirn kringelte, und welche Schuld auch immer sie gegenüber Elliot M. empfand, sie rückte weiter und weiter in den Hintergrund.

Mr Danger schien so ... stark. Seine reine Gegenwart hatte etwas Mystisches, Herausforderndes, verhieß vage Bestätigung, als ob eine Anerkennung durch ihn Alice K. die Mitgliedschaft in einem Club bescheren würde, dem sie insgeheim schon lange angehören wollte.

Alice K. und Mr Danger tranken Chianti und redeten. Genauer gesagt, Alice K. trank Chianti und Mr Danger redete. Er redete über die Ice Picks of Love und über seine Ambitionen als Maler und über die wilde Woche, die er mit Partys in New York und dann mit Skifahren in Vermont verbracht hatte, und Alice K. saß aufmerksam und begeistert da und war völlig von der Linie seines Kinns gefangen genommen.

Wie sie darüber nachdenkt, wird Alice K. sich bewusst, dass sie eine Reihe widersprüchlicher Impulse im Verlauf des Abends erlebt hat: eine vage Sehnsucht, Mr Danger möge eine weichere oder emotionalere Seite an den Tag legen (als Alice K. ihn beispielsweise nach seiner Familie fragte, zuckte er nur die Schultern und sagte mit gerunzelter Stirn: »Ach, das ist ein Haufen von Verlierern«), und einen damit einhergehenden Drang, ihr eigenes Gefühlsleben unter Verschluss zu halten. Eine leise Stimme in ihrem Kopf gab Anweisungen: *Sprich nicht über deine komplizierten Gefühle; erwähne nicht, dass du eine Therapie machst; sag nichts, was gefährlich sein könnte.*

Gefährlich? Alice K. wälzt sich in ihrem Bett und denkt über das Wort nach. Im Gegensatz zu Mr Danger konnte sie Elliot M. alles sagen: Sie sprach mit ihm ungeheuer detailliert über ihre Gefühle, sie konnte sich an ihn lehnen, wenn sie schlechte Tage im Büro hatte, und er schien jede winzige Nuance ihres Gefühlslebens zu kennen, angefangen damit, wie sie auf ein trauriges Buch reagierte, bis hin zu ihrer Stimmungslage, bevor sie ihre Periode bekam. Er war dieser Typ Mann, der intuitiv war, im Einklang mit den Gefühlen, fast wie eine Frau.

Mr Danger hingegen war einer von diesen Menschen, die stets in der Gegenwart leben und nicht zurückblicken, von der Sorte, die sich hartnäckig weigerte, Innenschau zu betreiben, jemand, der wahrscheinlich spöttisch über Alice K. lächeln würde, wenn sie ihm von ihrer Therapie erzählte, und der so etwas für eine maßlose und unnötige Zeitverschwendung hielte.

Warum also macht mich das an?, fragt sich Alice K. Sie denkt an ihren Abend zurück und wie sie sich völlig auf Mr Danger konzentriert hatte. Sie hatten den Wein ausgetrunken und waren dann in eine kleine Bar nebenan gegangen, hatten dort noch ein wenig mehr getrunken und getanzt, und in gewisser Weise war Alice K., wie sie feststellte, enorm erleichtert gewesen, mit jemandem zusammen zu sein, der so wenig nach innen schaute; seine Präsenz – oder was wesentlicher war, seine unausgesprochene Forderung, sich auf ihn zu konzentrieren – befreite sie irgendwie von dem Druck, ihren eigenen Gefühlen so deutlich nachzuspüren und sie unter die Lupe zu nehmen.

Die Sache hatte jedoch eine Kehrseite, wie konnte es auch anders sein.

Mr Danger hatte Alice K. an diesem Abend nach Hause gefahren und war dann, als erwarte man das von ihm, mit hereingekommen. Dann hatte er kurze Zeit damit verbracht, durch die Wohnung zu streifen und wahl- und kommentarlos Dinge in die Hand zu nehmen (ein Foto von Alice K.s Eltern, ein Buch über Frauen und widersprüchliche Gefühle) und wieder hinzulegen.

Dann war er Alice K. in die Küche gefolgt, wo sie dabei war, Wein einzugießen. Alice K. reichte ihm ein Glas, er nahm es und stellte es dann auf dem Tresen ab, um näher zu ihr, ja praktisch ganz dicht an sie heranzutreten.

Alice K. war sich bewusst, dass Mr Danger vorhatte, sie zu küssen, und verspürte plötzliche und intensive Panik. Und Schuldgefühle. Sie musste an Elliot M. denken, lächelte Mr Danger nervös zu und würgte dann die Worte heraus: »Weißt du ... ich sollte es dir sagen ... ich bin mit diesem Mann zusammen ...«

Mr Danger lächelte. »Diesem Mann? Du meinst den, mit dem du auf der Party warst? Was, hat er dir das Mitgliedszeichen seiner Verbindung angesteckt?«

Alice K. versuchte zu kichern, bekam aber nur verlegen herausgewürgt: »Nein, es ist nicht so, dass ... Ich meine, ich dachte nur, du solltest wissen, wo ich stehe.«

Mr Danger grinste daraufhin nur leicht. »Du scheinst mir eigentlich direkt in deiner Küche zu stehen«, sagte er. »Mit mir.«

Alice K. wusste nicht, was sie sagen sollte. Mr Danger küsste sie – es war ein intensiver, erregender, beängstigender Kuss –, dann löste er seine Lippen von den ihren, versetzte ihr einen kleinen Klaps auf die Wange und trat zurück.

Er sagte: »Warum kochst du nicht mal für mich an einem der nächsten Abende?«

Alice K., die sich sehr wohl darüber im Klaren war, dass die Aufforderung, für Mr Danger abends zu kochen, voller sexueller Anspielungen war, fühlte sich verängstigt, leicht verschüchtert und seltsam unreif. Und ohne nachzudenken sagte sie: »Okay, jederzeit.«

Fünf Tage später:

Alice K. liegt im Bett und wird von postkoitaler Verlegenheit geplagt.

Es ist passiert. Alice K. hat mit Mr Danger geschlafen.

Sie liegt in der Dunkelheit und denkt: *O Gott, was habe ich getan?*

Es passierte folgendermaßen: Mr Danger hatte sich selbst bei Alice K. zum Abendessen eingeladen.

Alice K. hatte sich tagelang deswegen Gedanken gemacht und war damit in einem solchen Ausmaß beschäftigt, dass sie nicht mehr arbeiten konnte. Sie verbrachte drei volle Tage im Büro damit, panisch mit Ruth E. zu telefonieren, Kochbücher zu wälzen und (natürlich) Listen zu schreiben mit Sachen, die sie eventuell anziehen würde oder noch besorgen musste.

Ein Teil von Alice K. stand der Sache zutiefst reserviert gegenüber. Alice K. war sich letztendlich durchaus bewusst, dass ein großer Unterschied darin bestand, jemanden aus der Ferne anzuhimmeln oder leibhaftig mit ihm zu schlafen. Alice K. war klar, dass Sex mit Mr Danger das Verhältnis zwischen ihnen grundlegend verändern würde. Es würde kein offener, harmloser Flirt mehr sein; der Einsatz würde erhöht, ihr Gefühl der Verletzlichkeit gesteigert. Und, auf einer pragmatischeren Ebene, war sich Alice K. darüber im Klaren, dass Sex mit Mr Danger eine ungeheure Menge komplizierter und beängstigender Fragen aufwerfen würde:

Wird er ein Kondom benutzen?

Wenn nicht, hätte sie den Mut, ihn darum zu bitten?

Und was, wenn er sich als der Typ Mann herausstellte, der aus dem Zimmer rennen würde, wenn man nach dem Sex nur das Wort »morgen« äußerte?

Alice K. hatte aber just diesen Verdacht, dass Mr Danger nämlich genau zu dieser Sorte Mann gehörte, und ein Teil von ihr sah das bevorstehende Zusammentreffen in gewisser Weise als seelische Strafe an: Sie fühlte sich als die fällige Eroberung, der nächste Name auf Mr Dangers Liste, und es war ihr klar, dass es sein Interesse an ihr womöglich eher zügeln als steigern würde, wenn sie nachgab und sich auf ein sexuelles Verhältnis mit ihm einließ. Er war so jemand, oder zumindest hatte sie diese Vorstellung.

Und dennoch ... ein Teil von Alice K. fühlte sich genötigt, den Schritt zu machen. Vielleicht war Ruth E. der Grund dafür, die auf sexuellem Gebiet viel forscher war als Alice K. und sie unablässig drängelte, sich auf solche Dinge einzulassen: »Mach es, Alice K. Was hast du schon zu verlieren?«, oder vielleicht musste Alice K. nur einfach diese Verliebtheit loswerden, ihren Fantasien um Mr Danger ein Ende setzen, um anschließend ihre Beziehung mit Elliot M. ohne Schuldgefühle oder Ablenkung fortsetzen zu können.

Denn natürlich hatte ihr Flirt mit Mr Danger bereits eine dünne, aber (für Alice K.) allzu offensichtliche Mauer zwischen ihr und Elliot M. errichtet. Sie konnte mit ihm nicht darüber reden. Sie konnte nicht einmal mit ihrer Schwester darüber reden: Alice K. wusste, dass Beth K. ihrem Interesse für Mr Danger ablehnend und misstrauisch gegenüberstehen würde, weshalb sie seit nahezu zwei Wochen vermied, sie anzurufen, und nur gelegentlich eine Nachricht auf ihrem Anrufbeantworter hinterlassen hatte, wenn sie wusste, dass Beth K. nicht zu Hause war.

Alice K. hatte auch Schwierigkeiten, mit ihrem Therapeuten, Dr. Y., darüber zu reden, zum Teil weil sie nicht länger das Gefühl hatte, ihre Beziehung zu Elliot M. noch richtig einschätzen zu können; jede Interaktion, jedes Gespräch, jeder Ausflug und jeder sexuelle Kontakt mit Elliot M. war (ihrerseits) durch musternde Blicke und Vergleiche belastet, und zeitweise weckte dies in Alice K. das Gefühl, nicht mehr klar denken zu können. Als sie zum Beispiel ein paar Tage zuvor abends den Abwasch in ihrer Küche gemacht hatte, war Elliot M. hinter sie getreten und hatte sie kräftig umarmt, worauf Alice K.s Gedanken direkt zu Mr Danger geeilt waren, der sie die Woche zuvor an eben dieser Stelle geküsst hatte. *Elliot M. ist nicht so groß, kräftig und männlich wie Mr Danger,* dachte sie. *Nicht so stark, nicht so ... sexy.*

Glücklicherweise hatte Elliot M. die drei Tage vor Alice K.s Dinner mit Mr Danger außerhalb der Stadt zu tun und kam erst am darauf folgenden Tag zurück. Alice K. wiederum konnte sich drei Tage lang ununterbrochen ihren obsessiven Gedanken hingeben und an dem verabredeten Abend war ihr Kühlschrank für drei verschiedene Abendessen ausgerüstet (für ein Gericht mit Steaks, eins mit Lachs und eins mit Nudeln), ihr Kleiderschrank mit zwei neuen Schuhoptionen und Ruth E.s schönsten Pullovern versehen und ihr Bett (selbstverständlich) mit frischen Laken bezogen.

Mr Danger tauchte mit halbstündiger Verspätung auf, um halb neun. Er bracht ihr eine einzelne rote Rose mit. Alice K. (die zur Einstimmung auf den Abend bereits ein zweites Glas Weißwein halb ausgetrunken hatte), goss ihm einen Drink ein und begann das Essen zuzubereiten.

Mr Danger setzte sich auf den Küchentresen, während sie kochte, ließ seine Cowboystiefel gegen ihre Schränke baumeln und sah ihr mit einem schiefen Lächeln zu. Und Alice K. schaffte es irgendwie, ein Essen aus gebratenem Lachs, grünen Bohnen, neuen Kartoffeln und Baguette zusammenzubasteln, ohne (zumindest hoffte sie das) zu zeigen, dass ihr Herz raste und sie mehrfach das Gefühl hatte, gleich ohnmächtig zu werden.

Zwei Stunden später – Alice K. kann sich nicht einmal daran erinnern, worüber sie sich während des Abendessens unterhalten haben – räumte Alice K. das Geschirr ab, während Mr Danger, der noch immer saß, sie plötzlich an der Taille umfasste und zu sich zog. »Komm her, K.«, sagte er und riss sie auf seinen Schoß, so dass sie, das Gesicht ihm zugewandt, mit gespreizten Beinen auf seinen Knien saß. Und dann begann er sie zu küssen. Und dann hob er sie vom Stuhl und trug sie in ihr Schlafzimmer.

Ruth E. hätte dies einen Moment großer Leidenschaft genannt, und in gewisser Weise war es das auch.

Mr Danger war einer dieser unglaublich selbstsicheren, technisch erfahrenen Männer, der wahrscheinlich schon mit fünftausend Frauen vor ihr geschlafen hatte, und er spielte auf Alice K. wie auf einem Musikinstrument: berührte diese Saite, dann diese, modulierte Tonart und Tempo und riss sie völlig mit sich hinfort. Alice K., die bei einem ersten sexuellen Kontakt fast immer von Unsicherheit gelähmt war, spürte, wie ihre Gedanken unter seinen Berührungen weiter und weiter in den Hintergrund rückten ... Gedanken an Elliot M. ... ängstliche Gedanken ... Gedanken an Safer Sex (Mr Danger hatte sein eigenes Kondom dabei gehabt!) ...

Es war körperlich, rein körperlich, und Alice K., die selten das Vergnügen genoss, ihren eigenen Emotionen zu entkommen, vergaß sich vollkommen.

Etwa eine halbe Stunde später lag Mr Danger mit geschlossenen Augen im Bett, ohne Alice K. zu berühren, er hatte sich wortlos von ihr heruntergerollt und auf den Rücken gelegt. Alice K. neben ihm fühlte sich verletzt und bloßgestellt, unsicher, was sie sagen und was sie tun sollte. Es war, als wäre sie von ihrem Körper losgelöst, und ihre Unsicherheit setzte wieder ein.

Die Zeit verstrich.

Nach zwanzig Minuten streckte Alice K. die Hand aus und streichelte Mr Danger sanft über die Brust. »Jack? Bist du wach?«, fragte sie.

Er rührte sich und murmelte etwas.

»Jack?«

Ein weiteres Murmeln.

»Es ist spät. Möchtest du hier schlafen, Jack?«

Mr Danger öffnete seine Augen und blickte Alice K. benommen an, dann setzte er sich auf. »Hm?«, sagte er. »O Mist! Wie spät ist es?«

Alice K. nannte ihm die Zeit – es war 1 Uhr 30 und Mr

Danger stand auf. Er zog sich Jeans und T-Shirt über, blickte dann zu Alice K. hinunter und sagte: »Hey, sorry. Aber morgen habe ich diese große Sache, weißt du? Ein andermal, ja? Das Abendessen war übrigens großartig.«

Dann beugte er sich herab, küsste sie auf die Stirn und war verschwunden.

Am nächsten Tag:
»*Und? UND? Erzähl, wie war es?*«
Alice K. sitzt mit Ruth E. in einer Bar, und Ruth E. kennt kein Erbarmen. *Was ist passiert?*, will sie wissen. *Wie war Mr Danger? Hat Alice K ... na ja, also, wie war es?*

Alice K. weiß nicht, was sie sagen soll. Sie hat schon die in ihren Augen wichtigsten Details verraten: Sie haben miteinander geschlafen und dann ist er gegangen. Einfach gegangen. Und sie hat von ihm den ganzen Tag nichts gehört. Er hat nicht einmal eine Nachricht auf ihrem Anrufbeantworter hinterlassen.

Für Alice K. ist dies eine überaus quälende Wendung der Ereignisse, hauptsächlich weil der Abend in sexueller Hinsicht erstaunlich gut verlaufen war. Alice K. ist nämlich der Ansicht, dass sie als einzige Frau in Amerika keinen Vibrator besitzt und unfähig zu multiplen Orgasmen ist, weshalb die Tatsache, dass sie eine erste Nacht wirklich genossen und sich ganz deren reiner Körperlichkeit hingegeben hatte, sie völlig überrascht hatte. Wenn der Sex lausig gewesen wäre, hätte sie es verstanden, wenn Mr Danger einfach nur drauflos gerammelt hätte und dann gegangen wäre, wären Alice K.s Gefühle ein gutes Stück einfacher: Sie würde sich gedemütigt fühlen, dann wütend, und dann wäre sie über die Sache hinweg und in der Lage, ihn als hinterhältige Schürzenjäger-Ratte in die Wüste zu schicken.

Aber Mr Danger war so ... na ja, Alice K. versuchte es Ruth E. zu erzählen, aber sie wurde nur rot, lächelte und kaute an ihren Worten herum. »Es war schon ziemlich gut«, sagte sie.

»Ziemlich?«, sagte Ruth E. »Was meinst du mit ziemlich?«

Jetzt verfiel Alice K. in eine lange und eher verworrene Beschreibung ihres Zustandes, wie durcheinander sie sich gefühlt hatte, als sie an diesem Morgen aufgewacht war, dass ihr das alles wie ein Traum erschienen sei, und wie seltsam ihr bei dem Gedanken zumute war, leidenschaftlichen Sex mit einem Mann gehabt zu haben, aber keinerlei emotionale Beziehung mit diesem zu unterhalten, und dass sie nicht wusste, was sie tun sollte, und dass ...

»Alice K.! Was ist bloß los mit dir?« Ruth E. hatte wenig übrig für solch eine Haltung: »Kannst du nicht einfach mit einem Typen schlafen, ohne es zu analysieren? Ich meine, muss man so viel Wind darum machen?«

Alice K. hatte große Schwierigkeiten, darauf zu antworten. Ein Teil von ihr wollte sagen: *Du hast Recht, Ruth E., ich bin eine moderne Frau. Ich weiß, was Sache ist. Er hat mich gevögelt und ich habe ihn gevögelt, und ich kann so cool und distanziert dabei sein wie ein Mann.* Aber ein anderer Teil von ihr war keine Minute dieser Ansicht. Oder konnte es zumindest nicht akzeptieren. Denn so modern und emanzipiert Alice K. auf intellektuellem Niveau war, so schwer fiel es ihr auf der anderen Seite, Sex von Gefühlen zu trennen oder daran zu glauben, dass sie aus reiner Lust handeln konnte, ohne Liebe und Zärtlichkeit.

Was noch unangenehmer war – und dies ist etwas, was sie nicht einmal Ruth E. gegenüber anzuschneiden vermag –, Alice K. fühlte sich in gewisser Weise schwer verletzt, war sie doch tief in ihrem Herzen davon überzeugt, dass Mr Dangers Verschwinden mit irgendeiner Unzulänglichkeit ihrerseits zu tun hatte, als Mensch im Allgemeinen und als Geliebte im Besonderen. *Wenn ich gut im Bett gewesen wäre,* dachte sie insgeheim, *wäre er geblieben. Wenn ich leidenschaftlicher, weniger gehemmt und aufregender wäre, hätte er sich in mich verliebt.*

Alice K. wusste, dass dieser Gedanke ganz irrational war –

Mr Danger war eindeutig der Typ Mann, der sich auf keine emotionale Beziehung mit einer Frau einließ, und seine Distanz war eindeutig eine Folge ihrer Verfügbarkeit und nicht ihrer Persönlichkeit –, aber Alice K. fühlte dennoch, wie ihr Selbstbewusstsein unterminiert wurde und jede Stunde abnahm, die ohne einen Anruf von ihm verstrich. Von Stunde zu Stunde kam er ihr immer beeindruckender vor, während ihr eigenes Leben Alice K. immer gewöhnlicher erschien.

Als könnte sie Alice K.s Gedanken lesen, nahm Ruth E. einen Schluck Wein und fragte: »Und, wo bleibt Elliot M. dabei?«

O Gott, dachte Alice K. *Noch eine unmögliche Frage.*

Sie sah auf. »Ich weiß es nicht, Ruth E.«, sagte sie. »Ich weiß es wirklich nicht. Er wird heute Abend wieder zu Hause sein.«

Vier Tage später:

Elliot M. wusste, dass irgendetwas nicht in Ordnung war – es ging gar nicht anders. Die ersten Tage nach seiner Rückkehr war Alice K. nämlich so von Schuldgefühlen geplagt gewesen, dass sie sich mit einem Eifer auf die Beziehung gestürzt hatte, den sie seit den Anfängen ihrer Verbindung nicht mehr verspürt hatte: Sie hatte abends für ihn gekocht, ihn zu den seltsamsten Uhrzeiten angerufen, nur um ihm hallo zu sagen, und mehr Zuneigung an den Tag gelegt als gewöhnlich. Aber als ihre Schuldgefühle schwanden, fing sie an, immer launenhafter in seiner Gegenwart zu werden – kritisch und klaustrophobisch –, und Elliot M. bekam das eindeutig mit.

An seinem dritten Abend zu Hause war Elliot M. zum Beispiel zum Abendessen und Fernsehen herübergekommen, und Alice K. hatte seine Anwesenheit in wachsendem Maße genervt. Nach dem Abendessen hatte Elliot M. seinen Arm um sie gelegt, während sie auf dem Sofa saßen, und Alice K., die den brennenden Wunsch verspürt hatte, dieser Berührung zu entgehen, hatte schnell eine Entschuldigung hervorgestammelt, um in die Küche zu gehen; als sie zurückkam, setzte sie sich weiter weg. Wenig später schaltete Elliot M. den Fernseher ab und sagte: »Alice K., was ist los?«

»Nichts«, sagte sie ein wenig zu leicht dahin. »Was soll los sein?«

»Ich weiß nicht – es kommt mir nur in letzter Zeit so vor, als seist du mit den Gedanken meist woanders, so als wärst du manchmal hier und manchmal eine Million Meilen entfernt.«

Alice K. murmelte irgendetwas darüber, dass sie ihre Periode bekäme, und Elliot M. verfolgte das Thema nicht weiter. Aber später schlug Elliot M. nicht vor, die Nacht gemeinsam zu verbringen, sondern er stand auf und sagte: »Ich glaube, ich bin heute Nacht lieber allein.« Und dann küsste er sie – auf eine seltsam traurige Weise, wie Alice K. fand –, sah sie ernst an und ging.

Alice K. lag in dieser Nacht im Bett und fühlte sich ein wenig allein, ein wenig schuldig (sie wusste, dass sie Elliot M. für ihr Nummer Sicher hielt) und zum ersten Mal ein wenig besorgt, dass ihre Beziehung womöglich wirklich in Gefahr sein könnte.

Am folgenden Tag versuchte sie darüber mit Dr. Y zu reden.

Dr. Y stellte ihr eine Frage – »Sie scheinen eine Menge Energie in einen Mann zu investieren, der offenbar keine Beziehung mit Ihnen anfangen will. Woher kommt das Ihrer Meinung nach?« –, und Alice K. hatte darauf keine Antwort.

Aber am Telefon mit Ruth E. an diesem Nachmittag warf sie die Frage auf. Warum fühlte sie sich so zu Mr Danger hingezogen? Er interessierte sich offensichtlich nicht in derselben Weise für sie, wie Elliot M. es tat. Was in aller Welt war daran so unwiderstehlich?

»Ich fühle mich richtig mies, was Elliot M. angeht«, sagte sie. »Er ist so ein netter Kerl, weißt du?«

Ruth E. schnaubte. »So? Nur weil du mit Mr Danger geschlafen hast, heißt das nicht, dass du Elliot M. verlassen musst, oder? Ich meine, ihr lebt schließlich nicht zusammen.«

Alice K. zögerte. »Aber... aber ich mache mir Sorgen, dass ich einfach Lust mit Liebe verwechsle, weißt du? Dass ich drauf und dran bin, mir von diesem Typen das Herz brechen zu lassen und es mir mit Elliot M. zu verderben, nur weil der andere gut im Bett ist.«

Ruth E. lachte. »Alice K., du musst ihn gar nichts tun lassen. Mein Gott, genieß es einfach.«

Alice K. stimmte ihr zu, aber tief in ihrem Inneren wusste sie, dass es nicht so leicht sein würde, nicht so leicht sein konnte.

An diesem Abend führte Elliot M. Alice K. zum Essen aus. Er wollte mit ihr über etwas reden, sagte er.

Elliot M. ging mit ihr in ein kleines, bistroähnliches Restaurant in der Innenstadt, ein romantisches Lokal, in dem es wundervoll gebratenes Hühnchen und teuren Wein gab. Sie unterhielten sich lang und weitschweifig über Dinge, die Alice K. beschäftigten – ihren Job, ihre Mutter und Dr. Y. –, und im Laufe des Abends zerstreute sich Alice K.s Besorgnis Mr Dangers wegen und sie fühlte stattdessen eine Welle von Zärtlichkeit für Elliot M. Kein sexuelles Verlangen, aber Nähe, Geborgenheit und Anteilnahme.

Gegen Ende des Abends beugte sich Elliot M. über den Tisch und nahm Alice K.s Hand. »Ich finde«, sagte er, »dass die Beziehung mit dir mein Leben wirklich verändert hat... Sie hat mich richtig glücklich gemacht.«

Alice K. lächelte. Es war schön, Elliot M. glücklich zu machen. Und einen Moment lang fühlte sie sich auch glücklich und entspannt und voller Zuneigung ihm gegenüber.

Er fuhr fort: »Aber ich finde auch...«

Er räusperte sich.

»Ich finde auch... dass du in letzter Zeit sehr distanziert bist, und... nun ja, ich habe einfach allmählich das Gefühl, dass ich mehr in diese Beziehung investiere als du.«

Eine Welle von Panik überkam Alice K. und sie setzte sich in ihrem Stuhl auf.

Elliot M. sah sie an. Er wies darauf hin, dass sie seit mehreren Wochen nicht mehr miteinander geschlafen hatten (was stimmte). Dass Alice K. jedesmal, wenn er vorschlug, übers Wochenende zusammen wegzufahren, das Thema wechselte (ebenfalls wahr). Er sagte, er fühle eine immer geringere Bindung zwischen ihnen. Und er fügte hinzu, dass er sich in einem Stadium seines Lebens befände, in dem er sich nicht in einer Beziehung engagieren wolle, die nirgendwo hinführe.

Und dann sagte er etwas, das Alice K. die Nackenhaare in die Höhe trieb, etwas, das Elliot M. einen kurzen Moment lang so stark und beängstigend wie Mr Danger wirken ließ.

»Alice K.«, sagte er, »ich würde mich gern wieder mit anderen Frauen treffen.«

5. Wie man sich in der eigenen Haut wohl fühlt

Alice K. beim Therapeuten, Teil I

Alice K. (Initiale geändert) sitzt in Dr. Y.s Praxis und denkt nach.

Alice K. grübelt über ihre Beziehung zu Dr. Y.

Alice K. sinnt darüber nach, wie schwierig es ist, offen und ehrlich über die eigenen Gefühle zu reden, wenn man in Wahrheit dasitzt und sich insgeheim wünscht, dass der Therapeut aufsteht, zu einem herüberkommt und sagt: »*Alice K., Sie sind so brillant und unglaublich verständnisvoll, und es ist ein wahres Vergnügen, mit Ihnen zu arbeiten. Ehrlich gesagt, Sie sind meine Lieblingspatientin, und wenn ich nicht so vernünftig und angepasst wäre, würde ich mich wahrscheinlich in Sie verlieben – oder Sie wenigstens gratis behandeln.*«

Woher kommt das?, fragt sich Alice K. *Sind alle so damit beschäftigt, etwas Besonderes für ihren Seelendoktor zu sein, oder geht das nur mir so?*

Denn Alice K. weiß genau, was hinter ihrem Wunsch steckt: Es ist die Sehnsucht, von einer männlichen Autoritätsperson geschätzt und respektiert zu werden, eine Sehnsucht nach uneingeschränkter Liebe und Aufmerksamkeit. Freud würde das natürlich Übertragung nennen: Alice K. möchte, dass Dr. Y., den sie jetzt seit drei Jahren konsultiert, ihr das Gefühl von Anerkennung und Zugehörigkeit vermittelt, das sie seitens ihres Vaters nie erfahren hat. Was auch der Grund ist, warum sie häufig über Dr. Y. nachdenkt und die Vorstellung hat, er sei irgendwo da draußen – wie Gott – und beobachte und überwache sie und strahle (natürlich) vor Stolz.

Alice K. sinniert über dieses Phänomen. Es ist sehr schwierig, etwas aus der Therapie zu ziehen, denkt sie, wenn man voll und ganz darauf konzentriert ist, dem Seelendoktor zu gefallen und zu imponieren, seine hässlicheren und weniger erfreulichen Gefühle zu verbergen und nur seine vernünftigsten, verständnisvollen Seiten zu offenbaren. Alice K. hat Jahre gebraucht, um Dr. Y. spontan zu antworten, irgendwelche Gedanken oder Gefühle zu äußern ohne sie vorher zu entschärfen oder zu zensieren oder sich instinktiv Sorgen zu machen, wie das wohl klang, was sie da sagte. Und selbst jetzt, obwohl sie sich gewaltig anstrengt, um diese Neigung zu bekämpfen, stellt sie doch immer wieder fest, dass sie in dieses Verhalten zurückrutscht, und diese Feststellung lässt Alice K. verzweifeln.

Wenn ich mich nicht einmal Dr. Y. gegenüber natürlich und offen geben kann, denkt sie, *werde ich es dann jemals jemand anderem gegenüber schaffen?*

Sie sitzt auf ihrem Stuhl, denkt über diese Frage nach, und Tränen steigen ihr in die Augen. Dr. Y. beugt sich zu ihr hinüber und schenkt Alice K. einen dieser mitfühlenden, aufmunternden Psychologenblicke.

»Worüber denken Sie nach?«, fragt er sie.

Alice K. sieht leicht erschreckt zu ihm auf. »Oh ...«, sagt sie, »über nichts Besonderes ... wirklich. Nichts.«

Ausschnitt aus Alice K.s Tagebuch

Heute fange ich an, Tagebuch zu schreiben.
Dies ist mein erster Eintrag.
Ich fühle mich schrecklich unsicher.
Nein. Das streichen wir.
Heute fange ich an, Tagebuch zu schreiben, und zum ersten Mal gelobe ich mir feierlich, keine Hemmungen zu haben bezüglich dessen, was ich schreiben werde. Ich werde frei assoziieren. Ich werde diesen Seiten meine tiefsten und dunkelsten Ängste und Geheimnisse anvertrauen. Ich werde dieses Tagebuch dazu benutzen, meine Gefühle zu erkunden und meine innersten Hoffnungen und Träume auszudrücken, und es wird eine wundervolle, befreiende Erfahrung sein, eine Übung in Leidenschaft und Hemmungslosigkeit.
Ja, ich werde es tun! Ich will mich nicht länger heimlich von der Befürchtung terrorisieren lassen, dass jemand das Tagebuch finden und laut jedes Wort daraus zur besten Sendezeit im Fernsehen verlesen könnte.
Also los.
Heute hatte ich diese unglaubliche Fantasievorstellung, dass ich ...
Nein.
Heute früh lag ich im Bett und dachte daran, dass ...
Hmmm ... nein.
Mist.
Heute früh wurde mir bewusst, dass meine sexuellen Gefühle gegenüber ...
Ich fange morgen an.

Selbstachtung leicht gemacht:
Alice K.s Anleitung zur Selbsttäuschung

Lassen Sie uns der Tatsache ins Auge sehen, dass es schwer ist, mit sich selbst zufrieden zu sein. Falls Sie Alice K. ähneln, dann beginnen Sie jede Woche mit dem Entschluss, mehr zu lesen, weniger zu essen, härter zu arbeiten, verantwortungsvoller mit Alkohol umzugehen und besser auf sich aufzupassen. Und Sie beenden jede Woche mit einem Anfall von Selbstverachtung, weil Sie nichts gelesen und zu viel getrunken haben, mit der Arbeit hinterher sind, zu wenig Gymnastik gemacht und zu wenig geschlafen haben.

Schlimmer. Ihr Vorsatz steht von Anfang an auf wackeligen Beinen: Sie gönnen sich diesen Extrakeks nach dem Abendessen, trödeln an diesem einen Nachmittag bei der Arbeit und werfen daraufhin verzweifelt die Hände in die Luft: *Wozu das Ganze?*, denken Sie. *Ich bin ein tauber Sack und sollte das einfach als mein Schicksal akzeptieren.*

Dieses Phänomen ist bekannt als negative psychische Konditionierung. Man richtet sich auf einen Misserfolg ein, entspricht den eigenen schlimmsten Vorstellungen und schon ist man auf diesem verdammten Weg und bringt sich selbst zu Fall.

Zum Glück hat Alice K. die Entdeckung gemacht, dass man sich diese Denkweise auch zum eigenen Vorteil zunutze machen kann. Man muss nur lernen, sich auf positive Weise zu konditionieren. Man benötigt dazu spezielle Tricks, Mittel, sich erfolgreich einzureden, dass man ruhiger, kontrollierter, zurückhaltender ist, als man in Wahrheit ist. Man muss nur die Kunst des gesunden Selbstbetrugs lernen.

Schauen Sie sich, wenn Sie mögen, folgende Tipps an:

»Ich bin gut erholt.« Stellen Sie Ihren Wecker eine halbe Stunde vor. Auf diese Weise können Sie, falls Sie zu einer un-

christlichen Zeit wie etwa 6 Uhr 30 aufstehen müssen, den Wecker auf sieben Uhr stellen – was eine viel vernünftigere Zeit zum Aufstehen ist. Wenn Sie aufwachen und auf den Wecker sehen, wissen Sie, dass es in Wahrheit erst 6 Uhr 30 ist, aber das macht nichts: Wichtig ist, dass Sie sich fühlen werden, als hätten Sie länger geschlafen als in Wirklichkeit. (Beachten Sie: Dies hilft Ihnen auch, wenn Sie verschlafen: Wenn der Wecker auf 8 Uhr 30 zeigt und Sie um 8 Uhr 50 eine Sitzung haben, können Sie erleichtert aufseufzen – es ist in Wirklichkeit erst acht und Sie können es noch rechtzeitig zur Arbeit schaffen.)

»*Ich bin enthaltsam.*« Hier gibt es viele, viele Möglichkeiten, um sich besser zu fühlen, als man in Wirklichkeit ist. Nutzen Sie sie oft.

Die Salatbar ist Ihr Freund. Nähern Sie sich ihr mit gerecktem Kinn und eingezogenem Bauch. Wählen Sie kleine Portionen Kopfsalat, Spinat und frisches Gemüse und füllen Sie dann den restlichen Teller mit Oliven, Nüssen, dicken Bohnen und übergießen Sie das Ganze mit drei Schöpflöffeln voll Gorgonzola-Dressing. Es macht nichts, dass ein Roastbeef-Sandwich weniger fett und gesünder wäre. Dies ist »Salat«, und weil es Salat ist, dürfen Sie mit sich zufrieden sein.

Halbe Gläser Wein sind auch Ihr Freund. Sie erlauben Ihnen zu sagen:»Oh, bitte gießen Sie mir nur ein halbes Glas ein – ich muss morgen früh um sechs aufstehen«, und damit Ihre Freunde (und sich selbst) mit Ihrer Enthaltsamkeit zu beeindrucken. Lassen Sie sich häufig solche halben Gläser einschenken. Selbst wenn Sie kurz vor einer Alkoholvergiftung sind, wirken Sie auf diese Weise doch sehr viel kontrollierter, als es in Wirklichkeit der Fall ist.

Wenn Sie an einen Zeitungsstand gehen, nehmen Sie sich Exemplare von ›Atlantic‹, ›Harper's‹, ›Scientific American‹ und (der Extra-Glaubwürdigkeit wegen) von ›Daedalus‹. Sie werden Sie nicht lesen, aber der bloße Erwerb wird Ihnen das

Gefühl verleihen, sich intellektuell zu betätigen. Wenn Sie diese Zeitschriften nach Hause tragen, legen (=verstecken) Sie das ›Cosmopolitan‹-Heft zuunterst.

Ein ähnlicher Trick: Kaufen Sie sich täglich das ›Wall Street Journal‹, lesen Sie aber nur die zentrale Kolumne auf der ersten Seite (der interessanten).

Schauen Sie sich nie eine Folge Ihrer Lieblings-Seifenoper im Fernsehen ganz an (›Roseanne‹, ›Eine schrecklich nette Familie‹ und dergleichen). Wenn Sie nicht das ganze Ding gesehen haben, haben Sie es nicht wirklich gesehen.

Bestellen Sie ebenso niemals ein Dessert. Lassen Sie sich stattdessen einen Löffel bringen. Sie können vom Dessert Ihres Begleiters so viel essen, wie Sie wollen, aber solange Sie kein eigenes Dessert geordert haben, haben Sie nicht wirklich eins gegessen.

Essen Sie Eiscreme immer nur aus der Packung. Auf diese Weise haben Sie nur »einen Löffel gegessen«.

Schnorren Sie Zigaretten. Kaufen Sie nie eine Packung. Kaufen Sie nicht einmal Ihren Freunden, die rauchen, eine Packung. Auf diese Weise rauchen Sie nicht wirklich.

Machen Sie nur oberflächlich sauber. Stopfen Sie Ihre Sachen in Schränke. Stapeln Sie schmutziges Geschirr im Backofen. Sie fühlen sich dann ordentlicher.

»Ich bin unglaublich gut organisiert.« Stellen Sie eine Liste mit Dingen auf, die Sie erledigen müssen, und sorgen Sie dafür, dass Sie ein paar Sachen hinzufügen, die bereits erledigt wurden. Auf diese Weise werden Sie sich einreden können, dass Sie organisierter, produktiver und ihrem Zeitplan weiter voraus sind, als dies eigentlich der Fall ist. Ein zusätzlicher Vorteil besteht darin, dass die Liste, wenn Sie voller hübscher kleiner Häkchen ist, weniger entmutigend wirkt und Ihnen dadurch Selbstvertrauen einflößt.

»Ich bin zufrieden mit meinem Gewicht.« Stellen Sie die Nadel an Ihrer Waage um fünf Pfund zurück. Oder stellen Sie diese in die Nähe eines Waschbeckens, Regals oder Fensterbretts in Ihrem Badezimmer, so dass sie fast unmerklich die Hand auf einer der besagten Flächen lassen und durch leichten Druck die Anzeige auf der Skala um weitere Extrapfunde verringern können. Sie werden wissen, dass Sie sich selbst betrügen (das ist schwer zu vermeiden), aber denken Sie daran: Es spielt sich alles im Kopf ab. Es ist erstaunlich, wie bereitwillig wir unseren eigenen Lügen glauben.

Kaufen Sie nur Kleidung von Designern, deren Sachen groß ausfallen. Perry Ellis und Calvin Klein sind gute Tipps. Wenn Sie normalerweise 42 tragen, passt Ihnen bei Calvin Klein vielleicht die 38, und speziell bei Mänteln können Sie bei Perry Ellis vielleicht sogar bis zur 34 heruntergehen.

Versuchen Sie ebenso, wenn möglich, Männerkleidung zu erwerben. Die Damenvariante eines Männershirts Größe Medium wird XL auf dem Etikett stehen haben, und Sie wollen doch niemals etwas kaufen, das Sie in die Rubrik »extra large« einordnet.

Nehmen Sie immer – wirklich immer – Ihre Jeans aus dem Trockner, bevor sie vollkommen trocken sind. Wenn möglich, nehmen Sie sie noch feucht raus. Ziehen Sie sie an und machen Sie Kniebeugen. Egal wie gut Jeans sitzen, nachdem sie sich wieder ausgedehnt haben, frisch aus dem Trockner sind sie immer haarsträubend eng, und das ist schlecht für Ihr Selbstbewusstsein. Das müssen Sie bekämpfen.

»Ich gehe verantwortungsbewusst mit Geld um.« Tanken Sie immer nur für $2. Es spielt keine Rolle, dass sie dann jeden zweiten Tag tanken müssen und auf längere Sicht keinen Penny weniger ausgeben, als wenn Sie sich den Tank gleich für $10 füllten. Das hat nichts zu sagen. Psychologisch trennt man sich sehr viel leichter von $2 als von $10.

Wenden Sie dieses Prinzip auch auf den Geldautomaten an und holen Sie immer nur $10 auf einmal. Sicher ist es richtig, dass Sie am nächsten Tag (oder schon eine Stunde später) bereits wieder für weitere $10 dastehen und sich am Ende im Laufe von drei Tagen $100 haben geben lassen, aber wenn Sie die $100 auf einmal geholt hätten, wäre Ihnen sicher ganz schrecklich zumute gewesen.

Beschließen Sie, Geld zu sparen, indem Sie während der Woche weder zum Abendessen ausgehen noch ins Kino oder ins Konzert. Bleiben Sie fünf Abende am Stück zu Hause und genießen Sie mit stolzgeschwellter Brust Ihre Zurückhaltung. Dann, am Freitagabend, gehen Sie aus und geben Sie für ein sagenhaftes Essen und eine Extraflasche Burgunder weit mehr Geld aus, als Sie eigentlich dürften. Sie werden das Gefühl haben, es zu verdienen, und während Sie Ihren teuren Wein (aus jeweils nur halbvollem Glas) schlürfen, können Sie Ihre Handlungsweise dadurch rechtfertigen, dass Sie die Summe, die Sie während der Woche gespart haben, maßlos übertreiben.

»Ich bin wirklich zufrieden mit meinem Aussehen.« Vermeiden Sie um jeden Preis Neonlicht, speziell in Ihrem Badezimmer. Streichen Sie Ihre Wohnung in schmeichelnden Farben (Pfirsichgelb und blasses Rosa sind gut). Versuchen Sie »dünne Spiegel« aufzutreiben, die Sie größer und schlanker wirken lassen, als Sie in Wirklichkeit sind.

»Ich bin eine gute Freundin.« Rufen Sie Freunde, denen Sie lieber aus dem Weg gehen, an, wenn Sie sicher sind, dass sie nicht zu Hause sind. Hinterlassen Sie eine Nachricht auf dem Anrufbeantworter und geben Sie Ihrer Freude Ausdruck, die Sie allein beim Gedanken, ihre Stimme zu hören, empfinden. Bitten Sie sie um einen Rückruf und stecken Sie dann das Telefon aus oder lassen Sie den Anrufbeantworter an und gehen Sie nur bei ausgewählten Anrufen an den Apparat. Machen

Sie das siebenmal hintereinander. Wenn Sie der betreffenden Person auf der Straße begegnen, sagen Sie: »Mein Gott, ist es schwer, dich zu erreichen. Ich versuche es schon seit *Wochen!*« Und siehe da – der schwarze Peter wird den anderen zugeschoben und Sie selbst können sich weiterhin als guter Mensch fühlen.

Jetzt gehen Sie schlafen, stellen Ihren Wecker auf sieben und fangen von vorne an.

Alice K. beim Therapeuten, Teil 2:

Alice K. sitzt in der Praxis ihres Therapeuten Dr. Y. und denkt: *Ich brauche eine Therapie-Rabattkarte.*

Ist das nicht eine hübsche Idee? Schließlich bekommen wir Rabatt für nahezu alles heutzutage. Leihen Sie zehn Videos aus und Sie erhalten das nächste umsonst. Tanken Sie fünfmal an derselben Tankstelle und Sie bekommen eine Gratis-Autowäsche. Kaufen Sie zehn Tassen Kaffee an der gleichen Kaffeebude und Sie bekommen einmal umsonst nachgeschenkt.

Also warum keine Therapie-Bonuskarte?

Jede zehnte Sitzung würde Alice K. in Dr. Y.s Praxis marschieren, einen kleinen Raum, in dem sie sich seit drei Jahren jeden Dienstagmorgen fünfzig Minuten lang aufhält, ihre Therapie-Bonuskarte vorweisen und sagen: »Okay, Dr. Y., ich hatte jetzt wieder zehn wöchentliche Sitzungen am Stück, also bekomme ich eine gratis, richtig?«

Und Dr. Y. würde wohlwollend lächeln und sagen: »Aber sicher, Alice K. Wie wäre es Donnerstag um neun? Auf meine Kosten?« Da sie so eine treue und geduldige Patientin ist, gibt es vielleicht sogar noch ein Pfund Kaffee umsonst dazu.

Alices K. rutscht unbehaglich auf ihrem Stuhl herum. Leider gibt es das nicht, eine Bonuskarte für die Innenschau.

Kein Miles-and-more für steigende Selbstachtung. Kein Gratisessen.

Und ebenso wenig Therapie zum Nulltarif. Alice K. rutscht bei diesem Gedanken erneut nervös herum. Dr. Y. hat nämlich eben erst die Tarife erhöht – Alice K. war darüber in einem sehr geschäftsmäßigen, neutral klingenden Brief informiert worden –, was die Erklärung dafür ist, dass sie dasitzt und über Rabattkarten nachdenkt. Einmal mehr ist die Geldfrage zwischen sie getreten und es ist einfacher, über einen Therapiebonus nachzudenken, als das hässliche Thema aufs Tapet zu bringen.

Dr. Y. bricht das Schweigen. »Beschäftigt Sie heute etwas ganz besonders?«, fragt er. »Sie wirken ein wenig gedankenverloren.«

Alice K. sagt nichts, aber eine Antwort schießt ihr durch den Kopf: *Ja. Ich möchte wissen, warum Sie mich nicht kostenlos behandeln. Bin ich nicht gut genug? Bin ich nicht wichtig genug? Nicht außergewöhnlich genug?*

Denn das ist es doch, oder? Deshalb ist die Frage der Bezahlung für die Therapie so verfänglich und unangenehm, und es ist schwieriger, darüber zu reden als über Sex. Es ruft Alice K. in Erinnerung, dass Therapie im Grunde eine professionelle Beziehung ist, ein geschäftliches Arrangement. Es lässt sie denken: *Ich zahle diesen Mann dafür, dass er sich um mich kümmert*, und dabei wird ihr ein wenig übel.

Plötzlich überkommt Alice K. eine Sehnsucht, die sie gar nicht recht versteht. Sie blickt Dr. Y. an, seine freundlichen Augen. Sie denkt an seine ständige Präsenz in den vergangenen drei Jahren, daran, dass er immer da ist, jeden Dienstagmorgen, und in einem hinteren Winkel ihres Gehirns auch den Rest der Woche.

Ist die Tatsache, dass sie dafür bezahlt, wirklich von Bedeutung? Schließlich lässt sich Dr. Y., auch wenn ihre Beziehung nicht perfekt, einseitig und unvollständig ist, Woche für Woche sehen und ist noch immer da. Er *muss* sich für sie interessieren.

Stimmt's?

Plötzlich fällt ihr eine Konversation wieder ein, die sie einmal über diese Frage hatten.

»Woher wissen Sie, wenn sich jemand für Sie interessiert?«, fragte damals Dr. Y. »Was macht Sie so sicher?«

Alice K. wusste nicht recht, worauf er damit hinauswollte (war er der Meinung, dass man es unmöglich wissen konnte? War dies eine rhetorische Frage oder eine gezielte?), und sie wusste nicht, was sie darauf antworten sollte. Sie dachte an Elliot M. und daran, wie dieser sie manchmal mit aufrichtiger Zuneigung anblickte. Sie dachte an Ruth E. Sie sagte: »Ich denke ... ich denke, man weiß es einfach. Ich denke, man sieht das in den Augen des Betreffenden.«

Dr. Y. hatte ihr damals nicht geantwortet, aber wie sie nun so dasitzt, erinnert sie sich daran, dass er sie forschend angeblickt hatte.

Ein weiterer Brief an S. I. Newhouse

Lieber Mr Newhouse,

hey! Wie geht es Ihnen? Ich habe noch immer nichts von Ihnen zu meinem Vorschlag mit der Zeitschrift ›Gefangen‹ gehört, aber ich habe noch weitere Ideen für andere Publikationen, die Lesern allerorten nützlich sein könnten, speziell solchen, die Probleme mit ihrem Selbstbild haben. Ich glaube, sie werden Ihnen wirklich gut gefallen.

Wie sieht es zum Beispiel hiermit aus:

Vierteljahresschrift für Besessene: das Magazin von und für Menschen, die nicht loslassen können.

Ziel dieses Blattes wäre es, Männern und Frauen, die sich nach jemand Unerreichbarem verzehren oder sich partout nicht aus einer miesen Beziehung befreien können, zu einem besseren Lebensgefühl zu verhelfen. Obessionen in Liebesdingen können schließlich ein Lebensweg sein – warum sie also nicht preisen? Regelmäßige Beiträge könnten Folgendes beinhalten:

- Vergnügliche Tipps für die Zeit früh um vier, wenn Sie nicht schlafen können, weil die Gedanken unablässig um das Objekt Ihrer Begierde kreisen.
- Anleitungen, wie Sie vorgeben können zu arbeiten, während Sie in Wahrheit an Ihrem Schreibtisch an das Objekt Ihrer Begierde den letzten – und den endgültig klärenden – aus einer Serie vierzigseitiger Briefe schreiben.
- Nützliche Listen von Entschuldigungen, die Sie vorbringen können, wenn Sie sich gesellschaftlichen Verpflichtungen entziehen möchten, um in Ruhe nach Hause zu gehen und Trübsal zu blasen.
- Ein regelmäßiges Abonnenten-Gewinnspiel, bei dem die Leser darum wetteifern können, wer es schon am längsten in einer miesen Beziehung aushält.

Zeit der Schüchternheit

Stellen Sie sich die Werbekampagne für diese Zeitschrift, die ›Z.d.S.‹, folgendermaßen vor:

»Sehen Sie eine Gruppe von mehr als zwei Menschen als ›Menge‹ an? Erfüllt der Begriff ›sich unters Volk mischen‹ Sie mit panischer Angst? Sind Sie unfähig, die erbarmungslose, schrille Stimme in Ihrem Kopf abzustellen, die Ihnen beharrlich einredet, dass alles, was aus Ihrem Mund kommt, langweilig und unpassend ist? Dann brauchen Sie ›Zeit der Schüchternheit‹, das Magazin, das Menschen wie Ihnen bestätigt, dass es vollkommen normal ist, sich monatelang in seiner Wohnung zu verkriechen und mit absolut niemandem zu reden.

Überschriften könnten folgendermaßen lauten: »Mail-Order, Voicemail, E-Mail, Telefax – das Richtige für die völlige Isolation« oder »Warum der Vogel Strauß mein Lieblingstier ist: Ein schüchterner Mann berichtet.«

Das Magazin für Passiv-Aggressive

Das Magazin für Menschen, die bekommen, was sie wollen, ohne dafür augenscheinlich irgendetwas zu tun, würde gänzlich aus praktischen Tipps bestehen, unter anderem:

- Sagen Sie nein, wenn Sie ja meinen.
- Sagen Sie ja, wenn Sie nein meinen.
- Sagen Sie vielleicht, wenn Sie ja meinen.
- Sagen Sie vielleicht, wenn Sie definitiv nein meinen.
- Sagen Sie gar nichts, wenn Sie einen Fehler machen, damit Sie jemand anderem die Schuld zuschieben können.
- Sagen Sie, was immer Ihrer Meinung nach eine andere Person gerne hören möchte, ob Sie dieser Meinung sind oder nicht, weil Sie sich dann später aufregen und kochen und heimlich grollen können.
- Sagen Sie hinter dem Rücken anderer Leute schlechte Dinge über sie, um sich selbst besser zu fühlen, und seien Sie dann, wenn Sie dieselben Leute vor sich haben, unglaublich nett und unterwürfig.

Was meinen Sie, Mr Newhouse? Aus dem Leben gegriffene Zeitschriften für aus dem Leben gegriffene Menschen. Was halten Sie davon?

Ich würde mich sehr freuen von Ihnen zu hören.

Mit freundlichen Grüßen,
Alice K.

Alice K.s Sehnsucht nach Religion

Manchmal ödet die Therapie Alice K. richtig an. Manchmal hält sie all dieses Sondieren, Fragen und Bohren zur besseren Selbsterkenntnis nicht aus. Manchmal wünscht sie sich, sie könne stattdessen einem anderen Gott dienen.

Denn ist die Therapie nicht eine Form von Religion? Das Evangelium nach Freud? Alice K. ist dieser Ansicht.

Unterbewusstsein unser im Himmel, geheiligt werde dein Name, dein Reich komme, unser Wille geschehe. Am Arbeitsplatz wie in der Liebe.

Mit einer richtigen Religion ließe sich so viel leichter umgehen, weshalb sich Alice K. in regelmäßigen Abständen danach sehnt. Eine richtige Religion würde die Dinge eher in einfachen, auf Gott bezogenen Begriffe als in komplexen, zwischenmenschlichen erklären. Eine richtige Religion würde Strukturen und Regeln vorgeben: Du sollst nicht stehlen. Du sollst nicht lügen. Wie einfach! Die Gebote von Dr. Y. hingegen sind so erbarmungslos kompliziert. Seine Regeln kommen bei Alice K. folgendermaßen an:

Du sollst wütend sein, weil deine Eltern dir als Baby nicht das gegeben haben, was du gebraucht hast. Du sollst den Ärger unterdrücken und nach innen wenden, wo er schwären und wachsen und sich als Depression manifestieren wird. Dann sollst du in der Depression herumstochern, stochern und stochern, wie in einer Wunde. Du sollst die Enttäuschung noch einmal durchleben, die Wut empfinden, die Schmerzen fühlen. Und du sollst »verstehen«.

All dieses Verstehen. Es ist so ermüdend.

Spät in der Nacht, ganz erschöpft von all der Innenschau und unfähig zu schlafen, musste Alice K. plötzlich an die Alten Griechen denken. *Der Umgang der Griechen mit ihren Göttern*, dachte sie, *war doch sehr vernünftig.* Für jedes Phänomen gab es einen Extragott, einen als Erklärung für jede Quelle von Angst und Chaos in der Welt, einen für jeden menschlichen Wunsch. Warum haben wir Krieg? Dafür ist Ares verantwortlich. Flutwellen und Sturmkatastrophen? Poseidons Schuld.

Wäre es nicht wundervoll, dachte Alice K., während sie sich in ihrem Bett hin und her warf, w*äre es nicht viel einfacher, ich könnte in Dr. Y.s Praxis marschieren und sagen: »Also, ich habe dem Gott der gemischten Gefühle ein Opfer dargebracht, und jetzt erkenne ich alles in meinem Leben klar und deutlich!«*

Und plötzlich hatte Alice K. genau in diesem Moment eine Idee, die so brillant war, dass sie sich senkrecht im Bett aufrichtete.

Ich hab's! dachte sie. *Ich erschaffe meine eigenen Götter!*

Alice K.s Götter des dritten Jahrtausends

Prostaton (reimt sich auf Poseidon), Gott des männlichen Chauvinismus. Ein grausamer Gott, verantwortlich für männliche Unsensibilität, excessiven Machismo und Ausdrücke wie »Ran an die Titten!« und »Heeeeey, Babiieee!« Männer huldigen dem Prostaton an speziellen, auserwählten Stätten, die in manchen Kreisen als »Sportlerkneipen« bekannt sind. Obwohl Frauen dem Prostaton viele, viele Opfer darbringen, haben sie noch nicht herausgefunden, wie man ihn versöhnlich stimmt.

Phlegmates, der Gott der Schwerfälligkeit und Saumseligkeit. Erklärt, warum Ihre Rechnungen unbezahlt sind, Ihre Arbeit auf Ihrem Schreibtisch dahinvegetiert und in Ihrer Wohnung ein einziges Durcheinander herrscht. Versuchen Sie nicht, ihn zu besänftigen. Das macht Phlegmates wütend und er wird sich wahrscheinlich an Ihnen rächen, indem er Ihnen extraviel Arbeit aufhalst oder Ihre Geschirrspülmaschine kaputtgehen lässt. Der beste Weg, mit diesem Gott klarzukommen, ist es, Apologes, den Gott der lahmen Ausreden, anzurufen.

Passiones, Ambivalenzes und Warumlügstdutes, die drei Götter zwischenmenschlicher Beziehungen, ein äußerst raffiniertes und bösartiges Trio. Passiones überfällt nichts ahnende Männer und Frauen während der ersten sechs Wochen einer Romanze mit unwirklichen Gefühlen von Glück und Ekstase und sorgt dafür, dass die Partner mit irrem Lächeln herumrennen und wesentliche, dem Schutz dienende Persönlichkeitsgrenzen unterminiert werden. An diesem Punkt übernimmt Ambivalentes das Ruder, indem er wilde Stimmungsschwankungen und Richtungswechsel des Herzens verursacht sowie einen ausgedehnten Tanz, der als »Komm her, komm her, geh weg, geh weg« bekannt ist.« Wenn Ambivalenzes sich zurückzieht, tritt Warumlügstdutes auf den Plan und sorgt für ausreichend Spannungen, Zweifel und Misstrauen, um das Paar auseinander zu bringen.

Triangeles, der Gott der Dreiecksbeziehungen. Setzt oft da an, wo die vorigen drei Götter aufgehört haben. Schafft gewöhnlich großes Durcheinander.

Orangeia, Göttin der Zellulitis. Eine ganz grausame Gottheit. Schwemmt und bläht Oberschenkel zu unnatürlichen Proportionen auf, weckt in Frauen Heißhunger auf Chips und Sahnebonbons und untergräbt die Selbstachtung bei nahezu der Hälfte der menschlichen Bevölkerung. Frauen verbringen ihr ganzes Erwachsenenleben damit, am Altar der Orangeia zu opfern und sich solchen bizarren Selbstgeißelungen wie Step-Aerobics und rituellem Trinken von Slim-Fast-Produkten zu unterziehen.

Accessoires, Gott der Hüte, Schals und Handtaschen. Eine ziemlich freundliche Gottheit. Gönnt Frauen eine gelegentliche Pause vom Altar der Orangeia.

Hermes, Gott der überteuerten Hüte, Schals und Handtaschen. Grausamer Bruder von Accessoires. Begegnungen mit ihm sollten gemieden werden – man vergesse nicht, dass der griechische Hermes die Seelen in die Unterwelt geleitet hat.

Ondules, Gott der Friseursalons. Sorgt dafür, dass sich ansonsten intelligente Menschen solch bizarren Riten wie Haarewickeln auf Folie, Rotlichtbestrahlungen und zwanghafter Anwendung von Schaumfestiger unterziehen. Eine launische Gottheit, manchmal freundlich, manchmal sadistisch.

Herpes, Gott unglücklicher Begegnungen. Bedarf keiner weiteren Erklärungen.

Hybris, Gott der Politiker. Bedarf ebenfalls keiner weiteren Erklärungen.

Mobbeus (reimt sich auf Zeus), der Gott der grausamen Chefs. Ist die Erklärung dafür, dass Ihr Arbeitgeber Sie manchmal grundlos anschreit, Ihnen die verdiente Gehaltserhöhung vorenthält und Ihnen darüber hinaus den Ihnen zustehenden Respekt, die Anerkennung und den beruflichen Erfolg verweigert. Sehr schwer zu besänftigen. Angestellte versuchen häufig, Opfer in Form von Schöntuerei und Arschkriecherei darzubringen.

Grölus, der Gott schlechter Partys. Erklärt, warum es Burschenschaften gibt. Unmöglich, ihn versöhnlich zu stimmen, obwohl ein Bierverbot hilfreich sein kann.

Telephone (reimt sich auf Persephone), die Göttin öffentlicher Versorgungsbetriebe, eine weitere bösartige Gottheit. Ist die Erklärung für Lecks in der Gasleitung, mysteriöser Zusammenbrüche von Heiz- und Klimaanlagen, schlechte Telefonverbindungen und zunehmenden Amtsschimmel. Scheint ausschließlich auf große Geldopfer zu reagieren.

Egomanis, Göttin der Ichbezogenheit. Ist die Ursache für Egoismus, Narzissmus und Fixiertheit auf die eigenen Probleme. Ist verantwortlich für die weite Verbreitung des Satzes: »Und was ist mit *mir*?« Erklärt auch, warum es Psychotherapeuten gibt.

Natürlich hat Alice K. noch eine viel längere Liste von Göttern. Da gibt es Dermes, den Gott unreiner Haut; Proctologes, den Gott der Arschlöcher; Syphilles, den Gott der Geschlechtskrankheiten, und Legales, den Gott böser Rechtsanwälte.

Eins jedoch noch: So wie die Alten Griechen als obersten Gott Zeus hatten, hat auch Alice K. ihre oberste Gottheit, den Gott, dessen Existenz auf der Welt die wahre Erklärung dafür liefert, warum das Leben ist, wie es ist: von Ängsten begleitet, verwirrend und unendlich kompliziert. Sein Name?

Er liegt auf der Hand: Neuroses.

Ein weiterer Auszug aus Alice K.s Tagebuch

Warum ist es so schwierig, offen und ehrlich in einem Tagebuch zu sein? Warum ist es so schwer, einfach loszulassen? Liegt es daran, dass die Lektüre alter Tagebuchaufzeichnungen immer so fürchterlich peinlich ist? Liegt es daran, dass man stets beim neuerlichen Lesen findet, dass man so flach und dumm klingt und sich nur mit belanglosen Dingen abgegeben hat?

Heute früh blätterte ich ein Tagebuch durch, das ich in meinem ersten Jahr nach dem College führte. Unglaublich langweilig.

Beispiel: Heute fange ich mit Schwimmen an. Ich nehme mir vor, jede Woche viermal schwimmen zu gehen. Ich nehme es mir ganz fest vor. – Es tat gut. Ich war zunächst ein bisschen verlegen, als ich so in meinem Badeanzug dastand, bevor ich ins Wasser stieg, aber ich denke, wenn ich viermal die Woche schwimmen gehe, werde ich sehr viel fitter sein und eine bessere Schwimmerin und ...

Mein Gott! So ging das vier Seiten weiter!

Vielleicht ist das auch der Grund, warum ich so große Schwierigkeiten habe, dieses Tagebuch zu beginnen. Niemand spricht je darüber in den Tagebuch-Schreibkursen, aber ich denke, es ist von unserer Veranlagung her unmöglich, ein Tagebuch zu führen, ohne irgendwo tief im Herzen mit einzukalkulieren, dass es irgendwann irgendjemand lesen wird. Etwa in einem Barbara Walters Special zur besten Sendezeit. So dass man stets unter dem Druck steht, unglaublich eloquent und scharfsinnig zu sein und ein so erfülltes, fantastisches inneres Leben zu haben. Wie ein Künstler zu klingen, wenn Sie wissen, was ich meine?

Sehen Sie? »Wenn Sie wissen, was ich meine.« Ich habe »wenn Sie wissen, was ich meine« geschrieben, als würde ich eine reale Person ansprechen und nicht einfach meine Gedanken niederschreiben. Ich weiß nicht, wer hinter diesem »Sie« steckt. Dr. Y.? Elliot M.? Barbara Walters? Aber der springende Punkt ist, dass ich der Ansicht bin, jemand wie Virginia Woolf oder Edith Wharton würde nie »wenn Sie wissen, was ich meine« in ein Tagebuch schreiben. Sie hätten nie das Gefühl, vor lauter Unsicherheit und Hemmungen nicht weiter zu wissen. Die Worte, Gedanken und Ausdrücke würden nur so aus ihrer Feder rinnen wie ... (ich bemühe mich an dieser Stelle um eine wirklich poetische Analogie) ... Saft aus einem Ahornbaum.

Nein.

Wie Wasser aus einem Bergquell.

Verdammt.

Wie ... wie ...

Verdammte Scheiße. Ich versuch's morgen noch mal.

Abschließender Auszug aus Alice K.s Tagebuch

Okay. Also weiter.

Die Worte würden fließen wie Lava aus einem Vulkan.
Nein.
Die Worte würden fließen wie Blut in einer Arterie.
Nein.
Die Worte würden dahinfließen wie der Verkehr auf einer Mammutautobahn nach der Rush-hour.

Verdammte Scheiße. Vielleicht sollte ich's mal mit Kunsttherapie versuchen.

Alice K.s Fantasievorstellungen, Teil 1

Alice K. sitzt in Dr. Y.s Wartezimmer, als ihr – zack! – etwas durch den Kopf schießt: eine Fantasievorstellung, eine brillante Idee, eine Methode, Therapie nicht nur produktiver, sondern unterhaltsamer und gleichzeitig vergnüglicher zu gestalten!

Sie denkt: Was wäre, wenn die Therapie in einer wirklich witzigen Game-Show bestünde?

Sie denkt: Was, wenn Dr. Y. einen Quizmaster spielte und ich die Kandidatin?

Sie stellt sich Folgendes vor:

Auf zur nächsten Behandlung!

(Die Szene sieht so aus: Dr. Y. und Alice K. benutzen seine Praxis als Bühne. Er ist als Quizmaster verkleidet und Alice K. sieht aus wie eine Hausfrau aus Fort Wayne, Indiana. Sie trägt ein lustiges Kostüm – in diesem Fall eine Anna-Freud-Verkleidung, die zum Schießen aussieht. In dem Spiel muss Alice K. sich zwischen zwei Preisen entscheiden, von denen einer in einer Kiste verborgen ist.)

DR. Y: »Okay Alice K., sind Sie bereit?«
ALICE K.: »Ich bin bereit.«

DR. Y.: »Sind Sie sicher? Sie wirken ein wenig nervös.«

ALICE K.: »Ja, ich bin bereit für das Spiel.«

DR. Y.: »Okay, ich habe hier einen 500-Dollar-Schein in der Hand, also $500 in bar. Sie können nun entweder diesen 500-Dollar-Schein nehmen und ihn für Ihre nächsten fünf psychotherapeutischen Sitzungen verwenden, oder Sie können sich für das entscheiden, was in der Kiste ist. Wie entscheiden Sie sich, Alice K.?«

ALICE K. (händeringend): »O Mann... mmmh... ich nehme... also, ich wähle die Kiste!«

DR. Y. (mit einer Handbewegung zu seiner reizenden Assistentin): »Carol, sollen wir mal einen Blick hineinwerfen?«

CAROL (die Kiste mit einer schwungvollen Bewegung öffnend): »Wow! Da ist Prozac drin!«

DR. Y.: »Hey! Prozac! Don Pardo, lassen Sie uns Alice K. erzählen, was sie da gewonnen hat!«

DON PARDO: »Alice K., Sie haben einen Zwei-Jahres-Vorrat von Prozac gewonnen, Amerikas bestverkauftem Antidepressivum! Hergestellt von Eli Lily ist jede Zwanzig-Milligram-Dosis attraktiv in eine grün-beige-farbene Kapsel verpackt, mit der Sie unter Garantie innerhalb weniger Wochen Ihre Stimmung heben und alle depressiven Symptome vertreiben! Und das Beste von allem, Alice K., bei einem Preis von $2 für die Einzeldosis, ist dieser Zwei-Jahres-Vorrat nahezu $1500 wert.«

Therapie-Albtraum

Im Traum sitzt Alice K. auf der Couch und spricht mit Dr. Y. Die Sitzung dauert bereits vierzig Minuten und sie ist dabei, mit ihm über ihre ambivalenten Gefühle Elliot M. gegenüber zu sprechen, ihre Furcht, diesen zu verlieren, und ihre gleichzeitige Angst, sich an ihn zu binden. Sie erzählt ihm von dem langen Gespräch, das sie neulich mit Ruth E. Elliot M.s wegen geführt hatte und in dem es unter anderem um das eine

Mal ging, als sie und Elliot M. zusammen zu Abend aßen und er dieses blaue Hemd (oder vielleicht war es auch ein weißes gewesen, Alice K. kann sich nicht richtig daran erinnern), und wie –

Plötzlich klingelt Dr. Y.s Telefon, und als er sich vorbeugt, um den Hörer abzunehmen, klappt das Notizbuch auf seinem Schoß, in das er wie wild gekritzelt hat, auf.

Alice K. wirft einen verstohlenen Blick darauf.

Alice K. sieht eine Zeichnung.

Alice K. sieht die Zeichnung von einer jungen Frau, die ziemliche Ähnlichkeit mit Alice K. hat.

Die junge Frau sitzt auf einem Sofa, das dem von Dr. Y. sehr ähnelt.

Die junge Frau ist geknebelt und trägt einen Maulkorb.

Alice K. wacht schweißgebadet auf.

Alice K.s Fantasievorstellungen, Teil 2

Wieder sitzt Alice K. im Wartezimmer von Dr. Y., als ihr schlagartig etwas einfällt:

Ich hab's, denkt sie:

Die $20 000-Psychopyramide!

(Die Szene: irgendeine sagenhafte Berühmtheit, sagen wir Morgan Fairchild, sitzt Alice K. [die diesmal eine Zahntechnikerin aus Flint, Michigan ist] gegenüber. Die fabelhafte Berühmtheit ist mit einem Bildschirm ausgestattet, auf dem eine einziges Wort oder ein Satz zu sehen ist. Indem sie ihr eine Reihe von Hinweisen gibt, muss die fabelhafte Berühmtheit Alice K. dazu bringen, das Wort oder den Satz zu raten. Dr. Y. moderiert; er steht lächelnd da, als das Spiel beginnt.)

MORGAN FAIRCHILD: »Okay, erster Hinweis. Ähm... sie macht sie wütend... weckt Schuldgefühle...«

ALICE K.: »Meine Chefin?«

MORGAN FAIRCHILD: »Nein... ähm, sie weckt Schuldgefühle. Und Feindseligkeit. Oh, und sie ist neugierig!«

ALICE K.: »Meine jüngere Schwester?«

MORGAN FAIRCHILD: »*Nein!* Schuldgefühle! Neugierig. Ähm... und sie mäkelt an allem herum... an Ihrem Haarschnitt. An Ihrem Freund.«

ALICE K.: »Meine Mutter!«

Bing! Bing! Bing! (Das Publikum tobt).

Alice K.s Fantasievorstellungen, Teil 3

Alice K. und Dr. Y. sitzen in seinem Büro.

Alice K. sagt: »Dr. Y., werden Sie mir je sagen, wofür das Y. steht?«

Dr. Y. sieht sie freundlich an. Er lächelt und sagt: »Ganz sicher nicht!«

6. Alice K. und die Liebe, Teil 3: Das Chaos

Vierundzwanzig Stunden später:

Alice K. (Initiale geändert) liegt in ihrem Bett und wird von Ängsten, Eifersucht und Verwirrung gequält.

Elliot M. will sich mit anderen Frauen treffen! Elliot M. möchte jemand Neues finden! Wie konnte er mir das antun?

Natürlich ist diese quälende Eifersucht ein relativ neues Gefühl für Alice K. Als Elliot M. die Nachricht verkündete, war ein Teil von Alice K. erleichtert. Letztendlich war sie sich sehr wohl bewusst, dass Elliot K. zu einem gut Teil deshalb beschlossen hatte, diesen Schritt von ihr weg zu tun, weil er gespürt hatte, wie sie sich durch ihr zunehmendes Interesse für Mr Danger von ihm entfernte.

Weshalb sie zu Beginn der Gespräche (er sagte ihr, er sei an einem Punkt in seinem Leben, an dem er eine Beziehung mit Zukunft haben wolle, und er sei sich nicht sicher, ob Alice K. sein Engagement teile, und sei daher der Ansicht, dass eine gewisse Auszeit für sie beide am besten wäre) äußerlich ruhig und leicht überrascht dagesessen hatte. In ihrem Inneren hatte jedoch eine leise Stimme gerufen: *Ja! Ich bin frei! Frei, um die Geschichte mit Mr Danger weiterzuverfolgen!*

Aber bald verblasste diese leise Stimme. Oder zumindest wechselte sie ihren Text. Elliot M. saß am Tisch und blickte Alice K. an. Er wirkte sehr ernst und traurig, und Alice K. war zunehmend beunruhigt: Vielleicht war das der Auftakt zu einem wirklichen Bruch. Vielleicht meinte Elliot M., dass er *anstelle* von Alice K. und nicht zusätzlich zu ihr andere Frauen sehen wollte. Vielleicht – o mein Gott –, vielleicht war er dabei, sie fallen zu lassen?

Alice K. räusperte sich. »Elliot M.«, sagte sie. »Willst du damit sagen, wir sollten uns gar nicht mehr sehen?«

Elliot M. blickte gequält drein. »Alice K ...«

Dann gab es eine lange Pause, auf die hin Elliot M. noch ein bisschen mehr redete. Er redete darüber, wie viel ihm Alice K. bedeute und wie sehr er zu Beginn ihrer Beziehung wirklich das Gefühl gehabt habe, dass es das Richtige sei, dass Alice K. die Frau sei, mit der er sein Leben verbringen könnte. Er redete darüber, wie schwierig es in diesen letzten Wochen gewesen sei, mit dem Gefühl umzugehen, dass sie sich von ihm entferne, und wie häufig sie unwillig gewesen schien, mit ihm darüber zu sprechen.

Und je länger Elliot M. redete, desto klarer wurde Alice K., dass sie ihn falsch eingeschätzt hatte. Dass sie seine Toleranz für ihre Stimmungsschwankungen und Gefühlswechsel zu hoch taxiert hatte. Ebenso wie die Sicherheit ihrer Position. Und auf der anderen Seite hatte sie seinen Wunsch nach einer verbindlichen Beziehung unterschätzt.

Später, als Alice K. Dr. Y. erzählte, was passiert war, hatte sie Tränen in den Augen und sagte: »Wissen Sie, ich dachte einfach, dass es in jeder Beziehung einen gibt, der den anderen ein wenig mehr liebt als umgekehrt. Und ich glaube, ich war der Ansicht, dass der, der geliebt wird ... nun, dass der nicht derjenige ist, der verlassen wird.«

Dr. Y. war eine Weile still, und dann sagte er etwas über Kräfteverhältnisse: Er wollte wissen, warum Alice K. Beziehungen als etwas empfand, das man nach Kriterien wie »Wer ist überlegen?« und »Wer ist unterlegen?« beurteilen konnte. Alice K. hatte nur dagesessen und die Tränen heruntergeschluckt. Aber wie sie jetzt so in ihrem Bett liegt und sich hin und her wirft, denkt sie daran, wie der Rest dieser Nacht mit Elliot M. verlaufen war, und Dr. Y.s Frage kommt ihr wieder in den Sinn.

Elliot M. und Alice K. hatten das Restaurant verlassen und waren zu ihrer Wohnung zurückgefahren. Dann (das war typisch: Alice K. hätte es vorhersagen können) verbrachten sie zweieinhalb Stunden sitzend in Elliot M.s Auto und führten eines dieser zermürbenden Gespräche, nach denen man sich völlig ausgelaugt fühlt, die jedoch zu keiner Lösung führen.

Als sie dort saßen, fiel Alice K. auf, dass Mr Danger sie kaum noch interessierte, nachdem sie zu Beginn von Elliot M.s Ausführungen einen Moment lang an ihn gedacht hatte. Alice K. hatte nicht lange vor Elliot M.s Ankündigung mit Mr Danger geschlafen, und sie hatte tagelang an nichts anderes denken können. Und nun – Alice K. wunderte sich, wie blitzartig jemand, der einen so sehr beschäftigt hatte, uninteressant werden konnte. *Wer ist schon Mr Danger?*, dachte sie, als sie neben Elliot M. saß. *Er hat sich sowieso wie ein Schwein benommen.*

Sie liegt im Bett und denkt darüber nach. *War dieser Sinneswandel alles, was es zum Thema Machtverhältnis zu sagen gab? War Mr Danger aus ihrem System verschwunden, weil Elliot M. plötzlich diese Souveränität an den Tag gelegt hatte?*

Sie versuchte, diese Frage Ruth E. gegenüber anzuschneiden, aber Ruth E. (verdammt sei sie, zumindest manchmal) beantwortete sie mit simpler Logik: »Hör zu, Alice K.«, sagte sie. »Ich weiß nicht, warum du so viel Wind darum machst. Du hast was mit jemand anderem gehabt, warum sollte dann nicht Elliot M. auch andere Leute treffen?«

»Aber das ist etwas anderes«, sagte Alice K.

»Inwiefern anders?«

»Ich weiß nicht. Es ist einfach so.«

Alice K. wälzt sich in ihrem Bett. Elliot M. hatte sich in dieser Nacht gegen zwei Uhr morgens in seinem Auto dann endlich Alice K. zugewandt und gesagt: »Es ist spät. Wir sollten wirklich schlafen gehen.« In der Hoffnung, dass er damit meinte, sie sollten zusammen schlafen gehen, hatte Alice K. ihn angeblickt und zaghaft gesagt: »Möchtest du mit raufkommen?«

Elliot M. hatte traurig gelächelt und sie kurz auf die Wange geküsst: »Ich wünschte, ich könnte, Alice K., aber ich kann nicht.«

Alice K. hatte seither erst einmal wieder mit ihm gesprochen. Es hatte einen Telefonanruf gegeben (sie hatte ihn angerufen) und einen vagen Plan, sich am darauf folgenden Wochenende zu treffen (sie hatte gesagt, sie müsse noch mit ihm reden). Aber das war alles.

Sie sieht auf die Uhr: Ein Uhr dreißig. Alice K. rechnet schnell nach: Eine Woche zuvor hatte sie um diese Uhrzeit an Elliot M. geschmiegt in ihrem Bett gelegen und ruhig geschlafen.

Sie seufzt, während sie daran denkt. Dann plötzlich klingelt das Telefon. Sie fährt hoch und greift nach dem Hörer. Das ist Elliot M., denkt sie, das muss Elliot M. sein.

Alice K. meldet sich.

»Hey, K.«, vernimmt sie. »Ich bin's, Jack S.«

Eine Stunde später:

Alice K. liegt in ihrem Bett. Ihr Herz klopft ungläubig.

O mein Gott, denkt sie. *Ich habe Mr Danger gesagt, er soll zu Hölle gehen.*

Gut, das ist ein wenig übertrieben. Alice K. hat nicht exakt diese Worte gebraucht – »Geh zur Hölle, Mr Danger« –, aber sie hat es fertig gebracht, ihm eine Abfuhr zu erteilen, und für Alice K. stellt dies eine erstaunliche Wendung der Ereignisse dar.

Folgendes ist passiert:

Sie vernahm seine Stimme am Telefon. »Na, K.«, sagte Mr Danger. »Wie geht's denn so?«

Alice K., die völlig überrascht war, suchte nach Worten. Sie würgte irgendetwas heraus – »Ähm ... äh ... gut, würde ich sagen« –, und dann saß sie da, während Mr Danger mit einer Stimme, die klang, als sei es völlig normal, morgens um halb zwei zum Hörer zu greifen und eine Frau anzurufen, mit der man geschlafen und bei der man sich dann nicht wieder gemeldet hatte, fortfuhr zu plaudern. Zu plaudern!

Er plauderte über die Ice Picks of Love, die auf Tour gewesen waren. (»Entschuldige, dass ich nicht früher angerufen habe«, sagte er. »Aber es war der reine Wahnsinn mit der Band, weißt du?«)

Er plauderte über einen neuen Song, den er geschrieben hatte (»Er heißt ›Die Rache der Ice Queens‹. Er ist toll, du musst ihn dir anhören.«)

Er plauderte über dieses und jenes. Obwohl Alice K. dasaß und »mm-mmmh« sagte und in geeigneten Augenblicken höfliche Fragen stellte, merkte sie doch, dass sie innerlich kochte.

Ich habe die Nase voll, dachte Alice K., *ich habe die Nase voll, nett zu Männern zu sein, die nicht nett zu mir sind. Ich habe die Nase voll, mich wie ein psychologisches Chamäleon zu fühlen.*

Denn genauso kam Alice K. sich gegenüber Mr Danger vor, wie ein psychologisches Chamäleon, wie eine Frau, die zuvorkommend und nett und geduldig war, nur weil er das von ihr erwartete, wie ein rückgratloses Spatzenhirn, das nicht den Mut hatte zu sagen: »*Hör zu, Jack, für wen zum Teufel hältst du dich? Erst meldest du dich überhaupt nicht bei mir und dann rufst du morgens um halb zwei an, als sei nichts geschehen?*«

Alice K. wusste nur zu gut, was als Nächstes passieren würde: Mr Danger würde noch eine Weile so weiterplaudern und dann irgendein unverbindliches Treffen mit ihr vereinbaren, und Alice K. würde sich instinktiv wie ein gutes Mädchen benehmen, sich auf den Rücken rollen und tot stellen und dann sagen: »Gerne, wann es dir recht ist.«

Und dieses Bild machte Alice K. wütend. *Wohin bringt mich das?*, dachte sie. *Werde ich wieder im Stich gelassen werden? Gevögelt und dann für weitere zwei Wochen ignoriert?* Und langsam, fast gegen ihren Willen, spürte Alice K. eine gewaltige Wut in sich aufsteigen, ein Gefühl, das ihr die Kehle zuschnürte und ihr Herz hämmern ließ.

Sie war wütend auf Mr Danger, weil er ihr ein Gefühl von so großer Machtlosigkeit vermittelte, und sie war wütend auf Mr Danger, weil er sie so plötzlich fallen zu lassen schien, und sie war wütend wegen all der Stunden, die sie nachts wach lag und sich im Bett hin und her warf und darüber nachgrübelte, wie die Männer sie behandelten. Sie war sogar auf Ruth E. wütend, die Alice K. ständig sagte, sie solle die ganze Situation locker sehen, und sie war (vielleicht in erster Linie) wütend auf sich selbst, weil sie so schwach war und sich verwirren ließ und so leicht durch die Reaktionen der anderen aus dem Gleichgewicht zu bringen war.

Vielleicht hatte Dr. Y. all diesen Ärger bewirkt. Er hatte Alice K. bei ihrer letzten Sitzung angesehen und dann die Frage gestellt: »Was machen Sie mit all dem Zorn?«

Alice K. hatte verdutzt gefragt: »Welcher Zorn?« Sie wusste nicht, wovon er redete. Aber wie Mr Danger so fortfuhr zu plaudern, begann Alice K. festzustellen, dass sie tatsächlich zornig war. Sehr zornig. *Ich bin dreiunddreißig Jahre alt*, dachte sie. *Ich habe das nicht nötig. Das habe ich nicht verdient. Ich muss nicht hier um halb zwei in der Früh am Telefon sitzen und freundlich und nachsichtig gegenüber einem Typen sein, der mit mir geschlafen hat und dann verschwunden ist und mich meine Beziehung mit Elliot. M. in den Sand hat setzen lassen.*

Plötzlich, mitten in ihrem Gedankenstrom, bemerkte Alice K., dass es am anderen Ende der Leitung still war und Mr Danger sie etwas gefragt hatte.

Sie bat ihn, die Frage zu wiederholen.

Er lachte. »Mann, du bist wahrscheinlich müde«, sagte er. »Ich habe dich gefragt, ob du nicht in ein Konzert der Band kommen willst am Wochenende – wir spielen im The Point.«

Alice K. schwieg einen Moment lang. Und dann schluckte sie kräftig und sagte zu ihrer eigenen Verwunderung: »Ähm ... ich glaube, das ist keine so gute Idee.«

Mr Danger schien leicht erstaunt zu sein. »Bitte? Willst du damit sagen, du hast viel zu tun?«

Alice K. spürte, wie ihr Herz raste. *Ich habe das hier zu tun*, dachte sie. *Ich muss mich dazu bringen, nein zu sagen.*

»Nein«, sagte sie, »das ist es nicht. Es ist nur so ... Hör zu. Ich glaube einfach, ich habe kein Interesse, das ist alles.«

Mr Danger schwieg, Alice K. schluckte erneut und hörte ihn dann sagen: »Oh.« Und dann folgte einer dieser schrecklichen Momente, in denen keiner von beiden wusste, wie er die Unterhaltung beenden sollte, und dann legten sie irgendwie auf.

Alice K. saß eine Minute lang da und starrte auf das Telefon.

Ich sollte stolz auf mich sein, dachte sie. *Ich sollte mich gut und stark fühlen und voller Selbstachtung sein.*

Aber dann dachte sie daran, dass Elliot M. sich mit anderen Frauen treffen wollte. Und dann dachte sie: *Nie wieder Mr Danger*. Und dann dachte sie an das kommende Wochenende und das darauf folgende und dass sie an beiden nichts zu tun hatte. Und dann dachte sie an das Wochenende danach und das danach und an dieses ganze schreckliche Problem, einen Partner zu finden, bei dem sie das richtige Gefühl hatte, und an die Einsamkeit, die es nun wieder durchzustehen galt, und die Enttäuschungen, mit denen man klarkommen musste, und an die panische Angst, dass sie eventuell einen perfekten Mann suchte, den es gar nicht gab.

Und dann schaltete Alice K. das Licht aus, rollte sich auf die Seite und begann zu weinen.

Zwei Wochen später:

Alice K. liegt in ihrem Bett und windet sich vor Eifersucht und Entsetzen.

Alice K. hat nämlich eine schockierende Entdeckung gemacht: Elliot M. trifft sich mit jemand Neuem. *Einer neuen Frau! Jemand anderem als Alice K.!*

Alice K. kann es nicht glauben. Sie ist fassungslos. Und verletzt. Wahnsinnig vor Panik.

Folgendes ist passiert:

Es ist ein Donnerstagabend. Alice K. ist mit ein paar befreundeten Kollegen ins Pete's gegangen, ein in der Nähe ihres Büros gelegenes Restaurant. Es ist ein Lokal, das Alice K. und Elliot M. häufig zusammen (zusammen!) besucht haben, eine nette, einfache Kneipe, in der man auch kleine Gerichte bekam und wo sie sich oft Bier und Burger genehmigten, bevor sie zu Alice K. nach Hause gingen, um fernzusehen.

Dementsprechend hatte Alice K. sich mit leicht wehmütigem Gefühl in einer Nische im hinteren Teil des Lokals niedergesetzt. Sie vermisste Elliot M.

Nach seiner Ankündigung, dass er sich mit anderen Frauen treffen wolle, hatte Alice K. ihn nur bei einer Handvoll Gelegenheiten gesehen: bei zwei langen Gesprächen über ihre Beziehung (von denen keines zu einer Lösung geführt hatte) und bei einem Abendessen in ihrer Wohnung (sie hatte ihn eingeladen, er war nicht über Nacht geblieben). Sehr zu Alice K.s Bestürzung befanden sie sich in einer dieser unklaren Phasen einer Beziehung, in denen es weder Regeln noch Ansprüche gab und man einfach einmal sah, wohin sich alles entwickelte, und je unsicherer Alice K.s Platz in seinem Herzen wurde, desto mehr sehnte sie sich nach ihm.

Ruth E. fand, dass das lächerlich war.

Sie hatten am Tag zuvor gemeinsam zu Mittag gegessen, und Ruth E. hatte Alice K. fast schon angeschrien. »Hast du noch so etwas wie ein Gedächtnis?«, sagte sie mehrmals. »Denk

Alice K.s Wunschliste, Teil 4:
Der Hochgeschwindigkeits-Trennungs-Simulator

Es ist traurig, aber wahr: Wenn eine Beziehung zu Ende geht, und sei es auch die schrecklichste, ungesündeste Beziehung, bleibt man häufig mit verschiedenartigen Gefühlen von Angst und Enttäuschung zurück und braucht – was noch schlimmer ist – eine lange Rehabilitationsphase, in der einem regelmäßig speiübel wird. Dies kann monatelang gehen, in manchen Fällen sogar Jahre.

Benutzen Sie den Hochgeschwindigkeits-Trennungs-Simulator, eine Maschine, die es Ihnen erlaubt, alle Phasen von Trennungsangst und Post-Trennungs-Traumata in weniger als einer Stunde zu durchlaufen und dann wunderbarerweise frei von quälenden Gefühlen zu sein und in der Lage, mit dem Leben weiterzumachen.

Wie Alice K.s magischer Männer-und-Persönlichkeitsmixer ähnelt der Trennungs-Simulator einem großen Kühlschrank und ist mit einer Kontrolltafel beziehungsweise einem Computer ausgerüstet, in den sie Ihre individuellen Symptome eingeben. Leiden Sie darunter, sich zurückgewiesen und verlassen zu fühlen? Dann drücken Sie einfach den Z&V-Knopf. Wie sieht es mit Schuldgefühlen aus? Drücken Sie »S«. Haben Sie spezifischere Gefühle, Probleme, Ängste? Tippen Sie sie in die Tastatur des Computers. Hier ein paar mögliche Eingaben: »Ich kann nicht glauben, dass er mich ihretwegen verließ.« »Jedesmal, wenn ich an ihrer Wohnung vorbeifahre, möchte ich mich am liebsten übergeben.« »Mein Selbstvertrauen ist im Eimer« und »Ich empfinde nur noch Hoffnungslosigkeit und Verzweiflung und habe das Gefühl, mich nie wieder in meinem Leben verlieben zu können.«

Wenn Sie all diese Gefühle eingegeben haben, setzen Sie sich einfach in die Maschine, drücken den Einschaltknopf und warten. Innerhalb von Minuten werden Sie einen intensiven Sturm der Gefühle durchlaufen, der, abhängig von der Länge der Beziehung und der Schwierigkeit der Trennung, zwischen einigen Minuten und einer Stunde dauert. In aller Kürze erlaubt Ihnen der Simulator, alle üblen Gefühle auf einmal zu durchlaufen, um sie nicht über eine lange Zeit hinweg mit sich herumschleppen zu müssen. Sie kommen mit einem erholten, erfrischten Gefühl wieder heraus, und es macht Ihnen nichts mehr aus, dass er noch immer Ihre Schallplatten hat oder sich mit dieser Blondine trifft oder dass er Ihre Urlaubspläne ruiniert hat oder welche Information Sie auch immer vorher gequält hat.

Sie haben einen klaren Kopf und ein ruhiges Gemüt und können sich wieder auf neues romantisches Territorium wagen, in dem sicheren Wissen, dass, falls Ihnen dies alles noch einmal passieren sollte, Sie wenigstens die geeignete Ausrüstung haben, um damit umzugehen.

drei Wochen zurück. Denk daran, welch ambivalente Gefühle du da Elliot M. gegenüber hattest. *Denk an Mr Danger!*«

Alice K. rollte die Augen. »Mr Danger ist eine Ratte.«

»Richtig«, sagte Ruth. E. »Aber genau das gefiel dir an ihm.«

Gut, Alice K. gab zu, dass das wahrscheinlich stimmte, aber was änderte das?

Sie nahm ein wenig Salat und sah Ruth E. an. »Mr Danger ist in erster Linie an all meinen Problemen mit Elliot M. schuld. Wenn ich nicht so eine Idiotin gewesen wäre und Elliot M. für meine Nummer Sicher gehalten hätte und Mr Danger nicht so angeschwärmt hätte –«

Ruth. E. unterbrach sie. »Dann hättest du jemanden anderen angeschwärmt.«

Während Alice K. so im Pete's saß, auf ihr Bier wartete und an eben diese Unterhaltung mit Ruth E. dachte, vernahm sie aus heiterem Himmel – aus der Nische direkt hinter ihr – die Stimme zweier lachender Menschen, eines Mannes und einer Frau. Und der Mann war Elliot M. Sie war sich ganz sicher.

Alice K. erstarrte. Sie bat ihre Freunde am Tisch, ruhig zu sein, und erteilte dann eine Reihe von Überwachungsbefehlen. »Ist das Elliot M.? Schau mal nach. Nein! Steh nicht auf! Himmel! Doch nicht so offensichtlich! Er ist es? O mein Gott, und *mit wem* ist er da?

Alice K. liegt in ihrem Bett und denkt darüber nach, was dann geschah. Erste Beobachtungsberichte vermittelten ihr, dass Elliot M. sich in Gesellschaft einer Blondine befand. Einer großen, schlanken, etwa fünfundzwanzigjährigen blonden Frau. Einer etwa fünfundzwanzigjährigen, großen, schlanken Frau, die eine tief ausgeschnittene schwarze Samtbluse trug.

Irgendwann ging Elliot M. zur Toilette und Alice K. gelang es, selbst einen kurzen Blick zu erhaschen, indem sie diskret um die Ecke der Nische schielte. Was sie sah, ließ ihr Herz voller Angst und Demütigung wie wahnsinnig schlagen: Diese Blondine, diese fünfundzwanzigjährige, große, lange blonde Frau in der Samtbluse, sah wie eine *Aerobictrainerin* aus, und Alice K. meinte dies nicht unbedingt im freundlichsten Sinne des Wortes.

Wie konnte Elliot M. mir das antun? Der Abend wurde natürlich endlos: In ihrer verzweifelten Furcht, dass Elliot M. sie womöglich in der Nachbarnische entdecken und ihr eine weitere Demütigung zufügen könnte, indem er sie seiner Verabredung vorstellte, war Alice K. gezwungen, sich ängstlich zweieinhalb Stunden im Pete's niederzuducken und darauf zu warten, dass sie gingen.

Sie gingen aber nicht. Sie unterhielten sich über Elliot M.s Job, und obwohl sie nicht viel verstehen konnten (es war laut im Restaurant), hörte Alice K. die mutmaßliche Aerobiclehrerin sagen: »Wow, du weißt aber eine Menge über Computer!« Sie hörte sie fünfmal laut loslachen (die lange Blondine kicherte in einem hohen Tonfall). Und schließlich vernahm Alice K., als sie schon im Gehen begriffen waren, dass Elliot M. irgendetwas in der Richtung sagte, dass in zwanzig Minuten Letterman im Fernsehen käme. Sie konnte nicht beweisen, dass Elliot M. und die Aerobictrainerin sich wirklich auf den Weg machten, um zusammen Letterman zu sehen, aber Alice K. wurde die nächsten beiden Stunden von quälenden Bildern verfolgt, in denen sie Elliot M. kichernd mit einer unbekannten Blondine auf seinem Sofa sah.

Als sie an diesem Abend nach Hause kam, rief Alice K. sofort Ruth E. an und erzählte ihr, was passiert war. Ruth E. seufzte und sagte ihr, sie solle sich davon nicht so aus der Fassung bringen lassen.

»Alice K.«, sagte sie, »du weißt nicht, wer diese Frau ist – es könnte irgend so eine Idiotin aus seinem Büro sein. Seine Cousine von außerhalb. Da ist vielleicht gar nichts.«

Sie fuhr fort. »Und abgesehen davon: Selbst wenn es ein Rendezvous war, warum sollte Elliot M. sich nicht mit anderen Leuten treffen? Du hast das auch getan.«

Offensichtlich verstand Ruth E. nicht. Während sie an die

Decke starrt, versucht Alice K. festzustellen, warum genau dieses Zurschaustellen von Unabhängigkeit vonseiten Elliot M.s sie so aufbringt. Denn genauso kommt es ihr vor: wie ein Zurschaustellen von Unabhängigkeit. Eine Demonstration. Eine Art und Weise, Alice K. mitzuteilen, dass er sie letztendlich nicht wirklich brauchte, dass er absolut in der Lage war, ohne sie klarzukommen.

Und das ist ganz und gar nicht, was Alice K. bezüglich Elliot M. empfindet – zumindest nicht im Moment. Sie ist der Ansicht, dass sie ihn braucht, und das speziell, seit sie Mr Danger in die Wüste geschickt hat. Sie hat das Gefühl, ihn nötig zu haben, um ihrem Leben Klarheit, Form und Schärfe zu verleihen, weshalb sie auch gleich zu Dr. Y. gegangen war und ihm eine Stunde lang in Tränen aufgelöst erzählt hatte, wie leer sie sich ohne Elliot M. fühlte und wie groß ihre Angst war, dass er sie endgültig verlassen könnte.

Dr. Y. hatte Alice K. angesehen und dann eine Bemerkung darüber gemacht, dass sie sich nicht existent zu fühlen schien, wenn sie solo war. »Warum muss es da einen Mann geben?«, fragte er. »Wovor fürchten Sie sich?«

Alice K. konnte diese Frage nicht beantworten, und nun, da sie in ihrem Bett liegt, weiß sie immer noch keine Antwort.

Das Bild von Elliot M. und der langen Blondine geistert in ihrem Kopf herum, und plötzlich überkommt sie der Wunsch, ihn anzurufen und mit ihm zu reden und irgendetwas Beruhigendes aus seinem Mund zu hören.

Sie sieht auf die Uhr: halb eins in der Früh. Weitere fünf Minuten verstreichen. Schließlich, als sie es nicht mehr länger aushält, schaltet Alice K. das Licht an, hebt den Hörer neben ihrem Bett ab und wählt die Nummer.

Das Telefon klingelt. Elliot M. hat einen Anrufbeantworter, aber der schaltet sich nicht ein.

Alice K. sitzt entgeistert in ihrem Bett und das Telefon klingelt und klingelt.

Eine Woche später:

Alice K. liegt in ihrem Bett und windet sich, weil sie sich verraten und verkauft fühlt.

Was für eine Nacht, denkt sie. *Was für ein verdammter Albtraum.* Es ist diese Art von Nacht, die Alice K. den Wunsch verspüren lässt, es möge drei Jahre später sein, so dass sie zurückblicken und verwundert den Kopf schütteln könnte. Aber es ist noch nicht drei Jahre später, und Alice K. befindet sich mitten in dem ganzen Trauma und kann nicht alles schon in der Rückschau betrachten.

Folgendes ist passiert:

Am Tag, nachdem Alice K. Elliot M. im Pete's mit der langen Blondine gesehen und vergeblich versucht hatte, ihn anzurufen, und nachdem sie die ganze Nacht wach gelegen hatte, wobei sie sich ausmalte, wie Elliot M. sein Telefon und seinen Anrufbeantworter ausgesteckt hatte, um mit seiner langen Blondine ungestört zu sein, erreichte sie ihn endlich an seinem Arbeitsplatz. Sie sagte ihm, dass sie mit ihm reden müsse, fragte, ob sie sich treffen könnten, und er sagte zu.

Und dann machte Alice K. den ersten aus einer ganzen Reihe von taktischen Fehlern: Sie verbrachte die nächsten Tage damit, nur an Elliot M. und die lange Blondine zu denken, und als sie am Freitagabend an seiner Wohnung ankam, schäumte sie innerlich vor Wut.

Ruth E. hatte sie diesbezüglich gewarnt: »Führ dich nicht wie eine betrogene Ehefrau auf, Alice K.«, hatte sie am Telefon gesagt. »Elliot M. hat jedes Recht, andere Frauen zu sehen. Er hat offen gesagt, dass er das wollte. Er war ehrlich, und das ist mehr, als du über dich und Mr Danger sagen kannst.«

Alice K. wusste, dass Ruth E. Recht hatte, aber sie konnte nicht anders. Sie stapfte zornbebend in Elliot M.s Wohnzimmer.

Sie behielt ihren Mantel an und setzte sich nicht. Elliot M.

fragte sie: »Was ist denn los?«, worauf sie (taktischer Fehler Nr. 2) einen hochnäsigen Ton annahm.

»Nichts«, schnappte Alice K., »was soll denn los sein?«

Elliot M. versuchte ein paar Minuten lang, eine lockere Unterhaltung mit ihr zu führen, aber dann explodierte Alice K., fast gegen ihren Willen. Sie explodierte einfach.

»Tu nicht so, als wäre nichts, Elliot M.«, sagte sie. »Ich habe dich neulich abend im Pete's mit dieser... dieser *Blondine* gesehen.« Sie machte eine Pause. Elliot M. starrte sie an. Alice K.s Herz klopfte und ihre Hände zitterten, und obwohl ihr zum Teil bewusst war, dass dieser anklagende, gekränkte Ton gleichermaßen unfair wie kontraproduktiv war, war es zu spät, um umzuschalten, zu spät, um sich zu beruhigen und vernünftig zu sprechen. Sie hörte sich selbst fortfahren, von ihrer Wut getrieben.

Alice K. stimmte eine Tirade an (taktischer Fehler Nr. 3). Sie verlangte zu wissen, was los sei, behauptete, sein Verhalten nicht verstehen zu können. Sie sagte: »Vor zwei Wochen lief noch alles gut zwischen uns, und dann verkündest du einfach so, dass du dich mit anderen Frauen treffen willst, und redest von all diesen Problemen, die es angeblich zwischen uns gegeben habe, und lässt uns keine Chance, die Dinge gemeinsam anzugehen.«

Alice K. wurde sich mitten in ihren Ausführungen bewusst, dass sie die Geschichte zu ihren Gunsten umfrisierte. Alice K. wusste, dass vor zwei Wochen durchaus nicht alles »gut gelaufen« war. Auf einer tieferen Ebene war Alice K. absolut klar, was sie da tat: Sie versuchte nämlich, ihre eigenen Schuldgefühle auf Elliot M. zu projizieren, ihm die Verantwortung für ihre Schwierigkeiten zuzuschieben, statt ihren Anteil daran zu akzeptieren. Schließlich war Alice K. diejenige, die aus der Beziehung ausgebrochen war, Elliot M. für ihre Nummer Sicher gehalten und *mit Mr Danger geschlafen hatte*.

Aber sie konnte nicht anders. Sie fuhr fort: »Und dann

sehe ich dich bei Pete's mit dieser Blondine und versuche dich nachts um halb eins anzurufen, und es geht niemand ans Telefon. Was denkst du, wie mir da zumute ist?«

Jetzt, in ihrem Bett, unfähig zu schlafen, wird Alice K. klar, dass sie auf Elliot M.s Abneigung gegen Konfrontation gesetzt hatte: Sie hatte gehofft, dass Elliot M., wenn sie genügend ärgerlich und enttäuscht auftreten würde, nachgeben, auf sie zugehen und alles zwischen ihnen in Ordnung bringen würde.

Dies war der taktische Fehler Nr. 4.

Elliot M. stand einfach da, einen verletzten Ausdruck in seinen Augen. Und als Alice K. endlich aufhörte zu reden, schüttelte er den Kopf.

»Hör zu, Alice K.«, sagte er. »Ich lasse mich von dir nicht so anmachen.« Er sagte ihr, dass die Frau bei Pete's sie nichts anginge. Er erinnerte sie daran, dass er ihr gegenüber absolut ehrlich gewesen sei, was seine Absichten betraf, sich mit anderen Frauen zu treffen. Er sagte: »Ich muss mir das nicht bieten lassen.« Und dann sagte er, dass er der Ansicht sei, sie solle jetzt besser gehen: »Ich werde mich nicht auf eine Diskussion einlassen, solange du dich so aufführst, Alice K.«, sagte er.

Und dann drehte er sich um und ging aus dem Zimmer.

Alice K. war wie betäubt. Und beschämt. *Ich muss mir das nicht bieten lassen.* Diese Worte klangen so ... so brutal.

Alice K. stand da. Sie wusste nicht, was sie tun sollte. Sie dachte über die Optionen nach, die ihr blieben: Sollte sie ihm hinterherrennen? Versuchen, eine vernünftigere Unterhaltung mit ihm zu beginnen? Sich entschuldigen? Ihr Herz klopfte noch immer. Sie war zu durcheinander, um einen klaren Gedanken zu fassen. Und dann, zu gedemütigt, um ihren Ton oder ihre Meinung zu ändern, machte sie einfach kehrt, ging hinaus und schlug die Tür hinter sich zu. Dann setzte sie sich in ihr Auto und raste nach Hause.

Es war neun Uhr, als Alice K. dort ankam. Sie rannte schnurstracks zum Telefon und rief Ruth E. an. Niemand nahm ab. Sie ging in ihrer Wohnung hin und her, dachte darüber nach, ob sie Elliot M. anrufen sollte, musste sich aber eingestehen, dass dies an diesem Punkt ein taktischer Fehler von historischen Dimensionen wäre.

Sie lief weiter auf und ab, goss sich ein großes Glas Wein ein und setzte sich auf ihr Sofa.

Ein Teil von Alice K. fühlte sich enorm schuldig – und dumm. Ein Teil von ihr wusste, dass Elliot M. absolut Recht hatte – er musste sich ihre Gehässigkeiten wirklich nicht bieten lassen, verdiente sie nicht. Ein Teil von ihr respektierte ihre Reaktion, und ein Teil von ihr wollte die Uhr um die letzten paar Stunden zurückdrehen, noch mal beginnen, um die Dinge wieder in Ordnung zu bringen, die sie so gründlich vermasselt hatte.

Stattdessen goss Alice K. sich ein weiteres Glas Wein ein. Und noch eines. Sie versuchte mehrfach, Ruth E. anzurufen. Es nahm weiterhin niemand ab. *Wo zum Teufel ist sie?*, dachte sie.

Und dann, in ihrer Wut auf Ruth E., weil diese nicht zu Hause war, und auf Elliot. M., weil dieser ihr nicht Einhalt geboten hatte, bevor sie die Kontrolle über sich verlor, und auf sich selbst, wegen allem und jedem, steigerte sie sich in einen Anfall von Selbstmitleid und Trunkenheit hinein.

Eine Stunde später saß sie mit geballten Fäusten auf dem Sofa. *Scheiß doch auf Elliot M.*, dachte sie. *Scheiß auf ihn.* Sie rief sich seine Worte ins Gedächtnis: »Ich werde mich nicht auf eine Diskussion einlassen, solange du dich so aufführst, Alice K.« *Wie herablassend.* Dann saß sie da und zwang sich dazu, an all die Dinge zu denken, die sie an Elliot M. nicht leiden mochte, all die Dinge, die sie gelangweilt hatten, ihr das Gefühl vermittelt hatten, keine Luft zu bekommen, und ihr Mr Danger so attraktiv hatten erscheinen lassen. *Ich wollte ihn zuerst nicht mehr*, dachte Alice K. *Scheiß doch auf ihn.*

Und dann, um Mitternacht herum, griff sich Alice K. plötzlich ihren Mantel und ihre Autoschlüssel, rannte zur Tür und schlug sie erneut hinter sich zu.

Das ist doch verrückt, dachte sie, aber sie tat es trotzdem.

Sie fuhr zum The Point, wo Mr Dangers Band häufig spielte.

Sie fuhr auf den Parkplatz und überprüfte ihr Haar im Spiegel.

Und dann, als sie gerade die Tür öffnen und aussteigen wollte, blickte Alice K. hoch und sah etwas so Schreckliches, so komplett Schockierendes, dass ihr Herz aussetzte.

Dort kam nämlich Mr Danger aus dem The Point und ging auf seinen Jeep zu.

Er hatte den Arm um eine Frau gelegt, und die Frau war Ruth E.

7. Wie es sich im Körper einer Frau lebt

Das Lesen von Modezeitschriften

Alice K. (Initiale geändert) liegt beklommen in ihrem Bett.

Einmal mehr hat Alice K. nämlich den Großteil des Abends mit dieser speziellen Form weiblicher Selbstzerfleischung verbracht, indem sie Modezeitschriften gelesen hat.

Seit sie auf der DON'T-Seite von ›Glamour‹ gelandet war, hatte Alice K. diese Aktivität bewusst gemieden: *Begib dich gar nicht erst in ihre Nähe*, hatte sie sich oft gesagt, während sie in der Schlange am Supermarkt stand. *Verbring nicht den Abend und blättere dich durch siebzehn Seiten voller Naomis, Rachels und Christys. Vertiefe dich nicht in Bilder von Frauen mit schöneren Beinen und Brüsten, besserer Haut und besserem Haar als du. Es ist schlecht für das Selbstbewusstsein. Schlecht, schlecht, schlecht. Tu's nicht.*

Aber irgendetwas war passiert (Alice K. hat den Verdacht, dass es der Titelaufmacher der einen Zeitschrift war – »Die Penisse der Promis – Wer unseren Ansprüchen wirklich genügt«). Irgendwie hatte sie am Ende einen ganzen Stapel davon und jetzt liegt sie beklommen in ihrem Bett.

Alice K. ist die Art Frau, die aus den Farbtabellen der Kosmetika nie schlau wird, die keine Hüte tragen kann und die nie den Dreh herausgefunden hat, wie man mit einem Lippenpinsel umgeht. Alice K. weiß noch immer nicht, ob man sich in der dritten Oktoberwoche sommerlich, frühlingshaft oder auf kühle Temperaturen eingestellt kleidet, was das Durchblättern der Modemagazine zu einer besonders schmerzhaften Erfahrung macht. All dieses gewagte Auftreten und Know-how in Modefragen. All diese Schmollmünder und perfekten Lidstriche. Alice K. weiß, dass viele dieser Bilder künstlich sind – manipuliert, inszeniert und retouchiert –, aber sie weiß auch etwas anderes, dass nämlich manche Frauen auf dieser Welt einfach Stilgefühl haben, einen angeborenen Sinn dafür, was gut aussieht und was nicht. Und Alice K. gehört nicht zu ihnen.

Die Sache mit dem Stil ist Zeit ihres Lebens ein größerer Kampf für Alice K. gewesen, eine Straße, die mit zahlreichen Modedesastern gepflastert war. Schlechte Haarschnitte. Zahllose Katalog-Fehlbestellungen. Furcht erregende Experimente (erwähnen Sie Alice K. gegenüber nie das Wort »Sarong«; sie wird den Raum verlassen müssen). Alice K. schätzt, dass sie allein in den letzten fünf Jahren $9 500 für Kosmetika ausgegeben hat, und das Einzige, was sie wirklich dabei gelernt hat, ist, dass Kosmetikkäufe ein entsetzlich teurer Versuchsprozess sind, während dessen man annähernd vierzigtausend verschiedene Lippenstifttöne erwirbt, bevor man auf den perfekten stößt, den die Firma gerade auslaufen lässt.

Alice K. hat oft keine klare Vorstellung davon, wie sie aussieht. Sie meint das wortwörtlich. »Ich weiß nicht, wie ich aussehe«, sagt sie zu Ruth E., während sie in einem Bekleidungsgeschäft vor dem Spiegel steht. »Ich weiß nicht, was richtig aussieht und was verkehrt.« Was sie damit sagen will, ist, dass sie permanent das Gefühl hat, kein Image zu haben, ihr Äußeres nicht in ein paar entscheidenden Details zusammenfassen zu können. Ruth E. ist flippig und trägt Folklorelook. Beth E. trägt Erdfarben und ausschließlich Naturprodukte. Aber Alice K.? Manchmal weiß sie es nicht.

»Es ist oft so lästig, eine Frau zu sein«, sagt Alice K. häufig zu Ruth E. »Es ist so schwer, sein Selbstbewusstsein nicht mehr abhängig von seinem Äußeren zu machen, seine Unsicherheit zu verlieren, die Überzeugung, dass jeder auf der Welt in gleicher Weise auf den einen äußerlichen Makel fixiert ist wie man selbst (heute ein hässlicher Fleck, morgen das prämenstruelle Aufgedunsensein). Und es ist so schwer, sich Zeitschriften anzusehen, die so tun, als würden solche Probleme gar nicht existieren – oder als könne man sie zumindest erfolgreich in den Griff bekommen mit einem neuen Outfit oder einer durchsichtigen Bluse.

Alice K. wälzt sich in ihrem Bett und seufzt. *Vielleicht ist das der Preis dafür, eine Frau zu sein,* denkt sie. Vielleicht sollte sie es einfach akzeptieren, dass Modezeitschriften gefährlich und heimtückisch sind, ihnen abschwören und endlich ›Science‹ lesen.

Und dann erinnert sich Alice K. plötzlich wieder an etwas, etwas das so aufbauend – so absolut erhebend – ist, dass sie kerzengerade im Bett hochfährt. Sie knipst das Licht an. Dann geht sie durch den Stapel von Zeitschriften und zieht eine heraus. Sie lehnt sich in ihr Kissen zurück, die Zeitschrift gegen ihre Knie gelehnt. Ihre Augen schimmern freudig. Ach ja:

Die Penisse der Promis.

Rückblende

Es ist wieder passiert. Alice K. bahnt sich an einem Sommernachmittag ihren Weg durch den Gang eines Drogeriemarktes, als sie sich plötzlich nahezu instinktiv zu einer Flasche Johnson's Babyöl greifen sieht.

O mein Gott, denkt sie, *was mache ich da?*

Für den Bruchteil einer Sekunde war Alice K. in die Vergangenheit zurückkatapultiert worden, zurück in die Zeit als Sonnensklavin.

Erinnern Sie sich daran? Erinnern Sie sich daran, wie Sie im Sommer jeden Morgen mit der heimlichen Sehnsucht, faul im Bett liegen zu bleiben und Zeitung zu lesen, aufgewacht sind, aber tief in ihrem Herzen wussten, dass die UV-Pflicht rief? Dass Sie raus mussten, sich dick einschmieren und rösten?

Alice K. hasste das. Am Anfang der Saison, bevor die Strände öffneten, schoben sie und Ruth E. ihre Liegestühle nach draußen in die Einfahrt und positionierten diese dort mit der Präzision von Gehirnchirurgen, gossen das Öl über sich und lagen dann steif wie Bretter in stiller Qual da, mit schwitzendem Körper, das Kinn zum Himmel gereckt und die Augen fest geschlossen. Alle zwanzig Minuten setzte sich Ruth E. auf, streifte den Träger ihres Bikinioberteils ab und suchte ihre Haut nach Zeichen des Fortschritts ab: »Sieht man schon was?«, fragte sie. »Sieht man schon was?«

Wenn Alice K. zu dieser Zeit nur einen Funken gesunden Menschenverstand gehabt hätte, würde sie sich aufgesetzt und gefaucht haben: »Ja, man sieht schon was und bald wirst du ein grausames Melanom haben und eine Gesichtshaut wie ein Cowboystiefel.« Aber nein. Sie murmelte nur irgendetwas Bestätigendes und legte sich zurück, um weiter zu brutzeln.

Schwitz, schwitz, brutzel, brutzel. Es war lächerlich. Und es wurde noch schlimmer, wenn die Strandzeit heranrückte. Wochenende für Wochenende stand Alice K. dann zu irgendeiner unchristlichen Zeit auf, schlüpfte in ihren Badeanzug und ein paar Shorts, packte ihr Badehandtuch und verschiedene Sonnenöle zusammen sowie eine kleine rote Kühltasche voll mit Diätcola und fuhr dann anderthalb Stunden durch albtraumhaften Verkehr zu einem riesigen öffentlichen Strand, an dem siebzehn Millionen Menschen schon $125 bezahlt und ihren Erstgeborenen verpfändet hatten, um einen Parkplatz zu bekommen, und weitere vierzehn Millionen vor der einzigen öffentlichen Toilette innerhalb von vierzig Meilen

Schlange standen. Dann, nachdem sie ihren halben Wochenlohn einem missmutigen jugendlichen Parkwächter ausgehändigt hatte, trottete sie mehrere Meilen zum Strand und wünschte sich, nicht die zweite Tasse Kaffee getrunken zu haben, weil sie wirklich, wirklich aufs Klo musste, aber keine Lust hatte, die nächsten zweieinhalb Stunden wartend in der Schlange zu verbringen.
Wenn sie dann wirklich am Strand angelangt war, verbrachte sie weitere fünfundvierzig Minuten mit der Suche nach dem einzigen freien 60 x 120 cm breiten Streifen Sand, der nicht zu dicht an einer Riesengruppe Teenager lag, aus deren Ghettoblaster grauenhafte Musik dröhnte. Und dann legte sie sich hin, cremte sich ein und bereitete sich aufs Schwitzen vor.
    Und das waren die guten Tage. An schlechten wurde der Wind stärker, und Alice K. verbrachte den halben Nachmittag damit, sich die Sandpartikel vom Leib zu pulen, die wie Flechten an ihrer eingefetteten Haut klebten. Oder es war drückend heiß, aber das Wasser zu kalt, um hineinzuspringen. Oder ihre Diätcola ging aus und sie lag halb verdurstet da, hielt Ausschau nach unbewachten Kühltaschen und wünschte sich, sie hätte den Nerv, sich irgendwas zu klauen. Oder sie hatte eine schreckliche Depression wegen zu hohen Kokainkonsums (das war, wie gesagt, früher) und wollte sich die Pulsadern aufschlitzen. Oder sie musste wirklich zur Toilette, und nicht nur, um zu pinkeln.
    Alice K. steht in dem Drogeriemarkt und schüttelt sich bei dieser Erinnerung. Es ist nicht, dass sie grundsätzlich etwas gegen den Strand hätte – sie mag das Meer, das Gefühl von Sand unter ihren nackten Füßen, die Seebrise in ihrem Haar. Was sie hasste, war das Gefühl, dort wie ein Tier in der Falle zu sitzen, bei 99-prozentiger Luftfeuchtigkeit keine Luft mehr zu bekommen zwischen all den Menschen, die einem auf den schwitzenden Nacken herabschnauften. Was sie hasste, war der Zwang, rauszugehen und sich zu vergnügen.
    Gott sei Dank ist das alles vorbei, denkt Alice K. Die Hitze,

der Sand im Lunchpaket, die schreienden Kinder, die schreienden Eltern, die Frisbeescheiben, die einem an den Kopf knallten, und die Tatsache, dass man dalag und den Anblick seiner blassen, unvollkommenen Oberschenkel aller Welt darbot, während der Freund den Busen jeder vorbeigehenden Frau inspizierte, der immer besser aussah als der eigene.

Oh, es war einfach zu viel. Schon im Juli genoss Alice K. insgeheim verregnete Sommerwochenenden, weil sie dann ins Kino gehen oder drinnen bleiben konnte und ohne Schuldgefühle ein Buch lesen. Und Ende September seufzte sie geradezu erleichtert auf bei dem Gedanken an kühle, graue Herbsttage.

Aber nun, denkt sie, ist alles anders. Wenn sie jetzt auf der Straße tief gebräunte Menschen sieht, rümpft sie die Nase und denkt: *Ha, eine ungebildete Närrin, die nicht einmal den Unterschied zwischen UVA- und UVB-Strahlen kennt, irgend so eine doofe Trulla, die wahrscheinlich Kaugummiblasen platzen lässt, ihre Haare toupiert und Polyesterklamotten trägt.* Sonnenbräune, denkt Alice K., ist eindeutig etwas für die Unterschicht geworden.

Alice K. denkt darüber nach und lächelt. Endlich, denkt sie, ist es hip, blass zu sein! Endlich ist es absolut akzeptabel, sonnige Wochenenden in dunklen Theatern und Restaurants zu verbringen. Und endlich wird es auch Mode, lange, fließende Kleider zu tragen, die einen nicht nur vor den schädlichen Sonnenstrahlen schützen, sondern auch die unansehnliche Zellulitis verdecken.

Dann hat Alice K. plötzlich eine Vision, die sie fast vor Freude quietschen lässt. Sie sieht sie vor sich, die Modelösung der nächsten Jahre, endlich eine Möglichkeit für Frauen, Stil zu zeigen, vernünftig zu sein und sich trotzdem wohl zu fühlen.

Es wird ein Comeback geben, prophezeit sie, greift sich eine Flasche Sonnenschutzmittel Schutzfaktor 36 und bewegt sich den Gang hinunter. *Und ich kann nicht warten.*

Alice K.s Badezimmerschränkchen

- Lippenstift, Farbe »Paprika«, zu orange
- Lippenstift, Farbe »Kuss der Wassermelone«, zu pink
- Lippenstift Farbe »Erotikrausch«, zu rot
- Sechs Fläschchen Nagellack, so alt und verkrustet, dass sie sich nicht mehr aufschrauben lassen
- Nagellackentferner
- Siebzehn Papiernagelfeilen (sechzehn davon ramponiert und unbenutzbar)
- Eine Tube »Antisturmschutz«-Styling Gel, das Alice K. erst nach einer Woche wieder aus ihrem Haar herausgewaschen bekam.
- Eine Schachtel Verhütungsschwämmchen (nur eines daraus war benutzt worden, und Alice K. hatte an einem heißen Junimorgen vier panische Stunden auf der Toilette verbracht und versucht, es wieder herauszubekommen. Sie hatte das Gefühl, gleich ihre Gebärmutter herauszuziehen. Die übrigen Schwämmchen bewahrte sie nur als schreckliche Mahnung auf).
- Eine Tube Hämorridensalbe (sehr schlechte Erinnerung im Zusammenhang mit einem unüberlegten Abführmittel-Experiment; fragen Sie nicht)
- »Morgentau«-Intimlotion, vor deren Benutzung sich Alice K. fürchtet
- Hornhautraspel
- Hals- und Dekolletégel
- Body Peeling
- Handtaschenspray
- Prozac

Elliot M.s Badezimmerschränkchen

- Zahnpasta
- Mundwasser
- Zahnseide
- Rasierapparat und Klingen (Gilette Sensor)
- Rasierschaum und -pinsel
- Old Spice-Seife (Geschenk von seiner Mutter)
- Heftpflaster
- Nagelschere
- Antifußpilz-Puder
- Aspirin, Ibuprofen, Paracetamol
- Kondome

Mr Dangers Badezimmerschränkchen

- Zahnpasta
- Mundwasser
- Einwegrasierer
- Alka-Seltzer
- Boss-Aftershave (fünfzehn Jahre alt)
- Cool-Water-Aftershave (zehn Jahre alt)
- ck-One-Aftershave (fünf Jahre alt)
- Aqua di Gio-Aftershave (in Benutzung)
- Massageöl
- Kondome (genoppt, XL, zwei Schachteln)

Körpersprache

Eines Tages, es ist noch gar nicht so lange her, war Alice K. dabei, eine Zeitschrift durchzublättern, als sie auf die Werbeanzeige für eine Intimlotion stieß.

Intimlotion, dachte sie. *Was für ein blödes Wort.*

Und dann überlegte sie, dass das Wort Intimlotion nie für ein Männer-Produkt verwendet werden würde. *Wenn Männer Intimlotionen benutzen würden, dann hätte das Produkt einen werbewirksameren, härteren, männlicheren Namen wie zum Beispiel »Power Wash«. Intimlotion klingt verklemmt.*

Und dann, während sie ein wenig mehr darüber nachdachte, wurde Alice K. bewusst, dass unsere Sprache nur so von dummen, hässlichen Wörtern wimmelt, von denen der größte Teil mit Körperteilen, Körperfunktionen oder Körperprodukten zu tun hat. Am selben Abend diskutierte sie dies mit Beth K. am Telefon und sie stellten eine Liste zusammen.

Höschen. Ein schreckliches kleines Wort. Können Sie sich einen Mann vorstellen, der mit dem Wort »Höschen« seine Unterwäsche beschreibt? *»Schatz, hast du mein Höschen gesehen?« »Verdammt, ich kann mein blaues Höschen nicht finden.«* *Höschen* ist eines dieser anstößigen, verniedlichenden kleinen Wörter, die rosafarben klingen. Es ist ein chauvinistisches Wort, das sich Männer ausgedacht haben, um irgendwelche seltsamen Fetischbedürfnisse zu befriedigen. Warum können Frauen nicht Unterhosen tragen wie Männer auch?

Vagina/Penis. Konnten wir uns nicht etwas Würdevolleres einfallen lassen? Das sind beides sehr hässliche Wörter, ästhetisch unbefriedigend, unschön und hart. Wäre es nicht viel netter, wir hätten wirklich hübsche Wörter, um die Sexualorgane zu beschreiben? Denken wir an eine Bezeichnung wie etwa »kleiner Unterschied«. Das ist doch viel schöner.

Andere Reproduktionsorgane. Hodensack: ein schreckliches Wort. Uterus: grässlich. Vulva: *Wer ist bloß darauf gekommen?*

Koitus. Wenn das kein unromantisches Wort ist. Kann man sich etwas Unerotischeres vorstellen? Sie wollen einen romantischen Augenblick innerhalb von drei Sekunden ruinieren? Dann verwenden Sie das Wort »Koitus«. Oder »koitieren.« Dasselbe gilt für Wörter, die wir für oralen Sex verwenden. Fellatio? Cunnilingus? Wo stammen die bloß her?

Sämtliche Geschlechtskrankheiten – Gonorrhöe, Syphilis, Herpes. Hässliche Wörter. Sie sehen sogar auf dem Papier hässlich aus. Und welche Demütigung, wenn man eines davon benutzen muss. Wenn man schon an einer Geschlechtskrankheit leidet, könnte man dann nicht wenigstens eine haben, die weniger widerlich klingt? Sagen wir: Symphonie. »Ich habe Symphonie« würde weniger unangenehm sein (Chlamydien hingegen ist recht hübsch. Es klingt wie eine Blume.)

Fussel. Fragen Sie nicht, warum. Alice K. mag das Wort einfach nicht, speziell im Zusammenhang mit Bauchnabel (ein anderer Begriff, den sie nicht leiden kann).

Rülpsen. Okay, es klingt wie das, was es beschreibt, von daher ist es vielleicht ein nützliches Wort. Aber es ist sehr, sehr hässlich.

Speien. Hier gilt dasselbe wie für »Rülpsen«; hier findet Alice K. es besonders grässlich, wenn es auf leblose Objekte wie Fabriken angewandt wird. »Der Fabrikschornstein spie Rauch.«

Eingeweide, auf Gegenstände angewandt. Das Wort »Eingeweide« ist schlimm genug als Bezeichnung für den Darmbereich, aber wenn es auf Objekte angewandt wird wie etwa in »die Eingeweide der Maschine«, wirkt es ganz besonders hässlich.

Furztrocken. Furz ist hässlich, aber »furztrocken« ist dumm. Warum sollte man etwas als furztrocken bezeichnen? Denken Sie mal einen Moment lang daran, was da als Gedanke dahinter steht. Was soll dies wirklich bedeuten? Der Ausdruck ist dumm und hässlich.

Piss als Adjektiv. Ein wirklich blödes Wort, das nur im Zusammenhang mit »warm« gebraucht werden kann: »pisswarm«. Oder haben Sie das Wort piss schon in Verbindung mit etwas anderem gehört? Pissgescheit? Pissblöd? Ein lächerliches Wort.

Pissoir. Ein kaltes, harsches Wort. Erklärt sich von selbst.

Bidet. Ein anderes als unziemlich eingestuftes Wort, vielleicht weil Alice K. die Vorstellung ein wenig Furcht erregend findet. Fragen Sie nicht.

Jegliches Synonym für sich übergeben. Sich übergeben ist ein sehr unerfreuliches Wort, sowohl was seine Ästhetik als auch die dahinter stehende Vorstellung betrifft, aber die Synonyme sind noch schlimmer. Brechen. Reihern. Spucken. Kotzen. Schreckliche Wörter.

Die schändliche Schuld, Schwarz zu tragen

Kommen Sie sich, wenn Sie heutzutage in Bekleidungsgeschäfte gehen, auch vor wie eine Fremde in einem fremden Land?

Läuft es Ihnen bei bestimmten Wörtern eiskalt den Rücken hinunter? Wörter wie »Pastell«, »Blaugrau« oder »Erdfarben«?

Und wenn Sie morgens das Haus verlassen, haben Sie dann auch leicht paranoide Anwandlungen, das ungute Gefühl, jeder denke, Sie seien passend für eine Beerdigung gekleidet?

Wenn Ihre Antwort auf obige Fragen »ja« lautet, dann hat Alice K. volles Verständnis für Sie. Sie leiden unter der schändlichen Schuld, Schwarz zu tragen.

Ja, es stimmt. Alice K. kennt das. Sie ist sich bewusst, dass in eben dieser Minute Tausende ansonsten glückliche und gesunde junge Frauen stumm in ihren Kleiderschrank starren und die Worte stammeln: »Ich hasse leuchtende Farben!« Weitere Tausende sind draußen auf den Straßen und murmeln leise: »Bedruckte Stoffe? Blumenmuster? Das *ertrage* ich nicht!« Noch andere sind schlicht blockiert und gelähmt durch die Frage: »Gibt es ein Leben nach der schwarzen Kleidung? Kann es das geben?«

Alice K. hat eine einfache Antwort auf diese Frage: Nein.

Manchmal fühlt sie sich auf schreckliche Weise in die Tage zurückversetzt, in denen es so aussah, als wäre Schwarz im Modeorkus verschwunden.

Alice K. kann sich noch gut daran erinnern. Sie hatte mehr und mehr Frauen in seltsamen und fremden Schattierungen am Arbeitsplatz auftauchen sehen – Pfirsich, Mint und helle Neonfarben. Sie war beunruhigt gewesen. Dann war Alice K. eines Tages einkaufen gegangen und ihr Blutdruck war weiter gestiegen. Ärmellose A-förmige Kleider mit psychedelischen Farbklecksen hingen just dort, wo bislang all die schwarzen Röcke gewesen waren ... kleine pastellfarbene Bolerojacken ... Sechziger-Jahre-Medaillons ... Capri-Stretchhosen mit Pucci-Muster ... ausgestellte Hosen wie früher, durchsichtige Blusen und erste Vorboten (Hilfe!) des Grungelooks.

Alice K. war schockiert gewesen. Schockiert! Und natürlich sehr traurig. Letztendlich war Schwarz nahezu eine Dekade lang Alice K.s auserkorene Farbe gewesen. Eine perfekte Farbe. Die ideale Modelösung.

Zum einen sah Schwarz einfach gut aus, und früher, als Heerscharen junger Frauen wie Alice K. sich fremde, neue Welten erobert hatten, war es sehr nützlich gewesen, einen Schrank voller Sachen zu haben, in denen man sich schick, grazil und womöglich sogar irgendwie geheimnisvoll vorkam.

Eine andere Sache war, dass Schwarz Frauen dünner aussehen ließ, als sie wirklich waren, und auf diese Weise das Selbstbewusstsein hob und gleichzeitig das weit verbreitete Versäumnis kaschierte, jemals die teure Mitgliedschaft in einem Fitnessclub ausgenutzt zu haben.

Sogar noch wichtiger war, wie Alice K. nur zu gut wusste, dass Schwarz eine wesentliche Rolle bei der Aufrechterhaltung des Selbstbewusstseins spielte. Bestehend aus ein paar Basiskleidungsstücken (einem schwarzen Rock, einem schwarzen Pullover und coolen schwarzen Schuhen), gab diese dunkle Kleidung, die man einfach nicht falsch kombinieren konnte, Alice K. ein entscheidendes Mittel an die Hand, die Tatsache zu vertuschen, dass sie, wie sie tief in ihrem Inneren wusste, von Mode überhaupt nichts verstand. Sich von Modedingen eingeschüchtert fühlte. Und einfach auch keine Zeit hatte, etwas über diese zu lernen, weil sie so sehr damit beschäftigt war, alles zu haben, alles zu sein oder alles zu tun.

Kurz gesagt, Schwarz ließ Alice K. aussehen, als hätte sie ein Gefühl für Stil, auch wenn sie sich nicht aus Designertüten kleiden konnte. Es bot Alice K. die Möglichkeit, so zu tun, als ob.

Und heutzutage, wo alle Welt in Erdtönen, pinkfarben, in Braunrot und sonst was herumzurennen scheint, hängt Alice K.s schwarze Garderobe in ihrem Kleiderschrank als heimliches Zeugnis ihres modischen Scheiterns: dafür, dass sie nach all den Jahren die Frage, was gut und was schlecht an ihr aussieht, immer noch ungeheuer verwirrend findet.

Dass sie, wenn es um Stil geht, nach wie vor den einfachen Weg wählt, um sich aus der Affäre zu ziehen. Letztendlich verleiht Schwarz, selbst wenn es schlecht getragen wird, der Trägerin eine unauffällige Anonymität, die sich wesentlich schwieriger erreichen lässt, wenn man eine durchsichtige Bluse und ein purpurrotes Mieder anhat.

Aber nur Mut. Wenn Sie wie Alice K. unter der schändlichen Schuld, Schwarz zu tragen, leiden, können Sie etwas dagegen unternehmen.

Sie könnten sich zum Beispiel die Nase piercen, ihre Haare nicht mehr waschen und sich neue Freunde suchen.

Sie könnten sich ein neues Leitbild zulegen (»Ich mag Johnny Cash halt einfach, okay?«), oder Sie könnten tun, was Alice K. tut: in Ihr Bekleidungsgeschäft vor Ort gehen, sich einen hellgelben Rock oder eine pastellfarbene Bluse kaufen, Ihre Neuerwerbung mit hocherhobenem Haupt nach Hause tragen und dann unverzüglich schwarz färben.

Ein weiterer Brief an S.I. Newhouse

Lieber S.I.,

nach wie vor habe ich nichts von Ihnen bezüglich meiner früheren Vorschläge gehört, aber mittlerweile sind mir noch ein paar andere Ideen in den Sinn gekommen, die ich an Sie weiterreichen möchte. Was halten Sie hiervon?

Depressionsmode für die Dame

Ich stelle mir dies als den ultimativen Ratgeber in Sachen Mode für die neurotische Frau von heute vor. Als Hochglanzmagazin mit eleganten Fotos würde dieser das Neueste an dunkler Kleidung, Kleidung mit Längsstreifen und andere Outfits bringen, die hässliche Wölbungen verbergen, deren Ursache depressionsbedingte exzessive Fressanfälle sind. Zusätzlich gäbe es regelmäßige Doppelseiten mit Tipps zum Überschminken von blutunterlaufenen und geschwollenen Augen. Ein bedeutender Teil jeder Ausgabe wäre phantastisch hässlicher Kleidung gewidmet, die andere Leute blass, traurig, ausgelaugt und sonst wie schrecklich aussehen lassen und auf diese Weise der depressiven Frau ein viel besseres Selbstwertgefühl vermitteln.

Ich möchte Sie nicht hier und jetzt mit den Details langweilen; es genügt daher, wenn ich sage, dass ich eine Reihe wohl durchdachter Ideen für spezielle vierteljährliche Beilagen habe, unter anderem ein fabelhaftes Handbuch für Kochrezepte mit Antidepressiva. Ich werde Ihnen, falls Sie interessiert sind, die Einzelheiten nachliefern.

Und falls Sie diese Idee nicht begeistern sollte, wie sieht es hiermit aus?

Das Schlampen-Magazin

Diese Publikation würde sich stärker am Mainstream orientieren als die anderen, die ich erwähnt habe, und die Rubriken enthalten, die man auch in anderen Magazinen findet, nur dass sie in diesem Falle dazu bestimmt wären, trägen, faulen Säcken ein wenig ihre Schuldgefühle zu nehmen. Zum Beispiel:

- Die »Wohnungstipps für Schlampen« würden erfolgreiche Tipps für Waschphobiker beinhalten, Tricks, wie man Staubflusen und schimmelnden Kühlschrankinhalt sowie unschöne Stapel von Büchern, Zeitschriften und Bohnerwachsflecken kaschiert. Zusätzlich gäbe es regelmäßige Porträts von besonders trägen Individuen (»MANN IN FLINT, MICHIGAN, HAT SEIT 17 JAHREN SEIN BETT NICHT GEMACHT UND FÜHLT SICH SAUWOHL!«).
- »Die Gesundheits- und Fitnesstipps für Faule« würden in erster Linie dafür da sein, den Schlampen dabei behilflich zu sein, Wege zu finden, wie sie Sport und gesunde Ernährung vermei-

den können. Mögliche Überschriften: »Huch! Jetzt habe ich meine Sporttasche schon wieder vergessen!« – »Was soll das heißen, Chips sind ungesund?« »Ich würde wirklich gerne Sport machen, aber ich habe 1962 mein Knie beim Skilaufen verletzt, und der Dokter sagt, ich darf nicht.«
- Die Stiltipps für Faule würden schließlich die herrlich stromlinienförmigen und schlichten Freuden des faulen Einkleidens anpreisen; wir nennen es den Sie-bekommen-alles-im Supermarkt-Zugang zur Mode.

Was halten Sie davon, S.I.? Sind Sie dabei?

Ich würde mich freuen, von Ihnen zu hören, und verbleibe mit freundlichen Grüßen,

Ihre Alice K.

P.S. Ich hoffe, es macht Ihnen nichts aus, dass ich Sie S.I. nenne; irgendwie habe ich das Gefühl, Sie mittlerweile zu kennen.

Feindliche Jeans

Alice K. sitzt auf ihrem Sofa und windet sich vor Unbehagen.

Es ist nämlich einer dieser Tage. Alice K. hat feindliche Jeans an.

Haben Sie auch solche Tage? Wissen Sie, wie Alice K. zumute ist?

Sie fühlt sich scheußlich. Voller Selbstverachtung. Absolut unwohl in ihrer Haut. Gefangen in feindlichen Jeans.

Ich hasse das, denkt Alice K. *Ich hasse dieses Gefühl totaler Unsicherheit. Ich hasse dieses Gefühl, dass meine Identität auf Gedeih und Verderb mit dem Umfang und der Form meiner Oberschenkel verbunden ist. Warum habe ich nur so eine Macke, was Essen, Gewicht und Figur angeht?*

Ah, die 64 000-Dollar-Frage. Natürlich weiß Alice K. die Antwort bereits. Sie hat so eine Macke, was Essen, Gewicht und Figurverständnis angeht, weil sie eine Frau ist und Frauen genetisch und kulturell dahingehend programmiert sind, vollkommene Idiotinnen zu sein, wenn es um Essen, Gewicht und Figur geht.

Stimmt's? Stimmt.

Alice K. weiß das. Sie weiß es tief in ihrem Inneren. Alice K. hat all die Bücher gelesen – Bücher über Essstörungen, Diäten, die Verbindung von Dicksein, der Furcht, dick zu sein, und Feminismus. Sie hat schon haufenweise Gespräche zu diesem Thema mit anderen Frauen geführt, endlose Unterhaltungen (häufig beim Dinner) über Essen und die Spielchen, die damit verbunden sind, die völlige Sinnlosigkeit von Abmagerungskuren, den fürchterlichen Groll, in einer Kultur zu leben, die solch unerreichbare Ideale für Frauen aufstellt und solch lächerlich großen Wert auf Schlankheit legt. Alice K. hat sich wahnsinnig bemüht, ihren Körper gut zu finden, wie er ist. Sie hat darum gekämpft, das Niveau an Selbstakzeptanz und Selbstliebe zu erreichen, das ihre Ängste bezüglich Essen und Gewicht mindern würde.

Und doch ... sie kann nicht anders. Wenn ihre Jeans zum Feind werden, verflüchtigen sich Alice K.s feministische Logik und besseren Impulse und sie sitzt auf dem Sofa und weiß nicht, ob sie eine Diät machen oder in die Küche gehen soll, um siebzehn Pfund Kekse zu essen.

Soll ich mich dieser kulturellen Tyrannei beugen und mich aushungern, oder soll ich Widerstand leisten und mich voll fressen? *Soll ich mich auf die eine Weise verrückt machen oder mich auf die andere quälen?*

Denn genau das passiert, wenn einem die Jeans zum Feind werden: Man kann nur verlieren. Essen wird ein schreckliches, mächtiges Symbol für alles, was mit einem nicht stimmt (Sie sind eine Versagerin, auf groteske Weise verkorkst, die schlechte Parodie auf eine erwachsene Frau); Essen ist keine Nahrung mehr, kein Kraftstoff oder eine Quelle der Freude, sondern wird stattdessen zu einem Werkzeug der Selbstquälerei.

Wenn ihre Jeans zu ihrem Feind geworden sind, geht Folgendes in Alice K.s Kopf vor:

Ich sitze in einem Restaurant. Ich kann meine Schenkel in die Jeans eingezwängt fühlen. Zu eng. Ich spüre, wie der Hosenbund mir in den Bauch schneidet. Eklig. Ich fühle mich aufgedunsen und hässlich, aber ich muss etwas essen oder ich sterbe. Also, wonach ist mir. Eigentlich möchte ich einen Hamburger. Einen fetten, saftigen Hamburger mit Käse und Speck und einem Haufen Pommes Frites... Aber ich kann mir keinen Hamburger bestellen, weil ich dann das Gefühl hätte, mich gehen zu lassen, und mich selbst anwidern würde, also bestelle ich mir einen griechischen Salat. Einen kümmerlichen, langweiligen griechischen Salat mit viel zu wenig Schafskäse und nur zwei schäbigen Oliven. Aber dann werde ich traurig sein und das Gefühl haben, zu kurz zu kommen, und dieses Gefühl dadurch kompensieren, dass ich sieben Stück Kuchen zum Nachtisch bestelle. Also bleibe ich vielleicht doch besser beim Hamburger. Oder vielleicht sollte ich etwas dazwischen essen, wie etwa ein Putensandwich. Oder ich lasse das Abendessen aus und gehe gleich zu den elf Stück Kuchen über und danach ins Fitnessstudio und rackere mich dort wie eine Wahnsinnige ab, weil ich mich so mies fühle. Oder vielleicht...

Einfache Essens-Entscheidungen sind unmöglich. Mahlzeiten und Snacks werden von einem hoffnungslosen inneren Gefeilsche begleitet: *Wenn ich jetzt die Kekse esse, dann esse ich später nicht das Stück Torte. Wenn ich das Mittagessen auslasse, kann ich abends ordentlich reinhauen. Verzicht, Verzicht. Belohnung, Belohnung. Rechnen, planen, begründen.*

Alice K. kennt keine einzige Frau – nicht eine –, die nicht wenigstens gelegentlich dieses Spielchen spielen würde, und die, die es abstreiten, lügen.

»Sind wir verrückt? Sind wir krank im Kopf, dass wir uns das antun?« Sie stellt Ruth E. regelmäßig diese Frage, und Ruth E. nickt dann nur ernst und sagt: »Ja.«

Zum Glück ist Alice K.s Verhältnis zum Essen nicht mehr

annähernd so seltsam, wie es mit Anfang zwanzig war, als sie (zusammen mit vierzehn Millionen Gleichaltrigen) sich einem wilden Wechsel aus Fressen und Hungern hingab, der sie in einem Zeitraum von drei Jahren dieselben zehn Pfund siebenunddreißigmal ab- und wieder zunehmen ließ. Seither hat sie die Lektion gelernt, dass sie eine gewisse Menge Nahrung zu sich nehmen muss, wenn sie gesund sein will, dass sie eine gewisse Menge Sport treiben muss, wenn sie sich wohl in ihrer Haut fühlen möchte, und dass Abmagerungskuren in Wahrheit nicht mehr als eine institutionalisierte Form von Masochismus sind, etwas, das so fundamental im Widerspruch zu den menschlichen Grundbedürfnissen steht, dass ein Scheitern nahezu garantiert ist. Über die Jahre hinweg hat Alice K. sogar gelernt, gesunde, magere Kost zu mögen, und an den meisten Tagen bevorzugt sie instinktiv Nahrungsmittel wie Fisch und Hühnchen oder Nudelgerichte ohne dicke Butter- und Sahnesaucen.

Ab und zu jedoch reißt irgendetwas in ihr. Alice K. leidet vielleicht unter besonders starker prämenstrueller Aufgedunsenheit. Oder sie arbeitet zu viel und kommt tagelang nicht dazu, Sport zu machen. Irgendetwas passiert, und plötzlich fühlen sich Alice K.s Kleider zu eng an, und ihre Unsicherheit bezüglich des Umfangs ihrer Oberschenkel steigt wieder, und unvermeidlicherweise findet sie sich auf ihrem Sofa in feindliche Jeans gezwängt wieder.

Während sie nun dort sitzt, rückt Alice K. unruhig hin und her, starrt auf ihre Beine und seufzt. Sie überlegt, was sie tun könnte. Soll sie trainieren gehen? Soll sie versuchen, ihre Oberschenkel zu vergessen, ein normales Abendessen zu sich nehmen und darauf warten, dass ihre Jeans von allein wieder freundlichere Formen annehmen? Soll sie den Abend damit verbringen, über diese Frauen-und-Essen-Kiste nachzudenken, und versuchen, nach mehr Erkenntnis und Seelenfrieden zu streben?

Sie schließt ihre Augen und betet. Sie sagt: »Gott, bitte lass mich normal sein, was Nahrung und Essen angeht. Bitte nimm diese qualvolle Unsicherheit von mir. Heile mich, Gott. Heile mich.«

Sie hält inne, denkt über etwas anderes nach und betet dann weiter: »Und wo ich schon einmal dabei bin, Gott, danke, dass du die Jogginghose erschaffen hast.«

Step Aerobic

»Und *eins!* Und *zwei!* Und *rechts!* Und *links!*«

Alice K. ist mitten im Step-Aerobic-Kurs. Die Leiterin, eine selbstbewusste, muskelbepackte Rothaarige mit hohem Pferdeschwanz und einem rosafarbenen Latex-Gymnastikanzug, macht mit der Gruppe eine Reihe von Aufwärmübungen, zu denen es auch gehört, mit gespreizten Beinen und geradem, leicht nach vorne gekipptem Oberkörper in die Luft zu boxen: Fausthieb *rechts,* Fausthieb *rechts,* Fausthieb *links,* Fausthieb *links.* Ein schlechter Song von Donna Summer aus den siebziger Jahren dröhnt dazu aus dem Radio, und Alice K. kommt sich wie eine völlige Idiotin vor.

Eine *völlige* Idiotin.

Warum bin ich eigentlich hier?, denkt sie, während sie boxt und boxt. Und dann – *hoppla!* – vergisst Alice K., vom rechten boxenden Arm zum linken zu wechseln und schlägt um ein Haar die Frau neben ihr k. o.

Ich bin zu grobmotorisch für Aerobic, denkt Alice K. *Ich komme immer durcheinander.*

Das stimmt. Alice K. neigt dazu, sich beim Aerobic völlig zu verheddern. Alice wird ganz schwummrig im Kopf, wenn sie einer Aerobiclehrerin gegenübersteht und sich bemüht, deren Bewegungen zu imitieren, und gleichzeitig versucht sich daran zu erinnern, was deren Rechte und deren Linke ist und wo sich bei einem selbst rechts und links befindet, während man möglichst bereits den nächsten Schritt oder die nächste Bewegung erahnen und so etwas wie Rhythmus und Balance aufrechterhalten möchte. *Rechts, rechts, links, links, Arm, Arm, Bein, Taille, halt! Wo bin ich?*

Alice K. ist die Sorte Aerobic-Kurs-Teilnehmerin, die stets ein wenig aus dem Tritt gerät und sich dann bemüht, wieder mitzukommen, und dabei ständig unbeholfen von einem Fuß auf den anderen hüpft, um die Fehler zu kompensieren.

Sie denkt: *Das soll Spaß machen? Das tut es überhaupt nicht.*

Alice K. hasst das Konkurrenzdenken im Aerobic-Kurs. Wer trägt was? Wer ist dünner als wer? Wer ist gebräunter? Wer hat schickere Turnschuhe? Es ist eine subtile und heimtückische Konkurrenz, voller heimlicher Blicke und kleiner höhnischer Bemerkungen, und es fördert die schlimmsten Seiten der Frauen zutage. Alice K. für ihren Teil bleibt gern im Hintergrund. Sie trägt den unscheinbarsten Aerobicdress, den sie finden kann (schwarzer Turnanzug; schwarze Trainingshose oder Shorts), steht in der hinteren Reihe, so weit von den anderen Kursteilnehmerinnen entfernt wie nur möglich, und beobachtet dann erstaunt, wie andere Frauen sich aufputzen und sich um einen Platz vor der Kursleiterin oder dem Spiegel oder am besten beidem rangeln oder praktisch prügeln.

Das sind die Discomäuse. Sie legen Lippenstift auf, bevor sie zum Kurs kommen, und tragen einen knappen, die Taille freilassenden Zweiteiler über ihren Einteilern und werfen sich während des Kurses ständig leise verstohlene Blicke im Spiegel zu, und sie tragen *Stringbodys.*

Stringbodys. Was ist an diesen Dingern bloß dran? Alice K. würde es wirklich gern wissen. Einmal hat sie in einem absolut heimlichen Experiment, von dem sie nicht einmal Ruth E. erzählt hat, in einem Kaufhaus einen Stringbadeanzug anprobiert. Eine schreckliche Erfahrung. *Widerlich!* Sie hatte diesen dicken, zopfartigen Riemen zwischen ihren Pobacken gehabt, der sie wie ein Messer schnitt, während ihr käseweißes Hinterteil den Blicken freigegeben war und irgendwie birnenförmig auf beiden Seiten wirkte – überhaupt nicht so perfekt gerundet und gebräunt wie die, die man in den Badeanzugreklamen sah –, und Alice K. hatte das Gefühl gehabt, sie müsse sterben.

Ich würde diesen Stringbadeanzug nicht für eine Million Dollar am Strand tragen, dachte sie und riss sich das Ding vom Leib, so schnell sie konnte. *Riemen gehören an Schuhe, nicht an das weibliche Hinterteil.* Dementsprechend reagiert Alice K., wenn sie tatsächlich eine Frau in einem Stringbody beim Aerobic sieht, mit Schock und Ungläubigkeit. Ein Teil von ihr möchte hinrennen und Fragen stellen. *Wie können Sie das aushalten? Tut es nicht weh?* Aber ein anderer Teil von ihr vermutet, dass es die Mühe nicht wert ist. Alice K. weiß, dass eine Frau, die in einem Stringbody herumparadiert (und anders kann man diesen gar nicht tragen; entweder man paradiert mit ihm oder man reißt ihn sich, so schnell man kann, vom Leib), sich so sehr von Alice K. unterscheidet, dass sie genauso gut von einem anderen Planeten stammen könnte.

Ja, sie ist eine Discomaus und ich nicht; es ist zwecklos, den Versuch einer Kommunikation zu unternehmen. So denkt jedenfalls Alice K. Discomäuse erwecken in ihr Ärger, Verachtung und Groll. Deren permanente Beschäftigung mit ihrem Aussehen, ihrer Kleidung und ihrem Körper irritiert sie, nicht weil sie ihr fremd wäre (absolut nicht), aber weil sie sich in einer Art und Weise manifestiert, bei der es ihr unbehaglich zumute ist, einer Art und Weise, die hässliche, schwierige Fragen aufwirft hinsichtlich dessen, was Frauen eigentlich wirklich sind und wie sie auf ihre Umwelt reagieren.

Fragen wie diese: Trägt eine Frau einen Stringbody, weil sie sich darin gut fühlt oder weil er die Männer im Fitnessstudio zu ihr hergaffen lässt? Und falls Letzteres zutrifft, ist es dann mies oder okay?

Ist all dies Aufgeputze, Posieren und Abchecken anderer Frauen ein Teil der weiblichen Natur? Gehen diese Frauen nur ein wenig plumper vor als Alice K., oder sind sie wirklich oberflächlicher und egozentrischer?

Und was macht Alice K. selbst hier, boxend, sich dehnend, schnaufend und keuchend? Trainiert sie, weil sie sich dann ruhiger und stärker fühlt? Weil sie danach essen darf? Weil es ihr hilft, das Gewicht zu halten, und sie sich auf diese Weise attraktiver fühlt? Oder aus allen drei Gründen?

Alice K. denkt über diese Frage nach. Ihre Beziehung zum Sport ist lang und komplex. Alice K. versagte immer fürchterlich bei den sportlichen Wettkämpfen auf der High School und gab jegliche athletische Betätigung auf bis zu dem Zeitpunkt, als die Fitnessmafia jeden in Laufschuhe und Turnanzug zwang. Seitdem hat sie nahezu alles ausprobiert: Laufen (zu langweilig, geht zu stark auf die Knie). Squash und Badminton (hier ist zuviel Koordination zwischen Hand und Auge gefragt). Fahrradfahren (zu abhängig vom Wetter). Schwimmen (zu nass).

Heute, mittlerweile ungefähr in ihrem elften Sportclub, hat sich Alice K. an eine Routine gewöhnt, mit der sie leben kann. Normalerweise geht sie zur Mittagszeit ins Fitnessstudio, wenn es dort nahezu leer ist und sie ohne Hemmungen trainieren kann und ohne das Gefühl, sich bloßzustellen. Sie geht an die Rudermaschine, die sie stark schwitzen lässt (und Alice K. hat die Freude am starken Schwitzen entdeckt; das ist ein gutes Gefühl). Sie macht ein paar freie Gewichtübungen, die ihr ein Gefühl von Stärke vermitteln. Sie macht ein wenig Stretching und Sit-ups und gönnt sich danach oft einen langen Saunabesuch. Aber gelegentlich, wenn sie es tagsüber nicht ins Studio schafft oder zu viele muskelbepackte Männer im Gewichtraum sind, geht Alice K. zum Aerobic. Insgeheim hasst sie es, aber sie hat dann weniger Schuldgefühle, als wenn sie gar nichts täte, und es hilft Alice K., den Finger am Puls der Weiblichkeit zu haben.

»Und *eins!* Und *zwei!* Bein *hoch!* Bein *hoch!*«

Der Kurs ist mittlerweile zum Beinstrecken übergegangen.

Alice K. ist auf allen vieren und hebt ihr Bein hoch und seitwärts, hoch und seitwärts, wie ein Hund mit einem ernsthaften Pinkelproblem an einem Hydranten.

Alice K. schnauft leicht, blickt hoch und seufzt. *Na ja,* denkt sie, *es könnte noch schlimmer sein. Dr. Y. könnte zuschauen.*

Haare

Alice K. steht vor dem Spiegel, eine Dose Schaumfestiger in der einen und eine Stylingbürste in der anderen Hand und ringt vergeblich mit ihrem Haar.

Alice K. steht dort bereits seit fünfundvierzig Minuten.

Sie starrt in den Spiegel. Es ist mal wieder so ein Tag. Ihr Haar sieht strähnig aus, wie angeklatscht an ihren Kopf. Ein paar Strähnen stehen an den unmöglichsten Stellen heraus und widersetzen sich der geballten Macht von Spray, Gel und Schwerkraft. Die Farbe scheint völlig daneben. Ebenso die Haarstruktur und die Art und Weise, wie es ihr ins Gesicht fällt.

Schlimmer, es sieht aus wie ein Rattennest. Alice K. weiß genau, dass nur eine Frau in der Agonie eines Haartraumas die Bedeutung des Wortes »Rattennest« ermessen kann. Es ist ein verheerendes Wort.

»Es sieht aus wie ein Rattennest! Findest du nicht? Hier oben! Schau!«

Solcherlei Dinge wird eine ansonsten intelligente und eloquente Frau sagen, wenn sie mitten in einer Haarkrise vor dem Spiegel steht. Sie schaut dann entsetzt drein, deutet auf die anstößige Stelle, als wäre sie das Symptom einer fürchterlichen Krankheit. Manchmal weint sie.

Alice K. und Ruth E. unterhalten sich häufig darüber. »Warum sind wir so?«, fragt dann Alice K. »Machen Männer das auch?«

»Nur wenn sie Haarausfall haben«, antwortet Ruth E. »Dann sind sie allerdings noch schlimmer als wir. Aber durchschnittlich schlechtes Haar? Männer quälen sich damit nicht wie wir, zumindest keine heterosexuellen Männer und nicht in demselben Ausmaß.«

Alice K. stimmt ihr zu. Ein Mann mag vielleicht bei einem schlechten Haarschnitt heimliche Verzweiflung und Scham verspüren, würde jedoch nicht einen Hilfeanruf bei all seinen Freunden tätigen. Er würde auch nicht an seinem Arbeitsplatz drei geschlagene Stunden auf der Herrentoilette verbringen und versuchen, sein Haar in eine Position zu bringen, in die es nicht will, und er würde auch nicht in Tränen ausbrechen, wenn seine Freunde schließlich zermürbt zugäben, dass der Haarschnitt in der Tat schrecklich sei, indem sie die niederschmetternden Worte losließen: »*Mach dir keine Sorgen, das wächst wieder raus.*«

Also, was soll das?, fragt sich Alice K. Sie steht in ihrem Badezimmer und verteilt Schaumfestiger auf ihrem Haar. *Warum kann ein schlechter Haarschnitt das Selbstwertgefühl so verheerend untergraben? Und warum finden so viele von uns, dass es ebenso schwer (und so zermürbend) sein kann, den richtigen Haarschnitt zu finden wie den richtigen Job an Land zu ziehen, die richtige Wohnung, den richtigen Freund?*

Natürlich kennt Alice K. bereits die Antwort: Wenn Augen die Spiegel der Seele sind, dann ist das Haar ein Gradmesser des Selbstbewusstseins: Es ist einer der Aspekte, der die weibliche Physiologie mit am stärksten definiert, stärker als große oder kleine Brüste, fette oder dünne Oberschenkel, lange oder kurze Beine. Es ist etwas, das man ändern kann, zum Positiven und zum Negativen. Und wie selbst die furchtlosesten Frauen fast alle wissen: Mutig in puncto Haar zu sein bedeutet auch, Mut im Leben zu haben: Schneide es, färbe es, ändere es in dramatischer Weise, und du veränderst dein Selbstbild.

Dies ist der Grund, warum Alice K. Stunden damit verbringen kann, mit anderen Frauen darüber zu debattieren, was besser ist: Schaum oder Gel, Spraydosen oder Sprühflaschen, Dauer- oder Wasserwellen, Pony oder nicht Pony, Spülungen mit Bier oder Essig, Behandlungen mit heißem Öl oder Tiefenkonditionierung und so weiter und so weiter. Alice K. würde dies nie in der Therapie zugeben, aber bei all dem Getue und Gesprühe und Gefärbe geht es um ihr Selbstwertgefühl. Ihre Fantasie. Ihren Wunsch, besser, gepflegter und selbstbewusster auszusehen und sich auch so zu fühlen.

Das ist auch der Grund, warum für Alice K. der Gang zum Friseur ein so Furcht erregendes Ereignis ist. Letztlich liefert man, wenn man einen Haarsalon betritt und sein Haar einem Stylisten anvertraut, sein ganzes Ich aus. Egal wie intelligent und vernünftig man sein mag, man hegt doch die Hoffnung, dass man den Friseur als anderer Mensch verlässt. Alice K. zum Beispiel hat glattes, dunkelbraunes, schulterlanges Haar und ist daher seit Jahren mit Zeitungsausschnitten bewaffnet, in denen blonde Frauen mit hüftlangen Locken zu sehen waren, in die Haarsalons spaziert und hatte gesagt: »Hi, machen Sie mir bitte irgendwas in dieser Richtung.«

Dann kam die Phase, in der sie kapituliert hatte. Das war etwa zu der Zeit, als die Friseure anfingen sich Stylisten zu nennen und die Salons wie Kulturzentren ausgestattet wurden. Chrom, dudelnde Musik und exotische chemische Mittelchen und Künstler, die mit Schere und Spray hantierten. Alice K. ging immer hinein, überließ ihren Kopf einer hochnäsigen Stylistin und nahm dann wahr, wie ihre sprachlichen Fähigkeiten verkümmerten und vagen, ängstlichen Äußerungen den Weg frei machten. Sie stotterte: »Ähm, ja ... Ich möchte was anderes, aber nicht allzu anderes, wissen Sie? Ich meine, ich hätte gern, dass das Haar *so* fällt und nicht *so,* aber ich möchte es oben nicht zu flach und hätte gern ein wenig mehr Volumen, möchte es aber nicht kraus. Ich möchte definitiv keine Krause und...« Schließlich fuchtelte die Stylistin mit ihrer Schere herum, und

Alice K. beugte den Kopf und richtete stille Gebete an die Götter der Friseurinnung: »O Ihr Götter«, betete sie dann, »verleiht mir einen guten Haarschnitt, bitte gebt mir einen Schnitt, der so ungefähr in Kinnlänge fällt und morgens immer gut aussieht, ein Schnitt, der nur Waschen und Schütteln erfordert, um wieder ordentlich zu fallen, und der nicht verlangt, dass ich jeden Morgen eine Dreiviertelstunde damit verbringe, ihn mir mit dem Föhn gefügig zu machen. Bitte, o Ihr Götter, bitte, bitte.«

Das war eine hoffnungslose, vergebliche Liebesmüh. Sie hätte genauso gut in ein Bekleidungsgeschäft gehen können und sagen: »Ich würde gern in Größe 34 passen, obwohl ich sonst 42 trage, okay? Und wo wir schon dabei sind, ich hätte auch gern längere Beine und größere Brüste und eine schmalere Taille.«

Aber Alice K. gibt dennoch nicht auf. Sie hofft und betet. Sie sprüht und sprayt und schäumt und manchmal werden ihre schlimmsten Träume wahr und sie endet im Land der wirklich schlechten Haarschnitte.

Alice K. steht vor dem Spiegel (sie hat den Schaumfestiger aufgegeben und wendet jetzt eine andere Strategie an, zu der Haarspangen zählen) und denkt über den wirklich schlechten Haarschnitt nach. Die Sorte Haarschnitt, die einen die nächsten vierzig Tage und vierzig Nächte nur noch jammern lässt: »Warum? Oh, warum habe ich mir das angetan?« Die Sorte tödliche Frisur, die es schafft, dass das Selbstbewusstsein – das Selbstwertgefühl in puncto Erotik und Ausstrahlung – mit jedem verstümmelnden Schnipp der Schere mehr zu Boden geht.

Alice K. war das dreimal passiert, das erste Mal kurz nach dem College und wenige Monate nachdem sie (in ziemlich mutiger Weise, wie sie fand) ihr in der Mitte gescheiteltes taillenlanges Haar auf in der Mitte gescheiteltes schulterlanges hatte kürzen lassen. Sie ging zu einem Stylisten in der Innenstadt und äußerte ein paar erstaunlich mutige Sätze: »Machen Sie es so, wie Sie denken – ich möchte gerne etwas ganz Anderes.« Und nachdem sie zwei Stunden später eine enorme Geldsumme losgeworden war, verließ sie den Salon mit irgendeiner grauenhaften, gestuften Angelegenheit auf dem Kopf, von der einzelne Haarstummel abstanden wie die Stacheln von einem Stachelschwein. Alice K. ging unverzüglich zu ihrem Auto, setzte ihre Brille auf und raste nach Hause, wobei sie unterwegs ein Eichhörnchen überfuhr, und verbrachte die nächsten drei Tage schluchzend mit Ruth E. im Badezimmer.

Beim zweiten Mal war irgendein Pony und eine Außenrolle mit im Spiel. Es sah okay aus, erforderte aber jeden Tag einen phänomenalen Aufwand an Styling und Pflege und trieb Alice K. in eine nahezu zwei Jahre lang dauernde schwere Abhängigkeit von Schaumfestiger.

Das dritte Mal handelte es sich um eine schlechte Dauerwelle. Mittlerweile hat Alice K. die Erinnerung an diese schlechte Dauerwelle erfolgreich verdrängt und will darüber nicht mehr reden. Sie erwähnt lediglich, dass sie die nächsten vier Jahre einen täglichen wilden Kampf mit ihren Haaren führte und mit Föhn, Lockenschere und einer stattlichen Reihe von Hüten experimentierte. Mittlerweile erzählen die Stylisten Alice K. unablässig, dass schlechte Dauerwellen der Vergangenheit angehören und dass die chemischen Produkte, die sie jetzt benutzen würden, »wirklich sanft« und »wirklich natürlich« seien. Sie glaubt ihnen keine Minute.

Aber gleichzeitig gibt Alice K. auch die Hoffnung nicht auf. Sie lief doch neulich im Büro auf der Damentoilette einer Kollegin über den Weg und stellte fest, dass bei dieser irgendetwas anders war. Alice K. konnte nicht recht sagen, was, aber die Kollegin sah gepflegter und selbstbewusster aus.

Alice K. fragte: »Hast du dir die Haare schneiden lassen?«

Ihre Kollegin lächelte. »Ja.«

Alice K. bewunderte das neue Aussehen und sagte, dass es genau der Haarschnitt sei, der ihr Äußeres verändere, ohne dass einem die neue Frisur direkt ins Auge springe.

Die Kollegin lachte erneut. »Ja, ich wollte mich wirklich

mal *verändern*.« Sie betonte das letzte Wort so, als meine sie es in weit mehr als nur physischem Sinne.

Dann sagte Alice K. etwas in die Richtung, dass es doch ein großer, lebensverändernder Moment gewesen sein musste. Die Frau blickte ernst drein und nickte, und sie wussten beide, dass es wirklich so war, dass der Haarschnitt in gleichem Maße einen tief gehenden inneren wie äußeren Wandel verkörperte. Dann ging die Kollegin hinaus, und Alice K. stand da und schüttelte den Kopf. Eine tolle Sache, so ein perfekter Haarschnitt.

Der männliche Körper, Teil 1: Der obszöne Mann

Alice K. und Ruth E. unterhalten sich bei einem Drink. Ruth E. hat den größten Teil des Tages in einer Sitzung verbracht und ist zu dem Schluss gekommen, dass sie eine Menge Männer kennt, die vor anderen Leuten widerliche Dinge tun.

»Es ist wirklich unglaublich«, sagt sie. »Ich sitze da und blicke mich im Konferenzraum um, und der eine pult in seinen Zähnen, und der andere bohrt in seiner Nase, und der dritte bohrt ebenfalls in seiner Nase, und, ich meine, das ist doch *ekelhaft*.«

Alice K. nickt ernst. Ekelhaft. Und dann erzählt sie Ruth E., dass sie ihrem Chef während einer Sitzung einen Stift geborgt und dann dagesessen und beobachtet habe, wie ihr Chef den Stift nahm, etwas aufschrieb, dann den Stift in sein Ohr schob, ihn langsam drehte und dann herauszog und ihn sich ansah. Dann steckte er ihn wieder hinein, drehte ihn noch ein wenig mehr und betrachtete ihn noch eingehender.

»Das ist ein wahre Geschichte«, sagt Alice K.

»Widerlich!«, sagt Ruth E.

»*Obszön!*«, sagen sie beide.

Alice K. denkt später über dieses Phänomen nach. Sie weiß natürlich, dass nicht alle Männer so geschmacklos sind, wenn es um persönliche Hygiene und Körperfunktionen geht. Elliot M. zum Beispiel würde die Vorstellung, sich den Stift einer Frau zu borgen und sich mit ihm dann im Ohr zu bohren, so schrecklich finden wie sie. Aber Alice K. kennt viele obszöne Männer. Jedenfalls scheint es so.

Woher rührt dieses Verhalten?, fragt sie sich. *Was lässt jemanden in dem Maße seine Hemmungen verlieren, dass ihm das Zähnepulen und Nasepopeln in der Öffentlichkeit völlig normal erscheinen? Warum sind Männer so ... so ordinär?*

Auf der Suche nach einer Antwort rief Alice K. ihre Tante K. an, eine weise Frau. Sie fragte sie: »Tante K., kennst du viele obszöne Männer? Männer, die eklige Dinge in der Öffentlichkeit tun?«

Tante K. sagte: »Du meinst furzen oder so?«

Nachdem sie mit solchen Themen zurückhaltend war, speziell ihren älteren Verwandten gegenüber, verfolgte Alice K. diese Richtung der Befragung nicht weiter. Aber sie erzählte die Geschichte mit dem Stift im Ohr. Tante K. schien mit solch einem Verhalten unvertraut, konnte aber eine Menge zum Thema Rülpsen erzählen.

»Es ist wirklich schrecklich«, sagte sie. »Da sitzt du in einem teuren Restaurant und irgendein Mann gibt so ein schreckliches Geräusch von sich.« Sie unternahm einen schwachen Versuch, dieses zu imitieren – irgend etwas wie »blrrrreccch« –, aber das war nicht nötig. Alice K. wusste, wie es klang und dass es vulgär war.

Tante K. fuhr fort: »Frauen machen das nicht. Sie rülpsen nicht in dieser Weise in der Öffentlichkeit.«

Alice K. nickte ins Telefon. In der Tat. Die meisten Frauen, die sie kannte, gäben so wenig einen mordsmäßigen Rülpser in einem eleganten Lokal von sich wie sie aufstehen und dreist die in ihrer Unterhose verrutschte Slipeinlage zurechtrücken würden. Sie würden das einfach nicht tun.

Später ruft sie Ruth E. an, um ihr eine andere verblüffende Beobachtung mitzuteilen: »Da ist noch etwas«, sagt sie. »Männer scheinen so viel mehr mit ihrem Gedärm beschäftigt zu sein als Frauen – und sie reden viel mehr vor aller Welt über ihre unteren Körperregionen.«

Für Tante K. ist dies eine Frage der Generation – zu ihrer Zeit hatten sich eine Menge Frauen gleichermaßen obsessiv mit ihrem Gedärm befasst, darüber geredet und sich gedanklich damit beschäftigt, und wenn sie nicht jeden Tag etwas »zuwege brachten« (so Tante K.s Bezeichnung; sie ist sehr fein in ihrer Wortwahl), dann verfielen sie in Panik und ergriffen Maßnahmen: Einläufe, Klistiere und so weiter.

Die Frauen, dachte Alice K. damals, hatten sich offenbar weiterentwickelt, aber sie weiß gleichzeitig, dass die Verdauung ein endlos faszinierendes Thema für eine Menge Männer ist. Sie kennt Männer, die sich auf diesem Gebiet vergleichen, eine Art auf die Verdauung bezogene Entsprechung des »Wer hat den größeren« im Sinne von »Ich kann häufiger als du, hä, hä, hä«.

»Ist das nicht seltsam?«, fragt Alice K. Ruth E. »Woher kommt das? Sind Männer nur einfach von Natur aus weniger gehemmt als Frauen, was ihre Körperfunktionen betrifft? Bin ich schlicht prüde?«

Ruth E. denkt das nicht. »Sieh dir einfach an, was Männer tun!«, sagt sie. »Es ist einfach ungeheuerlich!«

Sie gehen eine Liste durch:

- Weder Alice K. noch Ruth E. haben je eine Frau gesehen, die sich in ein Taschentuch geschnäuzt und dieses dann aufgeklappt und sich angesehen hätte, was dabei herausgekommen ist. Aber beide haben Männer dies viele Male tun sehen. In der Öffentlichkeit. In Konferenzen. Im Bus.
- Weder Alice K. noch Ruth E. haben je eine Frau sich die Nase ohne Taschentuch schnäuzen sehen. Etwa draußen auf der Straße. Einfach ein Nasenloch zu mit dem Finger und dann losrotzen, direkt in der Öffentlichkeit.

- Ebenso haben weder Alice K. noch Ruth E. bei einer Frau jemals dieses Herumsaugen und Herumschmatzen erlebt, das sie oft bei Männern gesehen (und gehört) haben, die irgendetwas aus ihren Zähnen entfernen wollten. Oder dieses schreckliche Räusper- und Würgegeräusch, nach dem sie sich dann vorbeugen, um einen großen Schleimbrocken in den Ausguss oder auf die Straße zu spucken.

»Wir machen vielleicht manche dieser Dinge«, sagt Ruth E. »Ich würde nie behaupten, dass Frauen derartig fein sind – aber wir tun es wenigstens unbeobachtet.«

Dann bemüht Ruth E. die Evolutionstheorie. »Hast du jemals einen Dokumentarbericht über Affen gesehen?«, fragt sie. Weißt du, wie sie herumsitzen und sich kratzen und grunzen? Sie sehen Männern verdächtig ähnlich, oder nicht?«

Alice K. nickt. Interessante Idee, denkt sie, aber es erklärt nicht, wie – oder warum – Frauen sich anders entwickelt haben.

Später ruft sie ihre Schwester an, Beth K., und möchte deren Meinung wissen. »Ich glaube, das kommt daher, dass Männer zu denken scheinen, sie seien unsichtbar«, sagt Beth K. »Speziell in Autos. Sie denken, sie seien die einzige Person auf der Straße. Weshalb man hinter einem Mann herfahren kann, während der seinen Finger bis zum zweiten Knöchel in seiner Nase vergräbt. Es ist obszön, aber sie machen sich keine Gedanken darüber, weil sie davon ausgehen, dass sie niemand beobachtet.«

Sie gehen davon aus, dass sie niemand beobachtet. Dieser Satz bleibt in Alice K.s Gedächtnis haften, und sie kommt zu dem Ergebnis, dass in ihm der Schlüssel liegt.

Anders als Frauen, denkt sie, denen von frühen Kindesbeinen an beigebracht wird, dass jeder auf Gottes grüner Erde es mitbekommen wird, wenn auch nur ein Haar auf ihrem Kopf nicht sitzt, wachsen Männer mit so viel befreienderen Konzepten auf: Niemand wird es sehen. Niemand bekommt mit, wenn du in der Öffentlichkeit in der Nase bohrst oder dir einen Stift im Ohr herumzwirbelst. Und – das Allerbeste! – niemanden wird es *kümmern*. Weshalb ein Typ, wenn er in einer Konferenz sitzt, vielleicht mit Machtfragen, Posen und der Kunst, den anderen immer eine Nasenlänge voraus zu sein, beschäftigt sein mag – und all den anderen Dingen, die die Jungs so umtreiben, aber wenigstens braucht er sich keine Gedanken zu machen, was ihm aus der Nase hängt oder zwischen den Zähnen klemmt.

Sie teilt diese Theorie Ruth E. mit.

Ruth E. denkt gründlich darüber nach und nickt. Dann sagt sie: »Natürlich gibt es womöglich auch eine einfachere Erklärung: Vielleicht sind Männer einfach obszön.«

Alice K. ist sich nicht sicher, aber eines weiß sie genau: Von nun an behält sie ihre Stifte für sich.

Der männliche Körper, Teil 2:
Männer und ihr Schwanz

»Also, wie ist das nun mit den Männern und ihrem Schwanz?«, sagte Alice K. »Ich möchte das wirklich wissen.«

Alice K. und Ruth E. sitzen wieder bei einem Drink und unterhalten sich, und Alice K. äußert ihre große Verblüffung:

»Sie geben ihrem Schwanz einen Namen«, sagt sie. »Der durchschnittliche Mann muss mindestens siebenundzwanzig Bezeichnungen für seinen Penis haben.«

Sie nennt eine Liste: Gemächt, Schniedelwutz, Gerät, Pimmel, Rute, Zipfel, Liebesmuskel, Lustprügel und (ihre persönliche Lieblingsbezeichnung) Pillermann. Und so weiter.

»Ich kenne einen Typen, der den seinen ›Überzeugung‹ nennt«, sagt Ruth E. »Und ein anderer bezeichnet den seinen als ›Resümee‹.«

Alice K. schüttelt den Kopf. »Warum machen sie das?«

Als Nächstes gehen sie zum Thema männliche Masturbation über. Männer, macht Alice K. deutlich, haben siebenundvierzig verschiedene Ausdrücke fürs Masturbieren. Wichsen, sich einen runterholen, einen von der Palme wedeln usw.

Sie sagt: »Frauen sind so viel vornehmer bei der Bezeichnung ihrer Geschlechtsteile. Siehst du? Wir sagen ›Geschlechtsteile‹. Wir wählen so feine Ausdrücke, dass wir schon fast prüde scheinen.«

Sie hält inne. »Weißt du noch, wie wir mit fünfzehn über unsere Periode geredet haben? Wie wir uns zugeflüstert haben: ›*Ich habe meine Sache.*‹ So haben wir unsere Periode genannt: ›meine Sache‹.«

Ruth E. rollt mit den Augen. »Oder: ›Mir ist nicht gut.‹ Erinnerst du dich an den Ausdruck? ›Mir ist nicht gut.‹«

Ernstes Nicken: »O ja.«

Männer würden sich nicht in dieser Weise unterhalten, denkt Alice K. Sie erinnert sich daran, eine Kolumne gelesen zu haben, in der es darum ging, wie es wäre, wenn Männer menstruierten: Sie würden damit angeben. Sie würden auf dem Schulhof herumlaufen und sagen: »Hey, Mann, ich bin gerade wieder auf Blut!« Sie würden damit prahlen, wie viele Tampons sie täglich verbrauchten.

Einmal, im ersten oder zweiten Monat ihrer Beziehung, versuchte Alice K. über dieses Phänomen mit Elliot M. zu diskutieren, ein Gespräch, die ihr verdeutlichte, dass Männer trotz ihrer offensichtlich engen Beziehung zu ihrem Schwanz bezüglich dieses Themas erstaunlich zurückhaltend sein können.

»Ich mag mich mit dir nicht über Männer und ihren Schwanz unterhalten«, sagte Elliot M. »Darauf lasse ich mich nicht ein. Da weigere ich mich.«

Alice K. goss ihm ein Glas Wein ein und wartete darauf, dass er sich ein wenig öffnete. Sie sagte: »Eine Frau tut sich sehr schwer damit, das Wort ›Fotze‹ zu benutzen. Das klingt für sie entwürdigend und befremdlich. Sie fühlt sich sichtlich unwohl dabei. Warum können also Männer Ausdrücke wie ›Pillermann‹ benutzen und es auch noch lustig finden?«

»Weil es lustig ist!«

Dann taute Elliot M. ein wenig auf und äußerte den nahe liegenden Gedanken, dass männliche Geschlechtsorgane äußerlich und weibliche innerlich seien und dass aufgrund dieses Unterschiedes Männer weniger Probleme damit hätten, über sexuelle Dinge in objektiven, äußerlichen Begriffen zu reden, während Frauen dazu neigten, sie als innere Angelegenheit zu betrachten.

»Vielleicht«, sagt Alice K., »aber ich glaube nicht, dass es nur etwas mit der Anatomie und den Hormonen zu tun hat.«

»Na ja, wenn dir dieses Ding zwischen den Beinen hängen würde«, sagte er, »würdest du das vielleicht auch anders sehen«, worauf er frei darüber assoziierte, wie es war, als Sechzehnjähriger im Mathematikunterricht zu sitzen und aus keinem ersichtlichen Grund heraus eine mordsmäßige Erektion zu bekommen und dann am Ende der Stunde aufstehen zu müssen und ... ja, wie schwierig es doch sei, als männliches Wesen nicht achtundneunzig Prozent des Tages an Sex zu denken.

Während Alice K. ihm zuhörte, verspürte sie ein seltsames Gefühl. Zunächst hatte sie das Bedürfnis, als wollte sie sagen: »Okay, ich bin es satt, mir die Geschichten von euch Jungs und euren Hormonen erzählen zu lassen und wie lächerlich geil ihr seid, wenn ihr bloß im Matheunterricht sitzt.« Aber dann wandelte sich das Gefühl mehr in Richtung Neid. Nein, nicht Penisneid. Alice K. hat niemals in ihrem Leben den Wunsch gehabt, sich von ein paar Zentimetern eher unbemerkenswert aussehendem Fleisch ihre ganzen Anschauungen über das Leben und die Liebe bestimmen zu lassen.

Sie war neidisch, weil ihre Erinnerungen an den Mathematikunterricht mit sechzehn Jahren so entschieden weniger sexueller Natur waren. Sie erinnert sich daran, damals mit ihren Pickeln beschäftigt gewesen zu sein. Oder damit, was sie anziehen sollte. Oder warum ein bestimmter Junge sie den ganzen Tag noch nicht einmal angesehen hatte. Vielleicht war er ja zu sehr auf seine mordsmäßige Erektion konzentriert, um zu Alice K. zu blicken, aber damals wusste sie noch nichts von diesen Dingen, weshalb sie dachte, es läge an ihr, dass sie einfach nicht interessant, nicht hübsch genug war.

Und das ist, denkt sie jetzt, ganz genau der Punkt. Es wäre so viel einfacher, als Mann aufzuwachsen und so sehr mit seiner Sexualität und seinen sexuellen Impulsen befasst zu sein, dass das ganze Dasein nur von einem einzigen Wunsch bestimmt wäre: jemanden flachlegen zu können.

Sie bespricht das am nächsten Tag mit Ruth E. »Es ist eine mathematische Gleichung«, sagt sie. »Du hast einen Schwanz und du willst Sex. Und dir wird von klein auf beigebracht, dass das okay ist, ganz deiner Natur entspricht.«

Ruth E. stimmt ihr zu, und sie verfallen in eine lange Diskussion über das, was man beigebracht bekommt, wenn man als Frau aufwächst, und was für seltsame Botschaften einem dabei vermittelt werden. »Wir lernen, dass unsere Vagina gefährlich, unheimlich und dreckig ist«, sagt Ruth E. »Wenn du ein Mann bist, ist Sex dein Ziel; wenn du eine Frau bist, bringt man dir bei, ihn zu vermeiden. Daher denken – oder reden – wir natürlich über Sex nicht auf diese angeberische Weise.«

Alice K. nickt ernst. Ja, denkt sie. Unsere Sexualität ist auf all diese lästigen Äußerlichkeiten verlagert: Wie wir aussehen und was wir anhaben und wie wir uns benommen haben, wenn ein Junge in die Cafeteria hereingeschneit kam.

Sie wird traurig bei diesem Gedanken. »Wenn du als Frau aufwächst«, sagt Alice K., »dann hast du die Pflicht, anziehend zu sein, und bekommst nur wenig von der Freude ab, angezogen zu werden. Oder?«

Ruth E. stimmt ihr zu. Sie sagt: »Ja, und darüber hinaus, selbst wenn du zufällig attraktiv bist, darfst du dich nicht zurücklehnen und die Aufmerksamkeit und deine Sexualität genießen. Wir mögen im dritten Jahrtausend sein, aber, um es mit den Worten eines Mannes zu sagen, ich würde mein linkes Ei darauf verwetten, dass du nach wie vor als Schlampe bezeichnet wirst, wenn du dich durch die Betten schläfst.«

In dieser Nacht denkt Alice K. im Bett darüber nach und wird noch trauriger. Es ist schwierig genug, findet Alice K., eine Anatomie zu haben, die einem nicht in der Weise sexuelle Botschaften entgegenschreit, wie es die der Männer zu tun scheint. Und es ist ebenfalls schwierig genug, in einem Kulturkreis aufzuwachsen, der Sex mal mit tiefer, romantischer Liebe gleichsetzt, mal beides für völlig unvereinbar zu halten scheint. Aber wenn man eine Million verschiedene Botschaften in einen Topf rührt (Sei attraktiv! Sei nicht zu attraktiv! Sei erotisch! Vögel nicht herum!), ist es kein Wunder, dass Frauen sich ganz merkwürdig verhalten, wenn sie über ihren Körper reden. Es ist nicht erstaunlich, dass sie elf verschiedene Bezeichnungen für dumme, triviale Sachen wie irgendwelche Kosmetika haben, aber nicht für die wichtigen, bedeutsamen Dinge.

Sie wirft sich in ihrem Bett umher. *Wenn du beigebracht bekommst, dass etwas keinen eigenständigen Wert hat,* denkt sie, *dann gibst du diesem keinen Namen.*

Doch dann hat Alice K. plötzlich eine brillante Idee, eine Offenbarung. Sie sitzt kerzengerade in ihrem Bett.

Ich weiß es, denkt sie. *Von nun an nenne ich das, was ich zwischen den Beinen habe, ›Martha‹!*

8. Alice K. und die Liebe, Teil 4: Die grausame Realität

Vierundzwanzig Stunden später:
»Also, warum warst du überhaupt dort?«
»Was meinst du damit, warum ich dort war? Ich gehe ständig ins The Point!«
»Ja, aber... Ruth E., warum hast du es zusammen mit Mr Danger verlassen? Ich meine, was läuft da?«
Alice K. (Initiale geändert) sitzt im Restaurant mit Ruth E. und fühlt sich verwirrt und hintergangen. Ein Omelett liegt auf einem Teller vor ihr – ungegessen –, und sie muss permanent das Bedürfnis loszuschreien unterdrücken. Wir befinden uns am Morgen danach. Am Morgen nach dem Vorfall.

Ruth E. versteht nicht, warum sich Alice K. so aufregt. Ruth E. behauptet, dass Alice K.s Verhalten lächerlich sei, dass es sich um ein simples Missverständnis handele.

Sie sei zusammen mit ein paar Freunden zum The Point gegangen, sagt Ruth E., und Mr Danger und ein paar Mitglieder seiner Band hätten sich für eine Weile zu ihnen an den Tisch gesetzt. Dann, sagt Ruth E., habe sie zum Ende des Abends hin höllische Kopfschmerzen bekommen und sich auf den Heimweg machen wollen, aber keiner ihrer Freunde habe gehen wollen. Weshalb sie, als Mr Danger aufgestanden sei und verkündet habe, er wolle sich verabschieden, diesen gefragt habe, ob er sie mitnehmen könne. Das sei, sagt Ruth E., alles gewesen.

Alice K. hat Mühe, dies zu glauben. »Aber... warum hatte er dann seinen Arm um dich gelegt?«

Ruth E. rollt die Augen. »Weil er einfach so ist. Er ist ein eingefleischter Charmeur und wahrscheinlich genetisch unfähig, mit einer Frau länger als fünfunddreißig Sekunden zusammenzusein, ohne sie anzumachen.«

»Er hat dich also angemacht?«

»Alice K.!«, Ruth E. schreit praktisch. »Mach mal 'nen Punkt, ja?«

Aber Alice K. kann nicht. Sie kann einfach nicht. Es ist nicht so, dass sie Ruth E. die Fakten nicht abnehmen würde – sie glaubt, dass Ruth E. Kopfschmerzen hatte und heimwollte; sie glaubt, dass Mr Danger sie nach Hause gefahren hat; sie glaubt sogar (und Ruth E. schwört, dass das wahr sei), dass er nicht noch mit hineingekommen ist oder versucht hat, sie zu küssen oder sie irgendwohin einzuladen. Aber an der ganzen Sache ist irgendetwas – etwas, das mit dem Bild von Ruth E. und Mr Danger auf dem Parkplatz zusammenhängt, damit, dass sie ihm erlaubt hat, den Arm um sie zu legen, mit ihr zu flirten und sie nach Hause zu fahren –, das Alice K. im Innersten quält, und sie weiß nicht, was sie dagegen tun soll.

Sie lehnt sich in ihrem Stuhl zurück und schiebt das Omelett auf ihrem Teller mit der Gabel nach hinten. Sie weiß nicht, was sie sagen soll.

Ruth E. schlägt einen sanfteren Ton an. »Hör zu, Alice K. Nichts ist passiert, okay? Nada. Können wir die Sache jetzt vergessen und vielleicht zusammen einen Einkaufsbummel machen oder so?«

Alice K. nickt, ist jedoch nicht überzeugt. Sie ist durcheinander. Und unter der Oberfläche – hinter diesem Versuch, mit Ruth E. über den Abend zu diskutieren und die Sache zu klären – nagt an Alice K. insgeheim ein Gefühl von Konkurrenz und Misstrauen, ein Gefühl, das latent bereits seit Jahren vorhanden und nun an die Oberfläche gekommen war.

»Weißt du ...« Alice K. will etwas sagen, aber sie ist sich nicht sicher, wie sie es ausdrücken soll. Sie schluckt und beginnt erneut. »Weißt du ... Ich meine, es verursacht mir einfach ein sonderbares Gefühl. Ich finde es wirklich komisch, dass ich diesen dicken Streit mit Elliot M. habe und total fertig bin, und zur selben Zeit gurkt meine beste Freundin mit diesem Typen herum, der ganz offensichtlich ein Schürzenjäger ist und mit dem ich mal geschlafen habe und der –«

Ruth E. unterbricht sie. »Meine Güte, Alice K. Es ging um eine Autofahrt. Eine *Autofahrt*. Wir sind nicht nach Las Vegas durchgebrannt, weißt du? Also ehrlich!«

Sie schwiegen unbehaglich, bis Ruth E. die Stille unterbrach. »Außerdem, was soll das, dass du mit ihm geschlafen hast? Was macht das für einen Unterschied?«

Alice K. antwortet instinktiv. »Es macht einen Unterschied«, sagt sie. »Es macht einfach einen.«

Während sie mit einem Gefühl, gleich losheulen zu müssen, dasitzt, denkt Alice K. darüber nach. Warum macht es tatsächlich einen Unterschied? Letztendlich ist Mr Danger ein Schwein, ein Schürzenjäger. Das weiß sie durchaus. Warum sollte es ihr dann so an die Nieren gehen, dass dieser Mann – dieses ausrangierte Stück aus Alice K.s Vergangenheit – Ruth E. nach Hause gefahren hat?

Sie beantwortet sich die Frage selbst: *Es geht gar nicht um Ruth E. und Mr Danger*, denkt Alice K. *Es geht um Ruth E. und mich. Ich bin eifersüchtig auf Ruth E., und das ist ein grässliches Gefühl.*

Das ist jedoch die Wahrheit. Das ist es, was Alice K. die vergangene Nacht nicht hat schlafen lassen. Ruth E. ist spontan und taff und abgebrüht; sie sagt, was sie denkt, und schert sich keinen Pfifferling darum, was andere Leute von ihr halten, und irgendwo, in einem hinteren Winkel ihres Herzens, hatte Alice K. stets den Verdacht gehabt, dass diese Eigenschaften Ruth E. für Männer attraktiver machen würden als sie selbst – speziell für Männer wie Mr Danger. Weshalb sich Alice K. bei dem Bild von Ruth E. und Mr Danger auf dem Parkplatz auch so unwohl fühlt; es verstärkt diesen Verdacht und erfüllt sie mit Wut und Verzweiflung, den beiden üblen Zwillingskindern der Eifersucht.

Ruth E. wühlt in ihrer Handtasche nach einer Zigarette, und Alice K. wirft ihr einen verstohlenen Blick zu. Ruth E. ist so verdammt selbstsicher. Alice K. hasst sie dafür manchmal. Sie hat eine wundervolle Haut und dichtes Haar, das sogar gut aussieht, wenn sie es sich achtlos zu einem Pferdeschwanz zusammenbindet, und ihr Lippenstift scheint nie zu verblassen oder zu verwischen, und manchmal würde Alice K. sie am liebsten erwürgen.

Eifersucht, denkt Alice K. ist ein heimtückisches Gefühl. *Es bringt die schlechtesten Eigenschaften der Menschen zum Vorschein.*

Sie hasst es, auf Ruth E. eifersüchtig zu sein. Sie verabscheut es, aber während sie so dasitzt und über die Unterschiede zwischen ihr und Ruth E. nachdenkt, kann sie nicht anders.

Ruth E. ist so viel lockerer, als ich es bin, denkt Alice K. *Sie ist so viel weniger ängstlich und grüblerisch und liegt auch nicht ständig von Ängsten gebeutelt im Bett und macht sich Sorgen.* Manchmal scheinen diese Unterschiede Alice K. sinnvoll zu ergänzen, aber zu anderen Zeiten, wie etwa jetzt, erregen sie ihren Zorn, so als habe Ruth E. es leichter als sie, als sei diese durch einen zufälligen Lottogewinn frei von so vielen Ängsten, Gewissensnöten und Selbstzweifeln.

Eine Bemerkung fällt Alice K. ein, die Dr. Y. bezüglich des Zusammenhangs von Eifersucht und Misstrauen gemacht hat und darüber, dass diese gewöhnlich als Tandem auftreten.

Alice K. lässt sich diesen Gedanken durch den Kopf gehen: Vielleicht ist es das, was an ihr nagt; vielleicht hat dieser Vorfall die Begleitfrage aufgeworfen, ob Ruth E. vertrauenswürdig ist oder nicht.

Ruth E., denkt Alice K., *ist die Sorte Frau, die wahrscheinlich mit Mr Danger geschlafen hätte, wenn ihr danach gewesen wäre. Wenn sie den Impuls verspürt hätte, wäre sie ihm gefolgt, und das wär's dann gewesen.* Sie hatte etwas Ichbezogenes an sich, eine Fähigkeit, unbekümmert durch die Welt zu gehen, und Alice K. reagiert auf diese Eigenschaften mit einer Mischung aus Neid und Wut.

Genau in diesem Moment unterbricht Ruth E. ihren Gedankengang. »Hör zu, Alice K.«, sagt sie. »Ich glaube wirklich, dass du aus einer Mücke einen Elefanten machst. Nichts ist passiert, okay? Können wir das Thema jetzt bitte fallen lassen?«

Alice K. blickt Ruth E. über den Tisch hinweg an und nickt. »Okay«, sagt sie, »lass es uns vergessen.« Aber in ihrem Inneren weiß Alice K., dass sie lügt.

Zwei Tage später:

Alice K. liegt in ihrem Bett und grübelt über den Begriff Frauenfreundschaft nach.

Ich habe das immer für eine einfache Angelegenheit gehalten, denkt sie. *Ich habe immer gedacht, dass Frauenfreundschaften das Einzige seien, über das man sich keine Sorgen machen müsse.*

Aber das erweist sich als unrichtig.

Ungeachtet von Ruth E.s Versicherungen verließ Alice K. das Restaurant mit dem Gefühl, dass sich ihre Freundschaft verändert hatte, in einer Weise, die sie nicht recht beschreiben konnte, und dann ging sie ein wenig einsam und deprimiert nach Hause und hatte kein Interesse, den restlichen Tag mit Ruth E. zu verbringen.

Dieses Gefühl der Ablehnung hielt an. Am Tag nach ihrem

Gespräch rief Ruth E. Alice K. an und fragte sie, ob sie nicht zusammen ins Kino gehen wollten, und Alice K. log sie doch tatsächlich an. »Ähm ... ich kann nicht«, sagte sie. »Ich habe da so einer Kollegin versprochen, dass wir zusammen was trinken gehen.« Und dann beendete sie das Telefonat rasch. Sie fühlte sich unbehaglich und verwirrt.

Tatsache ist, dass Alice K. noch immer wütend auf Ruth E. ist. Wenn sie an Ruth E. denkt, wie sie mit Mr Danger über den Parkplatz gegangen ist, dann fühlt sie sich noch immer hintergangen, als hätte Ruth E. eine Art ungeschriebenes Gesetzt gebrochen: DU SOLLST NICHT MIT EINEM MANN FLIRTEN, MIT DEM DEINE BESTE FREUNDIN ZU EINEM ZEITPUNKT GESCHLAFEN HAT, DER NOCH NICHT LÄNGER ALS FÜNF JAHRE ZURÜCKLIEGT. Dieses Bild wirkte intim, und die Tatsache, dass Ruth E. sich auf diese Intimität eingelassen hatte, weckte in Alice K. das Gefühl von Verletzung und Entfremdung.

Selbst Ruth E.s Bemühen, den Vorfall abzutun, ärgert Alice K; es wirkt auf sie, als wolle sie über Alice K.s Gefühle hinweggehen, und das, so denkt sie, sollte eine beste Freundin nicht tun.

Alice K. hatte versucht, ein paar dieser Gefühle Dr. Y. mitzuteilen, aber Dr. Y. schien sie nicht zu verstehen (zumindest kam es Alice K. so vor).

»Ich denke, wir sind in mancher Hinsicht einfach verschieden«, hatte Alice K. gesagt. »Ruth E. war schon immer etwas egoistisch, was mich irgendwie stört. Sie ist so viel impulsiver als ich, und ich glaube, sie ist nicht die Art Mensch, die sich notwendigerweise darüber Gedanken macht, wie mir dabei zumute ist, wenn ich sie zusammen mit Jack S. sehe.«

Dr. Y. sah sie ausdruckslos an. »Nun, ist das so schlimm?«, fragte er. »Ist es nicht okay für Sie, dass Sie beide so unterschiedlich sind?«

Alice K. hatte nur mit den Schultern gezuckt, insgeheim verärgert, weil er sich bei Frauenfreundschaften so wenig auskannte. Aber nun, während sie an die Decke starrt, grübelt sie über diese Bemerkung nach. In gewisser Weise, denkt sie, fühlt sie sich durch diese Episode mit Ruth E. in einer Weise, wie sie sich sonst gefühlt hat, wenn sie ein Mann verletzt hat. Es nagt an ihr, und sie fühlt sich missverstanden und schlecht behandelt, und das bringt Alice K. auf die Frage, ob sie nicht zu viel von Ruth E. erwartet.

Dr. Y. hatte sich das auch gefragt. »Die Art und Weise, wie Sie sie beschreiben«, hatte er gesagt, »erinnert mich ein wenig an die Art und Weise, wie sie über Elliot M. gesprochen haben – derselbe Wunsch nach dem idealen Gefährten, derselbe Wunsch nach jemandem, der Sie nie enttäuscht.«

Tränen waren bei dieser Bemerkung in Alice K.s Augen gestiegen. Sie musste daran denken, wie lange sie Ruth E. schon kannte (seit dem College!) und wie sehr sie sich auf diese Freundschaft verlassen hatte, wie diese ihr durch all ihre Enttäuschungen mit Männern, Chefs, ihrer Familie hindurchgeholfen hatte.

Sie hatte Dr. Y. angesehen und geschluchzt: »Aber Ruth E. hat mich wirklich enttäuscht«, hatte sie gesagt. »Ich fühle mich wirklich gekränkt.«

Dr. Y. hatte einen Moment lang geschwiegen und dann sanft gesagt: »Ich weiß. Das kommt manchmal vor.«

Alice K. zieht die Decke hoch und seufzt. Einerseits ist sie noch immer sauer auf Ruth E. und fühlt sich durcheinander. Andererseits weiß sie, dass Dr. Y. Recht hat und dass Enttäuschungen einfach zum Leben gehören. Alice K. hat vielleicht größere Mühe als ein paar andere Menschen, Enttäuschungen hinzunehmen, aber wenn sie vernünftig darüber nachdenkt, weiß sie, dass sie sich nicht vermeiden lassen, dass sie lernen muss, Ebbe und Flut in einer Beziehung zu akzeptieren, ob es nun um Vertrauen, Intimität oder Nähe geht.

Vielleicht lege ich bei Ruth E. höhere Maßstäbe an, denkt sie. *Vielleicht mache ich dasselbe in meinen Beziehungen mit Män-*

nern, nämlich ausflippen, wenn die Dinge nicht perfekt zu laufen scheinen oder sich nur die kleinste brüchige Stelle zeigt.

Alice K. liegt noch ein wenig länger im Bett, denkt darüber nach und bemüht sich, rational zu sein. *Vielleicht hat Ruth E. Recht,* denkt sie. *Vielleicht mache ich aus einer Mücke einen Elefanten, vielleicht sollte ich das einfach auf dem Konto Freundschaftsprobleme verbuchen und versuchen, es gut sein zu lassen.*

Etwa zehn Minuten später klingelt das Telefon, und Alice K. fährt in ihrem Bett hoch.

Blitzartig schießt ihr durch den Kopf: *Das ist Ruth E.! Ruth E. kann meine Gedanken lesen und fühlt sich genauso schlecht wie ich und möchte mit mir reden!,* und so ist Alice K. äußerst erfreut und erleichtert, tatsächlich Ruth E.s Stimme in der Leitung zu vernehmen.

»Habe ich dich geweckt?«

»Nein ... nein ... was ist los?« Alice K. hat das Licht angeknipst, in Erwartung eines langen, freundschaftlichen Gespräches mit Ruth E.

Ruth E. räuspert sich und sagt, sie müsse etwas mit ihr besprechen. In ihrer Stimme schwingt leichtes Unbehagen mit.

»Hör zu, Alice K.«, sagt sie. »Ich habe heute Abend einen Anruf bekommen und muss mit dir darüber reden. Jack S. hat mich gefragt, ob ich mit ihm ausgehen will.«

Sechzehn Stunden später:

»Ich habe ihm dasselbe gesagt wie du: Adios. Sayonara. Hasta la vista, Baby.«

»Wirklich?«

Alice K. sitz mit Ruth E. in einem Restaurant und wird von einem Gefühl der Erleichterung überschwemmt.

»Ja. Ich habe ihm gesagt: ›Hör zu, Jack S. Du warst neulich abends so nett, mich nach Hause zu fahren, und ich weiß das sehr zu schätzen, aber ich bin nicht daran interessiert, mit dir auszugehen. Nein, vielen Dank.«

»Das hast du gesagt?«

»Jawohl. Und ich habe ihm auch gesagt, dass ich die Art und Weise, wie er meine beste Freundin Alice K. behandelt, nicht schätzen würde, und dass ich der Ansicht sei, Männer wie er sollten in regelmäßigen Abständen kopfunter an den Zehennägeln aufgehängt werden, um ihnen eine Lektion in menschlichen Grundgefühlen wie Schmerz zu erteilen.«

»Ruth E., du bist die Beste.«

Ruth E. lächelt. »Ich weiß.«

Dem Himmel sei Dank, denkt Alice K. *Was bin ich erleichtert.*

Nach Ruth E.s Anruf hatte Alice K. nämlich stundenlang wach gelegen und sich das Schlimmste ausgemalt. *O mein Gott,* hatte sie gedacht. *Ruth E. erzählt mir jetzt, dass sie mit Mr Danger ausgeht, und ich werde ihr nie wieder vertrauen können, und ich werde nicht nur Elliot M. verloren haben, der mich seit unserer letzten großen Auseinandersetzung nicht wieder angerufen hat, sondern auch meine beste Freundin!*

Denn Alice K. hat hinsichtlich der Situation eine eindeutige Meinung: Freundinnen gehen nicht mit den Ex-Lovern ihrer besten Freundin aus. Punkt. Ende der Diskussion. Das tun sie einfach nicht. Alice könnte vielleicht – *vielleicht* – Ruth E. einen Flirt mit Mr Danger vergeben (und, um die Wahrheit zu sagen, stand sie auch dieser Idee ein wenig widersprüchlich gegenüber), aber darüber hinaus konnte sie nichts tolerieren. Wenn es um die Freundschaft zwischen Frauen ging, hatte ein Mann keinen Zutritt.

Derartig entschlossen, war Alice K., innerlich auf einen Showdown mit Ruth E. vorbereitet, nach der Arbeit in dem Restaurant aufgetaucht. Sie hatte sich mehrfach ihren Text vorgesagt, ihre Gefühlsmunition gehortet und sicherheitshalber einen großen Scotch bestellt, für den Fall, dass ihre Entschlusskraft nachließe. Und als Ruth E. sich setzte und verkündete, dass – genau wie Alice K. – sie diesem miesen Schürzenjäger gesagt hatte, er solle sich verkrümeln, saß Alice K. voll Ehrfurcht und Dankbarkeit da. *Danke, Gott,* hatte sie gedacht. *Danke, Ruth E.*

Nun, mitten in ihrem Gespräch und bei einer Flasche Wein sitzt Alice K. da und wundert sich. *Ruth E. kann egoistisch und unbedacht sein,* denkt sie, *aber sie ist auf meiner Seite, und das ist das Wichtigste.*

Diese Eigenschaften, das wird Alice K. bewusst, liebt sie auch an Ruth E. Sie mag vielleicht ein wenig nassforsch und unsensibel sein und unbekümmert durchs Leben gehen, ohne immer darüber nachzudenken, was für Folgen ihr Handeln für andere hat. Aber sie ist auch der Typ Frau, der Mr Danger in die Augen blicken und sagen kann, er sollte sich an den Zehennägeln aufhängen lassen, und Alice K. empfindet dafür aufrichtige Hochachtung.

Alice K. muss an eine Therapiesitzung denken, die sie unlängst hatte, während der Dr. Y. darüber redete, wie schwierig es oft für Alice K. sei, Unklarheiten, Gefühlsveränderungen und Momente der Enttäuschung in einer Beziehung zu ertragen. Sie hatte das Problem im höchsten Maße mit Elliot M., ein Problem, das sich darin manifestierte, dass sie nahezu unfähig war, es zu akzeptieren, wenn er nicht ihren Vorstellungen von seiner Rolle in einer Beziehung entsprach, und Alice K. findet den Gedanken beruhigend, dass sie es geschafft hat, eine Periode der Ungewissheit und der Enttäuschung mit Ruth E. durchzustehen.

Dr. Y. hat Recht, denkt sie. *Wenn man in der Lage ist, solche Momente zu tolerieren, dann lösen sich die Dinge gewöhnlich von selbst. Vielleicht bin ich ja gerade dabei, etwas zu lernen.*

Sie lehnt sich zurück und blickt durch den Raum. Einen Moment lang, stellt Alice K. fest, ist ihr ganz friedlich zumute, verspürt sie das seltene Gefühl, in der Lage zu sein, mit Beziehungen klarzukommen, schlechte Zeiten hinzunehmen und die guten zu schätzen.

Und genau in diesem Moment kommt ein Mann in das Restaurant, jemand den Alice K. seit Jahren nicht mehr gesehen hat. Alice K. nimmt ihn wahr und starrt ihn mit offenem Mund an.

»O mein Gott«, flüstert sie.
»Was?«
»Da drüben...« Sie stockt. Alice K. ist sprachlos.
»Der Typ da in der Lederjacke. Ich kann nicht glauben, dass er es ist. Ich habe ihn seit Jahren nicht gesehen.«

Alice K. deutet in seine Richtung, und Ruth E. wirft einen verstohlenen Blick auf ihn. »Nett«, sagt sie.

Alice K. dreht sich herum und blickt Ruth E. an. Sie fühlt, wie sie rot wird, und ihre Hände zittern.

»Erkennst du ihn nicht?«, fragt sie. Sie sieht erneut zu ihm hin. »Das«, sagt sie, »ist Mr Cruel.«

Zwei Stunden später:

Alice K. liegt von Angst und Zweifeln geplagt in ihrem Bett.

Er ist wieder da, denkt sie. *Mr Cruel ist zurück.*

Sie ist überrascht.

Alice K. hatte mit Mr Cruel vier Jahre lang eine Beziehung gehabt; er war über vier lange und wahnsinnig schwierige Jahre hinweg ihr launischer und komplizierter Lover gewesen. Sie hatte ihn, ein Jahr nachdem sie das College abgeschlossen hatte, kennen gelernt und sah ihn nach wie vor als ihre erste Erwachsenenbeziehung an – oder zumindest als die erste, in der sie etwas über das Erwachsensein gelernt hatte.

»Mr Cruel, das hieß Leid, Macht und Unterdrückung.«

Alice K. hat oft zu Dr. Y. gesagt: »Mr Cruel, das bedeutete, sich in einer unbefriedigenden Beziehung zu befinden, sich dies jedoch nicht eingestehen zu wollen und sich zu weigern aufzugeben und etwas anderes zu tun, als dasselbe Drama wieder und wieder zu durchleben. Mr Cruel war Mr Danger mit einem Gehirn.«

Es schaudert sie. Wenn Alice K. Dr. Y. von dem launischen und komplizierten Mr Cruel erzählt, rast ihr Herz noch immer.

Oh, diese Erinnerungen, dieses Trauma. Alice K. starrt an die Decke und denkt zurück.

Irgendwann zum Ende ihrer Beziehung hin hatte Mr Cruel praktisch in allen Aspekten dominiert. Ihr Selbstwertgefühl war wie ein Barometer gefallen oder gestiegen, je nachdem, wie er auf sie reagierte. Mr Cruel hatte so viel Macht über Alice K. gehabt, dass sie sich wie ein Stück Wachs gefühlt hatte: weich, formbar und willens, sich in jede Form pressen zu lassen, die ihm genehm war. Das war der Grund, warum sie ihn Mr Cruel nannte (sein wirklicher Name ist Johnny D.; echtes Pseudonym, geänderte Initiale). Alice K. war sich vorgekommen, als würde sie in seiner Handfläche leben und als könnte Mr Cruel jeden Moment seine Hände zusammenschlagen und sie wie ein Insekt zerquetschen.

Alice K. hat Jahre gebraucht, um diesen Teil ihrer Vergangenheit zu ergründen, zu verstehen, was sie so sehr zu Mr Cruel hingezogen hatte und was falsch gelaufen war.

Sie hatte ihn auf einer Dinnerparty von gemeinsamen Freunden kennen gelernt. Anfangs mochte sie ihn nicht. Alice K. fand Mr Cruel gut aussehend und ziemlich charismatisch, aber auch verbohrt und arrogant; sie erinnert sich, dass sie ihn damals für einen unsicheren Mann hielt, der dies damit überkompensierte, dass er mit seinem Wissen prahlte. Aber Mr Cruel machte Alice K. heftig den Hof, mit einer Hartnäckigkeit und einer Gewandtheit, wie sie nie zuvor erlebt hatte. Mr Cruel umwarb sie, verführte sie, drückte genau auf die richtigen Knöpfe.

Die meisten davon, das wird Alice K. in der Rückschau deutlich, hatten mit Wörtern wie *Vertrauen, Bestätigung* und *Sicherheit* zu tun. Zum damaligen Zeitpunkt ihres Lebens, frisch vom College und wahnsinnig unsicher hinsichtlich dessen, wer sie war und in welche Richtung sie gehen sollte, war Alice K. verzweifelt auf der Suche nach etwas (oder jemandem), der ihr dabei half, sich reif, gescheit und selbstsicher zu fühlen. Und dann tauchte Mr Cruel auf: ein stürmischer, lebhafter, augenscheinlich selbstbewusster Künstler, der ein paar

Jahre älter war als Alice K. und eine viel ausgeprägtere Persönlichkeit besaß als sie.

Tatsächlich präsentierte sich Mr Cruel Alice K. als die geeignete Lösung (zumindest nahm sie ihn so wahr, wobei sie heute noch nicht weiß, ob das einen Unterschied macht), und es war nur eine Sache von Monaten, bis sie sich ihm völlig ausgeliefert hatte, ihren Stolz, ihre Zukunft und auch noch das letzte Fünkchen Selbstachtung preisgab.

Erschaffe mich! Erfinde mich! Sage mir, wer ich bin! Während sie so in ihrem Bett liegt, denkt Alice K., dass sie genauso gut T-Shirts mit diesem Aufdruck hätte tragen können. Das Problem war natürlich, dass Alice K. trotz dieser Bedürfnisse in gewisser Weise wusste, dass niemand die Macht hatte, ein Leben für sie »zu erfinden«, nicht einmal Mr Cruel. In gewisser Weise wusste sie auch, dass das Leben kein Brettspiel war, dass sie nicht einfach die drei Felder mit der Aufschrift HERANWACHSEN überspringen konnte, um, ohne auch nur mit der Wimper zu zucken, auf dem Feld ERWACHSEN zu landen.

Selbst wenn also Alice K. Mr Cruel Macht über ihr Leben, ihre Gefühle und ihre Zukunft verlieh, wusste sie, dass es falsch war; die Taktik war zum Scheitern verurteilt.

Und sie scheiterte auch entsprechend.

Mr Cruel war aufregend, entscheidungsfreudig und voller Wagemut, aber er hatte gleichzeitig auch einen Kontrollzwang und war nur zu willens, bei der Erfindung von Alice K. behilflich zu sein, sie neu zu erschaffen, ihr zu erzählen, wer sie war. Ihr erster Instinkt war richtig gewesen – Mr Cruel war wahnsinnig unsicher, und er versuchte Alice K. zu jemandem oder etwas zu formen, das ein gutes Licht auf ihn warf, jemanden, der ihn stärken, der neben ihm auf der Straße gut aussehen würde. Manchmal dachte Alice K., wenn sie in Mr Cruels Apartment lag, dass sie sagenhaft reich wäre, wenn sie einen Dollar für jedes »Du solltest« bekäme, das Mr Cruel von sich gab.

»Du solltest auf die Kunstschule gehen.«

»Du solltest den Kontakt zu deinen Collegefreundinnen abbrechen.«

»Du solltest Sport machen, dir die Haare schneiden, dies nicht mehr tragen, sondern stattdessen jenes anziehen.«

Der Teil Alice K.s, der nach Führung und Bestätigung gierte, sprang wahnsinnig darauf an; sie wollte glauben, dass Mr Cruel wusste, was richtig für sie war, und sogar mehr, sie wollte ihm gefallen und die Person werden, die er offenbar aus ihr zu machen gedachte.

Aber ein anderer Teil von ihr sah diese »Du solltest« als Bedingungen an – du wirst dies und das, und ich akzeptiere dich –, und das missfiel ihr zutiefst. »Warum kannst du mich nicht einfach so nehmen, wie ich bin?« Manchmal stand sie in Mr Cruels Wohnung und schrie dies laut. »Was ist, wenn ich keinen Sport mache? Wenn ich Freundinnen habe, die du nicht magst? Was macht das für einen Unterschied?«

Natürlich konnte Mr Cruel Alice K. nicht akzeptieren, wie sie war, zum Teil weil Alice K. dazu selbst nicht in der Lage war, zum Teil weil (so ihr heutiger Verdacht) er unfähig zu dieser Art von Liebe war.

Dr. Y. fordert Alice K. häufig auf, sich Beziehungen als einen Tanz vorzustellen: Wer führt, wer lässt sich führen, wer bestimmt Takt, Tempo und Musik? Wenn sie zum Beispiel an ihre Beziehung mit Elliot M. denkt, hat Alice K. einen netten, einfachen Twostep im Kopf: nicht zu leidenschaftlich, nicht zu schwer zu bewältigen, aber gemütlich. Die Musik ist angenehm und man tritt sich nicht gegenseitig auf die Zehen.

Im Falle von Mr Danger hat Alice K. die Musik nie recht herausgefunden.

Und mit Mr Cruel? Ein leidenschaftlicher Tanz, bei dem es nur so fetzt: *Peng!* Sein Wunsch, sie zu dominieren, prallt gegen ihren Wunsch nach Unabhängigkeit. *Boing!* Ihr Wunsch nach jemandem, der ihr sagt, wie sie ihr Leben gestalten soll, prallt gegen seine Unfähigkeit, sie zu akzeptieren, wie sie ist.

Alice K. hat Mr Cruel jahrelang nicht gesehen. Er war schließlich nach New York gezogen, um seine Malerkarriere weiterzuverfolgen, und nachdem sie sich eine Weile damit gequält hatte, was sie tun sollte, war Alice K. zu dem Entschluss gelangt, nicht mit ihm zu gehen. »Die beste Entscheidung, die ich je getroffen habe«, sagte sie wiederholt zu Ruth E. »Das war eine furchtbare Beziehung. Eine Katastrophe.«

Aber ein Teil von Alice K. hatte sich stets gefragt: Wenn sie sich zu einem anderen Zeitpunkt kennen gelernt hätten, wäre ihre Beziehung dann anders verlaufen? Wenn sie festeren Boden unter ihren Füßen gehabt und sich sicherer gefühlt hätte, hätte es dann funktionieren können? In den besten Zeiten schien Mr Cruel Elliot M.s Intelligenz und Sensibilität und Mr Dangers Distanz und Charme in sich zu vereinen. Sie hatte nie zuvor und auch danach nie mehr jemanden getroffen, von dem sie in gleicher Weise überwältigt gewesen wäre.

Und nun, denkt Alice K., ist er zurück.

Sie hat Mr Cruel geliebt. Sie hat ihn gehasst. Und jetzt brennt sie darauf, sich mit ihm zu treffen.

Drei Tage später:

»Wovor fürchten Sie sich? Was kann im schlimmsten Fall passieren?«

Alice K. ist mitten in einer Sitzung mir Dr. Y., und Dr. Y. befragt sie zu Mr Cruel.

Alice K. weiß nicht, was sie sagen soll. Alice K. ist in Panik. Denn am Abend trifft sich Alice K. mit Mr Cruel zum Abendessen.

Alice K. wird dies nicht Dr. Y. erzählen, aber ihre quälendste Sorge ist nicht, was mit Mr Cruel passieren könnte. Im Moment macht sie sich keine Gedanken darüber, was an altem Ärger, Erinnerungen oder Gefühlen dieses Treffen womöglich aufrühren würde. Im Moment ist sie vorrangig mit einer wichtigeren Frage beschäftigt:

Was zum Teufel soll ich anziehen?

Alice K. wühlt in Gedanken wie wahnsinnig ihren Kleiderschrank durch auf der Suche nach einem Outfit, das aussagen soll: »Ich bin über dich hinweg, Mr Cruel. Ich bin eine erfahrene und reife und äußerst begehrenswerte Frau geworden, und du wirst mich ansehen, dann daran denken, wie du mich behandelt hast, und dir dann wünschen, du könntest einen Dolch nehmen und ihn dir hier und jetzt mitten ins Herz stoßen.«

Ruth E. plädiert für ein kleines Schwarzes von Donna Karan mit tiefem Ausschnitt, aber Alice K. ist der Ansicht, dass das doch zu viel des Guten wäre.

Dr. Y. unterbricht ihren Gedankengang: »Was wird denn Ihrer Meinung nach passieren?«

Sie sinniert darüber nach. Was stellt sich Alice K. vor? In ihrer Fantasie geht es natürlich um Rache: Sie würde gern in das Restaurant schweben und zu Mr Cruel sagen: »Ha! Siehst du? Ich habe dich letzten Endes doch nicht gebraucht. Es hat sich herausgestellt, dass ich sehr gut ohne dich auskomme. Und jetzt werde ich dich dahin bekommen, mich so sehr zu begehren, wie ich dich damals begehrt habe, um dich dann zurückzuweisen, damit du – endlich! – weißt, wie schrecklich man sich in dieser Position fühlt.«

Aber Dr. Y. fragt nach der Realität und nicht nach ihrer Fantasie: Was wird Alice K.s Meinung nach wirklich geschehen?

»Ich weiß nicht«, sagt Alice K. »Ich weiß es ehrlich nicht.« Ein Teil von ihr kann sich eines dieser nostalgischen, bittersüßen Wiedersehen vorstellen: Sie werden dasitzen, sich erzählen, was in der Zwischenzeit passiert ist, einander dafür bewundern und sich all die Gründe ins Gedächtnis rufen, warum sie sich damals ineinander verliebt hatten, und dann wehmütig, mit einem warmen Gefühl im Herzen auseinander gehen. Und ein anderer Teil von ihr kann sich vorstellen, dass nach wie vor all die alten Probleme unter der

Oberfläche kochen: die alten Ressentiments, Verletzungen, Eifersüchte.

Irgendwie hoffe ich wahrscheinlich, dass es ihm mies geht. Dass seine Karriere als Maler stagniert und dass er in einer schrecklichen Beziehung steckt und New York hasst und...

Alice K. denkt alle diese Dinge, aber sie kann sie Dr. Y. nicht sagen. Sie klingen so rachsüchtig und gemein.

Er stellt ihr eine andere Frage: »Hoffen Sie in irgendeiner Weise auf Versöhnung? Haben Sie irgendwelche romantischen Fantasien?«

Alice K. gestattet sich, diese eine Frage zu beantworten: »Ja. Eindeutig. Ein Teil von mir hofft, dass wir uns, na ja, einfach in die Arme fallen und all das Gute, das wir zusammen erlebt haben, wieder wach werden lassen, ohne den ganzen Scheiß.«

»Und scheint Ihnen das wahrscheinlich?«

Alice K. schüttelt den Kopf. »Nein, ich bezweifle es. Es scheint mir unmöglich.«

Am Nachmittag sitzt Alice K. dann auf ihrem Sofa und lässt sich diesen Wortwechsel durch den Kopf gehen. *All das Gute, das wir zusammen erlebt haben, wieder wach werden zu lassen;* das, so hatte sie Dr. Y. gesagt, hoffe ein Teil von ihr.

Aber was genau war das Gute, das sie zusammen erlebt hatten? Es hatte nie wirkliches Einvernehmen oder gar eine Freundschaft zwischen ihnen bestanden; sie und Mr Cruel hatten die ganze Zeit gestritten. Nein, es war noch verkorkster gewesen; es war das Gefühl einer mit Verzweiflung gemischten Erregung gewesen; Mr Cruel hatte die Hoffnung verkörpert.

Im Rückblick versteht Alice K., dass sie von Mr Cruel das Unmögliche gefordert hatte: Er sollte ihrem Leben Form und Struktur geben, sie von einem hilfsbedürftigen, unsicheren jungen Mädchen zu einer selbstbewussten, lebensbejahenden jungen Frau machen. Und was diese Beziehung so absolut reizvoll machte, war, dass dies manchmal – *manchmal* – tatsächlich möglich schien. Dann sah Mr Cruel sie einfach so an – mit einer gewissen Zärtlichkeit und Anerkennung und einem gewissen Stolz im Blick –, und ein sonderbares Gefühl von Sieg überkam sie, als habe sie es geschafft, als habe sie eine außergewöhnlich schwere Prüfung auf sich genommen und bestanden.

Sie erinnert sich an einen flüchtigen Moment zu Beginn ihrer Beziehung, als sie und Mr Cruel abends zusammen in ihrer Wohnung kochten. Alice K. war dabei, die Sauce zu rühren, als Mr Cruel hinter sie trat und sie auf den Nacken küsste. Sie drehte sich um und sah, wie er sie mit diesem Ausdruck in seinen Augen anblickte – bestätigend, zufrieden –, und Alice wurde von einem Gefühl überwältigt, das sie (wie sie jetzt feststellt) die ganze restliche Zeit ihrer Beziehung versucht hatte, wieder einzufangen: ein Gefühl, dort angekommen zu sein, wo man hingehörte, die Empfindung, dass Kampf, Zwiespältigkeit und Komplexität – alles Dinge, die Alice K.s Innenleben kennzeichneten – verschwinden würden, wenn sie nur dort stehen bleiben könnte, dort in ihrer Küche mit Mr Cruel.

Alice K. seufzt, während sie daran denkt. Sie hatte dasselbe Gefühl ganz zu Beginn ihrer Beziehung mit Elliot M. gehabt – dieses Gefühl von Wärme und Angenommensein, dieses Gefühl, dass die Schlacht vorüber war und sie gewonnen hatte –, aber es ist augenscheinlich verschwunden, und Alice K. weiß noch immer nicht, warum.

Sie hatte das Dr. Y. gegenüber zur Sprache gebracht: »Vielleicht lag es daran, dass Elliot M. mich nicht weiteren Prüfungen unterzogen hat«, überlegte sie. »Vielleicht lag es daran, weil dieses konstante Gefühl, um Anerkennung kämpfen zu müssen, nicht da war. Da war kein Kampf, keine Schlacht, aber daher war es auch nicht so aufregend.«

Während sie so auf ihrem Sofa sitzt, sinniert Alice K. darüber nach. *Brauche ich das wirklich? Muss eine Beziehung solch ein großer, heftiger Kampf sein, damit sie wirklich erscheint und aufregend?*

Einen flüchtigen Moment lang durchzuckt Alice K. eine Sehnsucht nach Elliot M., dem lieben, netten, verantwortungsbewussten Elliot M., den sie seit ihrem letzten großen Streit nicht mehr gesprochen hatte.

Aber sie verscheucht diesen Gedanken – sie versteht ihn nicht, möchte ihm nicht nachhängen – und steht vom Sofa auf. Wichtigere Aufgaben rufen: Alice K. muss das Richtige zum Anziehen finden.

9. Leben im Büro

Alice K. wär so gerne Italienerin

Alice K. sitzt an ihrem Schreibtisch und wünschte, sie wäre eine Italienerin.

Das ist kein leichtfertiger oder vorübergehender Wunsch. Alice K. will schon seit einer ganzen Weile furchtbar gerne Italienerin sein. Sie liebt Pasta. Sie liebt italienischen Wein. Aber vor allem ist Alice K. zu der Ansicht gelangt, dass sie, wenn sie Italienerin wäre – oder zumindest ein italienisches Temperament hätte –, die heutige Zeit nicht so elend und schrecklich fände.

Sehen wir uns zum Beispiel Alice K. bei der Arbeit an. Wie die meisten ihrer Kollegen in diesen wirtschaftlich harten Zeiten verbringt Alice K. etwa fünfzig Stunden die Woche im Redaktionsbüro der ›Grünen Göttin‹ und etwa weitere vierzig Stunden damit, sich darüber Gedanken zu machen.

Sie macht sich Sorgen, ob sie ihre Arbeit gut macht, und darüber, wohin sich ihre Karriere entwickelt, und sie macht sich darüber Gedanken, ob die wirtschaftliche Situation sich je verbessern und sie selbst in der Lage sein wird, einen anderen Job in einem anderen Bereich zu finden. Sie macht sich Gedanken darüber, überarbeitet und unterbezahlt zu sein, und darüber, ob das, was sie tut, sie befriedigt.

Nach der Arbeit geht sie mit befreundeten Kollegen auf einen Drink (nur einen!), und sie unterhalten sich über die Arbeit. Wenn sie nach Hause kommt, arbeitet sie dort entweder weiter oder sie geht schlafen, weil sie vom Arbeiten so müde ist.

Wenn sie Italienerin wäre, denkt Alice K., dann hätte sie eine wesentlich lockerere Einstellung der Arbeit gegenüber. Sie würde ins Büro gehen und wieder nach Hause, und – *presto!* – das wär's dann. Sie würde mit Freunden und Verwandten ausgedehnte und üppige Menüs zu sich nehmen. Sie würde Wein trinken, bis weit nach Mitternacht aufbleiben und dann bis zu einer vernünftigen Uhrzeit am nächsten Morgen schlafen.

Vor ein paar Jahren war Alice K. auf der Hochzeit einer Freundin gewesen, die einen Italiener heiratete. Sie unterhielt sich dort mit einem Mann, der früher als Investment-Banker in New York gearbeitet hatte und nach einem Nervenzusammenbruch nach Rom gezogen war, über die unterschiedliche Arbeitsauffassung von Italienern und Amerikanern.

»Es hört sich nach einem Klischee an, aber es ist wahr«, sagte er. »Amerikaner leben, um zu arbeiten, und Italiener arbeiten, um zu leben.«

Alice K. nickte und lächelte, aber innerlich konnte sie über diese Bemerkung nur höhnisch grinsen. Zu dieser Zeit hatte Alice K. ihre Karriere im Journalismus eben erst gestartet und war voller Ambitionen, voller Träume von Ruhm und Reichtum. Arbeiten, um zu leben? Ha!

Aber wie die meisten ihrer Freunde heutzutage stellt Alice K. langsam fest, dass sie den größten Teil der letzten zehn Jahre nur mit arbeiten, arbeiten und arbeiten verbracht hat. Obwohl sie beim Magazin ›Grüne Göttin‹ relativ glücklich ist, wird ihr bewusst, dass sie in all der Zeit eigentlich kein wirkliches Leben gehabt hat. Kaum Ferien. Fast keinen Ausflug an die Küste. Und nahezu keine Nacht schläft sie gut.

Wie viel besser, denkt Alice K., wäre es, Italienerin zu sein, das tief verwurzelte Gefühl zu haben, dass das Leben täglich stattfindet und nicht nur gelegentlich samstags, wenn man es sich zeitlich einrichten kann.

Sie kritzelt auf ihrer Schreibtischunterlage herum und seufzt. Ah, denkt sie. Italienerin zu sein. Lachen, sich amüsieren und Italiano zu sprechen! *Amore* zu genießen. Und am besten von allem – ja, Alice K. kribbelt es, wenn sie nur daran denkt –, seinen Gefühlen, seiner Wut und seinem Zorn freien Lauf lassen zu können.

Ah, wie sehr sehnt sich Alice K. danach, emotional aus sich herauszugehen und ihre Wut und ihren Zorn wie die Italiener offen zu zeigen. Als verantwortungsbewusste und erwachsene Frau von heute legt Alice K. ihren Gefühlen enge Zügel an und behandelt die heftigsten von ihnen wie, sagen wir, schwere Hämorrhoiden.

Still und im Verborgenen. In der Abgeschiedenheit ihrer vier Wände.

Vor zwanzig, fünfundzwanzig Jahren war das nicht ganz so, als noch jeder eine Therapie machte und mit seinen Gefühlen, seiner Wut und seinem Zorn bei seinem Therapeuten herausplatzen konnte. Und in den sechziger Jahren war es mit Sicherheit nicht so; da war es geradezu unerlässlich, seinen Gefühlen, seiner Wut und seinem Zorn freien Lauf zu lassen –, man denke nur an all die Demonstrationen, die Sprechchöre und das Verbrennen von Büstenhaltern.

Aber heutzutage, denkt Alice K., ist es nicht mehr erlaubt, mit seinen Gefühlen, seiner Wut und seinem Zorn herauszuplatzen, heute gibt es keine Möglichkeit mehr, einfach loszulassen. Die Menschen haben so große Angst, ihren Job zu verlieren, dass sie am Arbeitsplatz nicht frei herausreden. Sie sind so sehr bemüht, in Gesellschaft nur Korrektes zu sagen, dass sie sich entweder über gefahrlose Dinge unterhalten (die Arbeit) oder einfach den Mund halten. Und die Menschen sind derartig ernüchtert und fatalistisch, was Beziehungen betrifft, dass sie der Ansicht sind, es bringe auch nichts, dem Partner gegenüber seine Gefühle, seine Wut und seinen Zorn herauszulassen –, es ändert ja doch nichts, also kann man das, was man fühlt, genauso gut für sich behalten. Deshalb laufen Alice K. und ihre Freunde erschöpft und mit sparsamem Gesichtsausdruck durch die Gegend, und niemand sagt etwas Provokatives.

All dies sähe anders aus, vermutet Alice K., wenn sie Italienerin wäre. Sie hätte einen wahnsinnig leidenschaftlichen Ehemann, und zusammen hätten sie eine wahnsinnig leidenschaftliche Familie mit wahnsinnig leidenschaftlichen Kindern und würden beim Abendessen vor riesigen Pasta-Schüsseln sitzen und sich von der Dämmerung bis zum Morgengrauen anschreien.

Was willst du damit sagen, du gehst nicht aufs College? Platsch! Was soll das heißen, du hast kein Kondom benutzt? Klatsch! Sie würden fürchterlich herumschreien und dann weinen und sich umarmen und sich gegenseitig in einer Flut aus leidenschaftlichen Tränen ihre Liebe beteuern, und alles wäre wieder in Ordnung.

Wie sehr unterschied sich dies von Alice K.s momentanem Umgang mit ihren Mitmenschen, von denen die meisten Angst vor den eigenen Gefühlen haben, ihre Aggressionen und ihren Groll unterdrücken und stattdessen aus dem Hinterhalt heraus agieren.

Alice K. macht das ebenfalls und sie gibt es auch zu. Wenn sie sich im Büro ärgert, rennt sie zur Damentoilette und weint. Wenn sie sich über Kollegen aufregt, dann sagt sie keinen Piep und verhält sich wochenlang kalt und abweisend. Es ist nicht so, dass sie keine negativen Gefühle hätte, nur dass diese sich lediglich auf diese hässliche, schleichende, unerfreuliche und heimtückische Weise ausdrücken. Sie zerbricht sich darüber den Kopf.

Der Nachmittag schleppt sich dahin und Alice K. wird immer niedergeschlagener. Warum hatte sie nicht in einem hübschen Bauernhaus in der Toscana aufwachsen können?

Warum konnte sie nicht wahnsinnig leidenschaftliches Blut in ihren Adern haben anstelle dieses kleinmütigen und furchtsamen? Warum musste sie so ... so *amerikanisch* sein?

Aber dann plötzlich hellt sich Alice K.s Miene auf. Sie hat eine brillante Idee. Schließlich gibt es ein Gebiet in Amerika, auf dem man nicht so besessen arbeiten muss, wo man vollkommen langweilig und trocken und trotzdem erfolgreich sein kann. Es gibt einen Bereich in Amerika, in dem es nach wie vor möglich ist, regelmäßig mit seinen Gefühlen, seiner Wut und seinem Zorn herauszuplatzen, ein Terrain, auf dem all dies und noch mehr möglich ist.

Sie setzt sich auf und lächelt. Das ist es! Vielleicht geht Alice K. ja in die Politik!

Der Büroschleimer

Das Büro des Magazins ›Grüne Göttin‹, in dem Alice K. arbeitet, hat keine Fenster.

Das ist ein Problem.

Es hat auch keine Klimaanlage. Das ist ein anderes Problem.

Aber Alice K. kann damit leben. Sie kann mit dieser unzureichenden Ventilation leben und dem Gefühl, eingesperrt und gefangen zu sein. Sie kann mit der Neonbeleuchtung und den sterilen gesichtslosen Arbeitsplätzen leben. Womit sie größere Probleme hat – sehr viel größere –, ist der Büroschleimer.

Der Büroschleimer ist dieser große Schwachkopf, der ein Auge auf Sie geworfen hat und auf seine Chance lauert, aber zu linkisch und ungeschickt ist, um viel mehr zu tun als an Ihrem Schreibtisch herumzuhängen, irgendeine Konversation vom Zaun zu brechen, die ins Nichts führt, Ihnen plumpe Komplimente zu machen und ganz allgemein wie ein großer, hungriger Hund um Sie herumzuschwänzeln und zu schnüffeln, der wieder und wieder kommt, weil er denkt, dass sich irgendwann das Blatt vielleicht doch einmal zu seinen Gunsten wendet und er Sie brünstig vorfindet.

»*Ähm ... Hey, Alice, also ... ähm, wie geht's so?*« (Schnüffel, schnüffel.)

»*Also, ähm ... hast du gestern Abend Letterman gesehen?*« (Schleim, schleim.)

»*Äh ... das ist ein wirklich hübscher Pullover.*« (Sabber, sabber.)

Das Problem mit diesem Typen ist, dass seine Ungeschicklichkeit Sie in die achte Klasse zurückkatapultiert, als Sie genauso unbeholfen und durchschaubar waren, wenn Sie für jemanden schwärmten, wie er es jetzt ist, weshalb Ihnen die Haare praktisch zu Berge stehen, wenn er angetapert kommt und sich mit Ihnen zu unterhalten versucht, so schrecklich sind die Assoziationen.

Weshalb man diesem Büroschleimer praktisch auch nicht mit mehr als zwei Worten antworten kann.

»*Wow, Alice K., du trägst aber einen wirklich hübschen Nagellack. Was' n das für eine Farbe?*«

»Rot.«

[Linkische Pause]

»*Oh ... Ähm, was schreibst du denn da gerade?*«

»*Eine Aktennotiz.*«

[Linkische Pause]

»*Oh ... also ...*«

Alles, was über mehr als zwei Worte hinausgeht, ermutigt den Schleimer und lässt ihn stundenlang an Ihrem Schreibtisch herumhängen, was Ihnen enorme Schuldgefühle und großes Unbehagen einträgt. Einmal, zu Beginn ihrer Anstellung bei der Zeitschrift ›Grüne Göttin‹ und bevor sie es lernte, sich den Büroschleimer vom Hals zu halten, landete Alice K. am Ende mit ihm doch tatsächlich in einer zwanzigminütigen Unterhaltung über Schaumfestiger.

Der Schleimer war angetapert gekommen, um ihr ein absurdes Kompliment zu machen. Er sagte: »*Also, der hat mir wirklich gefallen, dieser Bericht, den du da geschrieben hast... worüber war er noch mal?*«

Alice K., die sich als neue Mitarbeiterin verpflichtet fühlte, höflich zu sein, und noch nicht wusste, wer es verdiente, dass man nett zu ihm war, und wer nicht, zermarterte sich das Gehirn. Sie war erst seit zwei Wochen als Redakteurin für die Sparte »Neues auf dem Markt« zuständig, und die einzigen Worte, die sie geschrieben hatte, waren drei Zeilen über eine neue Art Schaumfestiger mit Bananenduft.

Sie sagte: »Sie meinen die Sache über den Schaumfestiger?«

Der Schleimer warf ihr einen dankbaren Blick zu. »Ja, ja, das mit dem Schaumfestiger. Das war's. Also, ... ist das Zeug, also ist es wirklich gut, oder wie ist das?«

Und so folgte ein zwanzigminütiger Dialog darüber, wie die Schaumfestigerfirma den Schaumfestiger dazu brachte, nach Banane zu riechen, und ob das gut oder schlecht war und ob nicht manche Frauen lieber hätten, dass ihr Haar, sagen wir, einen Duft nach Pfirsich oder Limone hätte, und ... na ja, nach etwa fünfminütiger Unterhaltung wurde Alice K. sich heftig bewusst, dass sie es hier tatsächlich mit einem Büroschleimer zu tun hatte, worauf ihr ganz unbehaglich zumute wurde und sie den Rest des Gesprächs damit verbrachte, zu befürchten, dass ihre Kollegen, die sie noch nicht sehr gut kannten, denken könnten, sie sei eine komplette Null, weil sie sie beobachtet hatten, wie sie mit dem Büroschleimer zwanzig Minuten lang eine höfliche Konversation über Schaumfestiger geführt hatte.

In einem Büro zu arbeiten ist wie in die achte Klasse gehen. Alice K. denkt oft darüber nach, und die lauernde Präsenz des Büroschleimers erinnert sie konstant und auf unerfreuliche Weise daran. Die Grüppchen. Der stets präsente unausgesprochene Beliebtheitswettbewerb. Der büroweite Konsens darüber, wer oben ist, wer unten, wer in, wer out, wer seltsam war und wer einfach ganz augenscheinlich völlig daneben. Das Spielchen läuft ein klein wenig subtiler, weil alle beteiligten Personen vorgeblich erwachsen sind, aber es ist wirklich das Gleiche. Überall herrscht achte Klasse.

Das ist auch der Grund, warum es immer ein so qualvoller Prozess ist, wenn man einen neuen Job antritt. In ihren ersten Wochen bei der ›Grünen Göttin‹ machte sich Alice K. wirklich keine Gedanken darüber, ob sie in der Lage war, die Arbeit zu tun, oder wie ihr Verantwortungsbereich wirklich aussah oder ob sie mit dem Computersystem klarkäme. Nein, viel mehr quälten sie Probleme wie, was sie am ersten Tag anziehen und was sie in der Mittagspause machen sollte und ob sie wohl jemand nach der Arbeit auf einen Drink einladen würde. In anderen Worten, sie machte sich Sorgen darüber, ob die anderen Kinder sie leiden mochten.

Dies ist Alice K.s Meinung nach eines der großen offenen Geheimnisse um die Gründe für den Verlust an Produktivität in Amerika. *Hat der Arbeitsminister überhaupt eine Vorstellung davon, wie viel Zeit die Leute Zeit damit verbringen, sich über ihr Zusammenleben und ihren Status im Büro Gedanken zu machen? Sind sich die Teamleiter darüber bewusst? Sollte ihnen das nicht einmal jemand sagen?* Sie liegt nachts wach und denkt über diese Frage nach.

Alice K. benötigte volle sechs Wochen – sechs –, um sich im Büro wohl genug zu fühlen und mit der Erledigung der eigentlichen Arbeit wirklich beginnen zu können. Sechs Wochen, in denen sie damit beschäftigt war, einfach höflich genug zu sein, um nicht für aggressiv gehalten zu werden, freundlich genug, um nicht als Snob angesehen zu werden, fleißig genug, um nicht als Drückebergerin zu gelten, und locker genug, um nicht den Stempel Streberin aufgedrückt zu bekommen. Sechs Wochen, in denen sie versuchte, zu den anderen Frauen im Büro ein kameradschaftliches Verhältnis zu entwickeln, sich mit ihnen über ihre Haare, ihre Schuhe und ihre Lebenspartner zu unterhalten und ihnen im Gegenzug genügend über sich selbst zu erzählen – nicht zu viel, um nicht zu schwatzhaft zu wirken, und nicht zu wenig, damit niemand denken würde, sie habe etwas zu verbergen. Sechs Wochen Mittagessen hier und Drinks da, kleine Unterhaltungen in der Damentoilette und kleine Schlüsselgespräche an der Kaffeemaschine.

Und was daran nach Alice K.s Ansicht so perfide ist und so sehr an die achte Klasse erinnert, ist, dass immer jemand – irgendjemand – dabei geopfert wird. Irgendjemand passt nicht rein, ist einfach ein wenig zu doof, linkisch und ungeschickt, einer muss derjenige sein, den man nicht leiden kann, damit sich die restliche Gruppe in noch stärkerem Maße akzeptiert fühlen kann.

In anderen Worten: Jemand muss der Prügelknabe sein. Und der endet dann als Schleimer.

Er kommt angedackelt, scharwenzelt um sie herum und sagt: »*Hey, Alice K. . . . hast du in letzter Zeit einen guten Film gesehen?*«

Alice K. gibt vor, sehr, sehr beschäftigt zu sein. Sie blickt auf, scheinbar in Gedanken. »*Ich? Nein.*«

Die ›Grüne Göttin‹: ein Frontbericht

Hier einige der Projekte, für die Alice K. in ihrer Funktion als Redakteurin für die Sparte ›Neues auf dem Markt‹ zuständig war.

Körperpartieweiser Wirksamkeitstest von Sonnenschutzmitteln. Alice K. musste dabei sieben verschiedene Fabrikate auf sieben verschiedenen Körperteilen applizieren (Wade, Oberschenkel, Unterarm und so weiter) und dann einen kompletten Tag auf dem Dach der ›Grünen Göttin‹ verbringen. Ergebnis: Alice K. beendete den Test mit einem perfekt weißen linken Unter- und rechten Oberarm, einer leicht geröteten Brust, einem leichten Sonnenbrand auf dem rechten Bein und einem so schweren Sonnenbrand auf ihrem linken Oberschenkel, dass sie damit in die Notaufnahme musste. Alice K. konnte den ganzen Sommer nicht an den Strand, weil sie einer Patchworkdecke glich. Die Story war jedoch ein Erfolg.

Lippen-Therapie-Report. Alice K. testete zwölf Tage lang täglich ein anderes Lippenschutz-Produkt. Sie versuchte Astor Lippenpflegestift farblos, Bébé Lippenpflegestift Classic LSF 6, Bébé Lippenpflegestift zartrosé LSF 6, Blistex Lip Revitalizer, Blistex Lip Tone-Pflegestift, Isana Lippenpflegestift ohne Parfüm, Labello Erdbeere, Labello Kirsche, Labello Lippenpflegestift Hydro-Pflege, Labello Lippenpflegestift Classic mit Vitamin E, UVA-/UVB-Schutz, Labello Lippenpflegestift Med LSF 4, Labello Lippenpflegestift Sun, LSF 18. Sie schloss ihren Report ab, benötigte jedoch drei Extrasitzungen bei Dr. Y.

Das Kondom für die Frau. Es kam letztes Jahr auf den Markt. Alice K. hat noch immer nicht heraus, wie man es appliziert.

Haarentfernung. Ein Spezialbericht der ›Grünen Göttin‹. Alice K. benötigte dafür ein volles Jahr. Sie sammelte sieben verschiedene Produkte zur Haarentfernung, darunter eine rotierende Nasenhaarpinzette und eine beängstigend aussehende Vorrichtung mit Namen NippleClean zur Beseitigung von Haaren an der Brustwarze. Sie zupfte und rupfte und elektrolysierte. Sie bleichte ihre Oberlippe, rückte der Bikinizone mit Wachs zuleibe, und ihr Badezimmer roch einen Monat lang nach Enthaarungscreme. Sie rasierte sich die sechs oder sieben Haar an ihrer rechten Brustwarze ab, entfernte die sechs oder sieben Haare der linken mit NippleClean und hielt den Nachwachsprozess in umfangreichen

Notizen fest (Ergebnis: NippleClean funktioniert besser, schmerzt aber). Mehrere Male im Verlauf dieses Jahres hatte Alice K. Anfälle leichter Umnebelung und träumte davon, lesbisch zu werden.

Saugfähigkeit von Tampons. Wie gut ist Ihre Marke? Alice K. hatte dieses Reports wegen einen heftigen Kampf geführt: »Bitte, können wir einen Wassertest machen? Können wir nicht einfach verschiedene Marken in kleine Becher mit Wasser eintauchen und dann einen Weg finden, um zu messen, wie saugfähig sie sind? Machen es die Tamponfirmen nicht auf diese Weise?« Alice K. verlor den Kampf. Sie will sich jedoch nicht detailliert über den Saugfähigkeitstest äußern, sondern nur (ärgerlich) erwähnen, dass die ›Grüne Göttin‹ ihr nicht ihre Unterwäsche ersetzt hat.

Der Chef

Alice K. hat einen periodisch wiederkehrenden Albtraum, der mit ihrer Arbeit zusammenhängt, einen wirklich Schrecken erregenden Albtraum, der sie schweißgebadet und nach Atem ringend aufwachen lässt.

Es ist immer derselbe. Sie ist auf einer Party. All ihre Kollegen sind da. Und mit einem Mal wird ihr klar, dass sie mit ihrem Chef Strippoker spielt.

Können Sie sich etwas Schrecklicheres vorstellen?

Also, Alice K., kleine Straße, große Straße, Full House, Royal Flash, dein Boss sitzt dir unmittelbar gegenüber, und IHR SEID BEIDE SPLITTERNACKT.

Was soll das? Haben andere Leute auch solche Albträume? Alice K. würde das gern wissen.

Genau genommen würde Alice K. wirklich gern Folgendes wissen: Haben andere Leute auch solch vielschichtige Gefühle gegenüber ihrem Chef? Projizieren andere auch all ihre Gefühle, die mit Autorität und Kontrolle zusammenhängen, auf ihre Vorgesetzten? Denn darum geht es doch in dem Traum, oder? Um eine Übertragung auf den Arbeitsplatz. Der Chef ist eine leere Leinwand, auf die Alice K. ihre Ängste projiziert.

Alice K.s Boss, Frank E. (keine Verwandtschaft mit Ruth), Chefredakteur des Magazins ›Grüne Göttin‹, ist ein schwieriger, sprunghafter und manchmal aufbrausender Mann in den Vierzigern. Er kann charmant, gescheit und ausgesprochen amüsant sein, aber häufig ist er aggressiv und zugeknöpft.

»Alice K.! Ich brauche noch eine Bildunterschrift für dieses Nippel-Haar-Ding!«

»Alice K.! Wo bleibt der Bericht über Schuppen?«

»Alice K.! Wie weit ist dieser gottverdammte Tampon-Report?«

Das ist die aggressive Seite. Die zugeknöpfte spiegelt sich in der Tatsache, dass man nie – nie – weiß, was Frank E. denkt. Alice K. bittet ihn zum Beispiel, etwas zu lesen, und dann sitzt er da und starrt auf das Blatt Papier, starrt und starrt und sagt dann etwas wie »Hmmmmmm«, und sie hat keinerlei Vorstellung, ob sie gleich ihre Kündigung oder ein »sehr gut« erhält.

Was natürlich eines der Probleme ist, die Alice K. mit ihrer Arbeit hat: nicht Frank E.s Zugeknöpftheit, sondern ihr Wunsch nach guten Noten, ihr Gefühl, dass ein Teil von ihr noch immer in der Schule sitzt und Erfolg mit guten Noten und Fleißbienchen gleichsetzt. Alice K. ist häufig sprachlos angesichts der starken Gefühle, die Frank E. in ihr auszulösen vermag. Da sie ihn für sehr klug hält, kann ein einziges Kompliment von ihm – »Der Lippenreport war prima, Alice K.«, »Danke, Alice K.« – ihr die Brust schwellen lassen, ihr das Gefühl vermitteln, wirklich fähig und kompetent zu sein, was sie selten aus sich heraus von sich denkt. Und ein einziger geringschätziger Blick, das Gefühl, ihn verärgert und enttäuscht zu haben, kann das Gegenteil bewirken. *Ich bin eine Versagerin. Er hasst mich. Er ist schlecht gelaunt – das muss an mir liegen.*

Alice K. hat daher häufig Angst vor Frank E., Angst vor seiner Macht. *Ist die Arbeit, die ich mache, okay? Ist sie wirklich okay?* Wenn sie mit Frank E. in einer Sitzung ist, stellt Alice K. häufig fest, dass sie ihn anblickt und stumm um eine Antwort anfleht. *Sag mir, dass ich gescheit bin. Sag mir, dass ich den Anforderungen gewachsen bin.* Sie hasst das, kann aber nichts dagegen tun. Es liegt in Alice K.s Natur, die anderen Zustimmung erheischend anzublicken, und diese Tendenz ist verstärkt vorhanden, wenn die fragliche Person eine Autoritätsposition innehat.

Einmal, zu Beginn ihrer Arbeit für ›Grüne Göttin‹, lud Frank E. Alice K. zum Mittagessen ein, einer der wenigen Vorstöße seinerseits, ein gutes Büroklima zu schaffen. Sie machte sich die ganze Zeit über Sorgen, ob ihr nicht irgendetwas zwischen den Zähnen hing, und kann sich bis zum heutigen Tage nicht daran erinnern, worüber sie sich unterhalten haben. In dieser Nacht träumte sie zum ersten Mal den Strippoker-Traum, der sich seither etwa einmal im Monat wiederholt.

Warum diese Sache mit dem Nacktsein?, fragt sie sich häufig. Hat der Traum eine sexuelle Komponente? Geht es um irgendwelche sexuellen Ängste? Sie nimmt an, dass das der Fall ist, obwohl Alice K. nach mehr als einer Dekade an der Arbeitsfront sich eigentlich an die leitmotivische Gegenwart der Sexualität gewöhnt hat, die ein seltsames und unausgesprochenes Element in der Beziehung zwischen männlichen Chefs und ihren weiblichen Angestellten ist. Auch ist sie eigentlich daran gewöhnt, sich über den schmalen Grat zwischen Attraktivität und sexueller Anmache Gedanken zu machen. Sie hat die Regeln gelernt (keine Netzstrümpfe, keine tiefen Ausschnitte), sie hat gelernt, ihre eigenen Ängste als normal zu akzeptieren. Sie macht sich noch immer Sorgen (starren die Männer in dieser Sitzung etwa auf meine Brüste?), aber sie lässt sich davon nicht mehr erschüttern.

Was Alice K. nicht gelernt hat, ist, ihre Sexualität als Waffe einzusetzen. Andere Mitarbeiterinnen der ›Grünen Göttin‹ tun dies: Sie sieht Frauen auf diese raffinierte, subtile Art flirten, zu der nur die in der Lage sind, die ein enormes sexuelles Selbstvertrauen haben, eine Art, die selbst den bärbeißigen und zugeknöpften Frank E. entwaffnet und dementsprechend auch meist Ergebnisse zeitigt. Eine Art Neckerei, die voller sexueller Anspielungen ist. Ein Blick hier, vielleicht eine Berührung dort. Alice K. beobachtet solche Frauen mit einer Mischung aus Neid, Ehrfurcht und Verzweiflung; es ist die Art von Verhalten, die sie nachts wach liegen und über die Natur weiblicher Macht nachdenken lässt: Muss diese eine sexuelle Dimension haben? Ist es möglich, Macht zu haben, indem man einfach tüchtig, produktiv und selbstsicher ist? Sie ist sich nach wie vor nicht sicher.

Andere Frage: Wann, würde Alice K. gerne wissen, ist der Arbeitsplatz so ein intimes Setting geworden? War das immer schon so? Das ist auch etwas, worüber sich Alice K. mit zunehmendem Alter immer mehr wundert: Die Art und Weise, wie sich ihr Bild von der Arbeit als einer relativ sicheren und nüchternen Umgebung im Laufe der Jahre gewandelt hat, die Art und Weise, wie sich Beziehungen im Büro entwickeln, richtige Beziehungen, die genau dieselben Gefühle und Kämpfe heraufbeschwören wie Beziehungen zu Partnern, Freunden oder Familienmitgliedern.

Dies, vermutet sie, erklärt auch den Strippoker-Traum: die Angst vor Bloßstellung und emotionalen Verwicklungen. Die Unsicherheit darüber, wie Frank E. sie wirklich sieht. Die Ambivalenz bezüglich der sexuellen Macht der Frau. Und die Angst, etwas zu tun, das ihn seinen Respekt vor Alice K. verlieren lässt, etwas wirklich Beschämendes, wie etwa am Ende einer Partie Strippoker nackt zu sein.

Manchmal denkt Alice K., sie würde weniger in die Beziehung hineinprojizieren, weniger um Zustimmung kämpfen, wenn ihr Chef eine Frau wäre, aber sie ist sich nicht sicher. Diese Mentalität scheint weniger mit dem Geschlecht zu tun zu haben als mit Respekt, Bewunderung und ungleichen Machtverhältnissen. Alice K. ist schließlich auch selbst Chefin; sie hat zwei junge Redaktionsassistentinnen unter sich, beide in den Zwanzigern, und sie registriert häufig, wie diese sie ansehen: derselbe verschreckte Blick, dieselben unausgesprochenen Fragen: *Ist das, was ich mache, okay? Mögen Sie mich? Finden Sie mich gut?*

Alice K. kann es schreckliches Unbehagen verursachen, der Auslöser von Unsicherheiten bei anderen Menschen zu sein, und sie gibt sich häufig große Mühe, den richtigen Führungsstil zu finden, die richtige Balance: genügend Autorität auszuüben, um von den beiden respektiert zu werden, genügend Freundin zu sein, um von ihnen gemocht zu werden, und sie als Gleichberechtigte zu behandeln. Als Vorgesetzte versucht sie sie zu loben, wenn sie es verdienen, und ihnen ehrlich zu sagen, wenn sie Fortschritte machen, aber auch, wenn sie sich mehr bemühen müssen. Als Freundin lädt sie sie von Zeit zu Zeit zum Mittagessen oder alle drei bis vier Monate auch abends zum Dinner in ihre Wohnung ein. Und erst einmal – einmal – hat Alice K. mit dem Gedanken geliebäugelt, ihre eigene potenzielle Macht auszunutzen.

Es war während eines dieser Abendessen in ihrer Wohnung. Alice K. hatte einen schlechten Tag gehabt – einen dieser wirklich schlechten Tage, an denen mehrfach der Computer abgestürzt, sie andauernd im ungelegensten Moment gestört worden war und mitten in einer Konferenz (vielleicht unvermeidbarerweise) von Frank E. verbale Prügel bezogen hatte. Alice K. war deprimiert und gereizt nach Hause gekommen. Und als ihre beiden Mitarbeiterinnen gekommen waren und sich in den Sesseln in Alice K.s Wohnzimmer niedergelassen hatten, war ein schrecklicher, böser Impuls in ihr aufgekommen. Sie hatte die beiden jungen Dinger angeblickt, die so scharf darauf waren, einen guten Eindruck bei ihr zu machen, und ein klein wenig die Stirn gerunzelt.

»Na«, hatte sie gesagt, »wie wär's mit einer Partie Poker?«

Büroratten

Was Alice K. an Frank E. am besten gefällt: Er mag aggressiv und zugeknöpft sein, aber er ist nicht hinterhältig.

»Warum gibt es in Büros so viele heimtückische Menschen?«, fragt Alice K. Ruth E. mindestens einmal die Woche. »Liegt es daran, dass es einfach so viele hinterhältige Menschen auf der Welt gibt, oder ist es die spezifische Situation am Arbeitsplatz, die solche Leute hervorbringt?«

Büroratten nennt sie Ruth E. Es gibt Dutzende von ihnen bei der Zeitschrift ›Grüne Göttin‹. Sie reden sich aus der Verantwortung heraus, erschleichen sich die Anerkennung für anderer Leute Arbeit, leben ihre Heimtücke hier aus und dort.

Die hinterhältigste Ratte ist ein Typ, der in der Nähe von Alice K. sitzt und nichts – absolut nichts – tut, bis Frank E. in der Nähe auftaucht. Dann greift er zum Telefon und beginnt, ohne eine Nummer zu wählen, laut in den Hörer zu reden, Kommentare von sich zu geben, falsche Notizen zu machen und Dinge zu sagen wie: »Ah ... verstehe ... sehr gut ... wir werden in dieser Sache auf Sie zurückkommen.«

Wie kommen Leute wie der nur an einen Job?

Hier noch andere Ratten und Protoratten bei der ›Grünen Göttin‹. Kommen Sie Ihnen bekannt vor?

Die Nervtöterin

Das ist die Frau in der Firma, die jegliche nervige menschliche Eigenschaft in sich verkörpert, die es nur gibt. Sie trommelt mit den Fingernägeln auf den Tisch, während sie telefoniert. Sie schlürft ihren Kaffee und schmatzt. Sie isst häufig rohe Karotten während der Arbeit, summt chronisch hoch und unmelodisch vor sich hin und hat eine nervtötend näselnde Stimme. Außerdem ist sie unglaublich verschlagen: faul und nörgelnd und außergewöhnlich gut beim Finden von Ausreden, warum sie die von ihr erwartete Arbeit nicht zu erledigen vermag (Beispiel: »Also, ich kann mit diesem Projekt jetzt nicht anfangen, weil es bereits drei Uhr ist, und wenn ich jetzt beginne, muss ich um fünf wieder damit aufhören, und das macht keinen Sinn, weil ich mich dann morgen früh, wenn ich wieder reinkomme, nicht mehr erinnere, wo ich war, und ...«).

Ein Typ namens Jim

Das ist einer dieser Außenseiter, an dessen Namen sich Alice K. nie erinnern kann. (»Wie heißt der Typ noch mal? Ach ja, Jim.«). Alice K. weiß nicht, ob er wirklich eine Ratte ist (vielleicht eine Protoratte), aber er sieht so aus – dünn und irgendwie verschrumpelt, die Art Person, die stets im Hintergrund bleibt. Er flößt Alice K. dennoch intensives Unbehagen ein. Es passiert Alice K., dass sie monatelang keinen Kontakt zu ihm hat und dann plötzlich in einer ausgesprochen peinlichen Situation bei der Weihnachtsfeier in der Essensschlange unmittelbar hinter ihm steht und absolut nicht weiß, was sie sagen soll.

Der Bürogeizhals

Die Ratte in Geldangelegenheiten. Er ist stets präsent, wenn jemand im Büro eine Geburtstagsparty feiert und es einen Kuchen gibt; er ist nie zugegen, wenn jemand die Firma verlässt und ein Umschlag herumgeht, um Geld für ein Abschiedsgeschenk zu sammeln. Er hortet Büromaterial, klaut Kugelschreiber, bietet nie an, jemandem Kaffee zu holen, wird aber auftauchen, wenn Kollegen zum Kaffeeholen gehen und sagen: »Hey, würde es dir was ausmachen, mir eine große Tasse mit Milch mitzubringen?«, um dann dazuzufügen: »Das Geld bekommst du nachher«, aber er wird es ihnen nie geben.

Die Frau, die keine Grenzen kennt

Die Ratte im täglichen Miteinander. Sie ist ernsthaft der Ansicht, dass das restliche Büro die intimen Details über ihr Liebesleben, ihre Gesundheit, ihre Waschgewohnheiten und ihr Gewicht hören möchte, oder wie der neue Teppich aussieht, den sie am Wochenende im Sonderangebot gekauft hat, was sie am Abend zuvor zu essen hatte und dass sie die halbe Nacht mit Verdauungsproblemen wach gelegen hatte wegen der Bohnen und wie heftig der Streit am Telefon mit ihrer Mutter gewesen war wegen allem und jedem der oben erwähnten Dinge. (Tipp: Lassen Sie sich nie – nie – von ihr die Handlung eines Films nacherzählen. Wenn sie einen Satz mit den Worten beginnt: »Ich hatte vielleicht einen seltsamen Traum letzte Nacht...«, sollten Sie ebenfalls die Beine unter die Arme nehmen und sich unverzüglich irgendwo verstecken.)

Die Überkompensatorin

Die Ratte im zwischenmenschlichen Umgang. Gewöhnlich, aber nicht immer, eine Frau; sie ist so hoffnungslos unsicher in allen Dingen (ihrem Aussehen, ihrer Intelligenz, ihrem Status im Beruf), dass sie den Großteil ihrer Energie dahingehend verwendet, jeden um sie herum und zu jeder nur denkbaren Gelegenheit daran zu erinnern, wie wichtig und wertvoll sie in Wirklichkeit ist. Erschleicht sich Komplimente. Nutzt jede Gelegenheit, um einem zu erzählen, wofür sie gelobt worden ist. Außerdem bemüht sie sich intensiv, einen davon zu überzeugen, dass sie ein interessanteres Privatleben hat als man selbst (»Gott, hatte ich ein trubeliges Wochenende, das würden Sie gar nicht glauben.«). Zudem ist sie eine Meisterin hinterhältiger Komplimente (»Ihr Haar sieht so anders aus. Haben sie es gefärbt oder so?«).

Ein offener Brief an die amerikanischen Unternehmer

Vor nicht allzu langer Zeit setzte sich Alice K. an ihren Schreibtisch und schrieb folgenden Brief an die amerikanischen Unternehmer, weil sie es einfach leid war.

Sehr geehrte Damen und Herren,

Hallo. Mein Name ist Alice K. und als ein typisches Mitglied der arbeitenden Bevölkerung Amerikas dachte ich, Sie würden vielleicht gern ein paar Gedanken von mir darüber hören, wie Sie Ihr Geschäft in diesen harten ökonomischen Zeiten führen sollten.

Wie Sie wissen, sind die fetten Jahre längst vorbei und die Vergünstigungen, die wir früher genossen haben, verschwinden schneller, als man ein Budget kürzen kann. Fette Spesenkonten? Passé. Fünfzehnprozentige Gehaltssteigerungen? Ha! Unbeschränkte Nutzung von Firmentelefon und Transportdienst? Das gehört der Vergangenheit an.

Rezessionen verbessern die Moral der vielen Angestellten kaum. Wir sitzen an unseren Schreibtischen und haben Angst vor Kündigungen. Wir hören die düsteren Wirtschaftsnachrichten und unsere Träume von einem höheren Lebensstandard welken dahin. Überarbeitet und unterbezahlt schuften wir uns durch den Tag, blicken dann auf unsere Kontoauszüge und denken: »Oh, verdammte Scheiße, wir sind noch immer nicht reich«, und unsere kleinen Herzen rutschen uns in die Hose.

Aber Sie, meine Damen und Herren aus der amerikanischen Geschäftswelt, können etwas dagegen tun. Es gibt Möglichkeiten, unser Leben zu verbessern, ohne die Ausgaben zu erhöhen. Kleine Nettigkeiten, die unsere Tage heiterer machen, unseren Seelen wohl tun und einfach Ihr grenzenloses Einfühlungsvermögen und Ihr Mitgefühl widerspiegeln. Hier also mögliche freiwillige Sozialleistungen in Zeiten der Rezession:

Firmenwaschsalons

Sie sind sich dessen vielleicht nicht bewusst, aber ein gewaltiger Teil der Produktivität in der amerikanischen Wirtschaftswelt geht dadurch verloren, dass Angestellte an ihrem Schreibtisch sitzen und sich in Gedanken mit ihrer Wäsche beschäftigen. Sie haben keine sauberen Socken. Keine sauberen Hemden. Schlimmer, sie sind so sehr damit beschäftigt, sich in diesen schwierigen Zeiten auszupowern, dass sie keine Energie mehr dafür übrig haben, besagte Socken und Hemden zu waschen.

Das ist für alle schlecht. Ein unordentlich gekleideter Angestellter ist ein unglücklicher Angestellter, und diejenigen von uns, die gezwungen sind, Seite an Seite mit einem Kollegen zu arbeiten, der seine Socken einen Monat lang nicht gewaschen hat, sind ebenfalls nicht allzu sehr erfreut. Firmeneigene Waschsalons würden diese Situation erheblich verbessern. Denken Sie darüber nach. Die Angestellten würden morgens zur Arbeit rasen, um vor allen anderen eine freie Maschine zu ergattern. Sie würden ihre Sachen hineinwerfen, an ihre Schreibtische eilen, arbeiten, arbeiten, arbeiten und dann hochspringen, um sich den ersten verfügbaren Trockner zu schnappen, Adrenalin würde freigesetzt, die Stimmung würde steigen und das Büro würde überall einen erhebenden Duft nach Ariel und Lenor verströmen.

Obligatorische Botengangtage

Lange Urlaub zu machen gehört der Vergangenheit an. Wir erwarten heute nicht mehr, drei oder vier Wochen im Jahr frei zu haben, und selbst wenn wir dies täten, könnten wir es uns nicht mehr leisten, irgendwohin zu fahren. Das heißt jedoch nicht, dass wir nicht ein gewisses Maß an Freizeit für Dinge benötigten, die nicht der Erholung dienen. Tatsächlich wird unsere Zeit mittlerweile so von der Arbeit dominiert, dass unser Leben draußen sich am Rande des Chaos bewegt. Wir haben keine Zeit, unsere Autos in die Inspektion zu bringen. Wir haben keine Zeit, unsere Kleider aus der Reinigung zu holen. Wir haben keine Zeit, um unsere Rechnungen zu bezahlen, unsere Parkausweise zu erneuern, unsere Zähne zu putzen oder Lebensmittel, Shampoo, Kaffee, Toilettenpapier oder Briefmarken zu kaufen, und wenn wir morgens zur Arbeit gehen, sind wir oft völlig daneben, weil unser letztes Paar Strumpfhosen eine Laufmasche hat, uns die Zahnpasta ausgegangen ist und wir kein Frühstück gehabt haben, da wir seit vier Wochen nicht dazu gekommen sind, Choco Crispies zu kaufen, und, na ja, so in etwa läuft es ab.

Aus diesem Grund würden Botengangtage wahnsinnig viel Sinn machen. Alle sechs oder sieben Wochen würde jeder Angestellte einer bestimmten Firma aufgefordert werden, eine Liste mit notwendigen Erledigungen aufzustellen. Er oder sie würde die Liste seinem oder seiner Vorgesetzten vorlegen und dann für den Tag von der Arbeit beurlaubt werden, mit der Vorgabe, so viele Posten von der Liste wie möglich abzuarbeiten. Im Zuge eines speziellen Motivationsprogramms würden die Angestellten, die das meiste von ihrer Liste abgehakt hätten, kleine, mit den Botengängen im Zusammenhang stehende Preise erhalten – einen Gratisgutschein für die Reinigung zum Beispiel oder eine Dose Motoröl.

Ist das nicht eine gute Idee? Während des Arbeitstages wären wir alle sehr viel ruhiger und viele Dienstleistungsbetriebe (Autowerkstätten, Drogeriemärkte, Postämter) würden florieren.

Gehirnlüfttage

Dasselbe Prinzip, nur dass es den Angestellten nicht erlaubt wäre, irgendetwas anderes zu tun als zu Hause ruhig auf dem Sofa zu sitzen, sich tagsüber im Bademantel Talkshows im Fernsehen anzuschauen und Bonbons zu essen.

Schlummerzimmer

Erklärt sich von selbst. Wir sind müde. Lassen Sie uns von Zeit zu Zeit ein Nickerchen machen.

Schalldichte, für persönliche Telefonate geeignete Trennwände

Jeder, der irgendwo in einem Büro in Amerika arbeitet, weiß, wie hart es ist, ein Privatleben aufrechtzuerhalten, wenn man fünfzig Stunden und mehr in der Woche im Dienst ist, und jeder, der sich in dieser Situation befindet, wird von Zeit zu Zeit mit diesem ausgesprochen unangenehmen Szenario im Büro konfrontiert: Sie versuchen, mit Ihrem Freund, Ihrer Freundin, Ihrer Mutter oder Ihrer Ehefrau im Büro am Telefon einen Streit auszutragen. Das ist wahnsinnig schwierig. Sie müssen sich vorbeugen und ins Telefon zischen. Sie müssen komplexe, delikate Gedanken flüsternd übermitteln (»Nur weil ich keinen Oralsex wollte, heißt das nicht, dass ich egoistisch bin!«). Und Sie müssen Stoßgebete zum Himmel schicken, dass die peinlichen Details Ihres Privatlebens nicht versehentlich einen Weg in den Newsletter der Firma finden.

Schalldichte Trennwände würden Angestellten den Luxus völliger Privatheit vermitteln. Sie könnten an ihren Arbeitsplatz gehen, die Tür hinter sich schließen und ihre Ehegatten mit Hingabe anbrüllen. Ein zusätzlicher Vorteil wäre, dass dadurch Frauen die Demütigung erspart bliebe, sich nach einem Streit für eine ordentliche Heulorgie auf die Damentoilette flüchten zu müssen.

Firmenmasseure

Erklären sich auch von selbst. Unsere Nacken und Schultern beginnen irgendwann zu schmerzen, wenn wir stundenlang am Schreibtisch sitzen. Helfen Sie uns ein wenig.

Verstehen Sie, worauf ich hinauswill? Erkennen Sie langsam, dass wir, die Leute, die sich für Sie knechten und abmühen, wirkliche Menschen mit einem wirklichen Leben sind, das gerade aus den Fugen gerät? Haben Sie ein wenig Mitgefühl, meine Damen und Herren Generaldirektoren und Präsidenten. Lassen Sie sich einen Tipp von Ihren alten Kindergärtnerinnen geben: Stellt Bettchen neben unsere Schreibtische und serviert uns Kekse und Saft. Lasst uns ab und zu für eine Pause nach draußen gehen und ruft uns gelegentlich zu einem firmenweiten Nickerchen auf, zu welchem sich jeder seine Decke herausnehmen und sich gemütlich dreißig Minuten hinlegen würde. Ja, die Zeiten sind schwierig, aber dies bedeutet nicht, dass wir keinen freundlicheren, angenehmeren Arbeitsplatz haben könnten. Stimmt's nicht?
Mit freundlichen Grüßen,
Alice K.

Männer in Konferenzen

Alice K. sitzt in einer Sitzung und schielt verstohlen auf ihre Uhr.
    Die Sitzung hat um acht begonnen.
    Jetzt ist es Viertel vor eins, und es gibt keine Anzeichen, dass sie sich dem Ende zuneigt.
    Die Sitzung wird nämlich von einem Mann geleitet.

Es spielt gar keine Rolle, von welchem – es könnte irgendein Knabe namens Jim sein oder der Hausmeister, der abends mit dem Staubsauger durch die Räume geht. Für Alice K. ist das ein zentraler Faktor des Arbeitslebens: Wenn ein Mann eine Sitzung leitet, dauert es achtzehnmal länger, als es bei einer Frau der Fall wäre.

»Das ist absolut richtig«, sagt Beth K. Sie arbeitet in einer sehr viel größeren Firma als Alice K., mit einer ausgeprägteren Unternehmenskultur, wesentlich mehr Regeln und Zusammenkünften, und sie behauptet, dass sie ihr halbes Berufsleben in Sitzungen verbringt, die von Männern geleitet werden. »Erst letzte Woche wieder zwei Stunden. Zwei Stunden, um darüber zu diskutieren, wie die Firmenpolitik hinsichtlich der Ausrichtung von Geburtstagspartys aussehen sollte.«

Alice K. nickt ernst. Sie kann es sich vorstellen. Neulich hat sie eine Dreiviertelstunde in einer Sitzung mit der Diskussion verbracht, wer dafür verantwortlich ist, Filter für die Kaffeemaschine nachzukaufen, wenn diese ausgegangen sind.

Woher kommt das? Welche männliche Eigenschaft ist daran Schuld, dass sich eine Sitzung zieht und zieht? Sind die organisatorischen Fähigkeiten anders ausgeprägt? Gibt es einen Unterschied im Zeitgefühl von Männern und Frauen? Hören sich Männer einfach so gerne reden, dass sie schwafeln und schwafeln, wenn man ihnen die Gelegenheit dazu gibt?

Alice K. glaubt, dass alle drei Punkte zutreffen. Die Sitzung heute dient der Diskussion des korrekten Einsatzes von Strichpunkten im Magazin ›Grüne Göttin‹, und von dem Mann ist Folgendes zu hören: »Lassen Sie mich das noch einmal sagen: Wenn wir über das Semikolon sprechen – und in diesem Falle meine ich wirklich das Semikolon, im Gegensatz zum Komma oder zum Doppelpunkt –, wenn wir also über den Strichpunkt reden, dann müssen wir uns über dessen sinnvolle Verwendung unterhalten und nicht nur über den korrekten Gebrauch hinsichtlich der, sagen wir, gängigen Grammatiktheorie ...«

Alice K. würde ihm am liebsten eine runterhauen. Warum kann er nicht einfach sagen: »Benutzen Sie das Semikolon in diesen Fällen und nicht in jenen?« Warum kann er nicht eine simple Regelliste machen? Warum müssen Probleme wie diese so aufgebauscht werden?

Oh, sie weiß, warum. Weil er ein Mann ist. Die Vorstellung, dass Frauen gefühls- und Männer handlungsorientiert sind, ist großer Quatsch, wenn es um das Büroleben geht. Alice K. ist zutiefst davon überzeugt. Tatsächlich hat es mit den unterschiedlichen Vorstellungen von Erfolg und Leistung zu tun, und wie man die entsprechenden Kriterien erfüllt. Alice K. neigt dazu, Leistung mit Produktivität gleichzusetzen. Wenn sie fleißig und flink ist und engagiert arbeitet und neun von zehn Posten auf ihrer Aufgabenliste abgehakt hat, dann hat sie das Gefühl, erfolgreich zu sein. Emsig. Ein Lob zu verdienen. Aber die meisten Männer, mit denen sie zusammenarbeitet, scheinen Erfolg mit Präsenz gleichzusetzen, damit, gesehen, gehört und gespürt zu werden.

Wenn ich neun Leute dazu zwingen kann, sich in einen Raum zu setzen und zweieinhalb Stunden meiner Stimme zu lauschen, dann muss ich erfolgreich sein.

Wenn ich aus einer Diskussion über den Kauf von Kaffeefiltern, die nicht länger als drei Minuten dauern dürfte, eine dreiviertelstündige Unterredung machen kann, dann muss ich wichtig sein.

Wenn ich neun verschiedene Wege finde, um etwas über Strichpunkte zu sagen, und vierzehn, um große Worte zu verwenden wie Kontext und Synergie, dann muss ich wirklich gescheit sein und bin wahrscheinlich auch mit einem riesigen Schwanz ausgestattet.

Die Sitzung geht weiter. Und weiter.

Alice K. blickt erneut auf ihre Uhr und seufzt. Ein zu hoher Testosteronspiegel ist eine schreckliche Sache.

Alice K.s Wunschliste, Teil 5:
Virtuelle Realität für virtuelle Identitätskrisen

Alice K. liest dieser Tage eine Menge über virtuelle Realität und denkt dabei Folgendes: virtuelle Realität? Wozu denn das? Wer will sich eine Brille aufsetzen, Handschuhe anziehen, in einem virtuellen Garten umhergehen oder sich einen virtuellen Mond ansehen? Wonach in Alice K.s Augen ein wirkliches Bedürfnis besteht, ist eine virtuelle Realität, die im richtigen Leben Anwendung findet. Eine virtuelle Realität für Menschen, die mit ihrem Leben unzufrieden sind und neue Erfahrungen machen möchten. Eine virtuelle Realität für Menschen, die ihren Job hassen und einen neuen Beruf ausprobieren wollen.

Ein Beispiel: Wenn Alice K. an ihrem Schreibtisch sitzt und eine Identitätskrise hat, weil sie Mitte dreißig ist und noch keinen Ehemann und keine Kinder hat, dann muss sie in der Lage sein, sich eine virtuelle Schürze umzubinden, ein virtuelles Baby mit einer virtuellen Kolik im Arm zu halten, das ihr virtuell die Schulter vollspuckt und morgens um zwei virtuelles Geschrei von sich gibt und hiermit Alice K. eine wunderbare virtuelle Schlaflosigkeit beschert, die virtuelle drei bis vier Monate andauert. Das würde ihr nämlich helfen, die Krise beizulegen und wieder an ihre Arbeit zu gehen.

Ein weiterer offener Brief an die amerikanischen Unternehmer: Güter und Dienstleistungen für berufstätige Frauen

Sehr geehrte Damen und Herren,

ich habe nach wie vor noch nichts von Ihnen bezüglich meines Konzeptes für neuzeitliche Sozialleistungen gehört. Vermutlich beratschlagen Sie noch immer darüber.

In der Zwischenzeit habe ich mir eine Liste mit Produkten und Serviceleistungen überlegt, die nützlich für diejenigen von uns sein könnten, die sich direkt an der Arbeitsfront befinden.

Hier das Ergebnis:

In diesen schwierigen Zeiten sind Tausende von uns Berufstätigen überarbeitet, übermüdet, überreizt. Wir verbringen so viel Zeit in unseren Jobs, dass wir einfach nicht dazu kommen, die Dinge zu tun, die wir für nötig halten. Unser soziales Leben ist auf dunkle Erinnerungen reduziert. Unser Liebesleben ist in einem miserablen Zustand und unsere Psyche ebenso.

Angesichts des Elans, mit dem Sie uns, meine Damen und Herren Unternehmer, mit so vielen nützlichen, Zeit sparenden Erfindungen versorgen, die uns helfen, das äußere Leben zu managen (Instant-Frühstück, Kurierdienst, Fast Food, Handys), bin ich überrascht, dass noch niemand von Ihnen auf die Idee gekommen ist, vergleichbare Güter und Dienstleistungen zur Erleichterung unseres Innenlebens zu entwickeln.

Ich denke daher, Sie sollten sich eine Reihe von Waren und Serviceleistungen einfallen lassen, die speziell für den Lebensstil viel beschäftigter Berufstätiger konzipiert sind.

Um Ihnen eine Idee zu vermitteln, habe ich mir folgende Beispiele ausgedacht, komplett mit einem möglichen Werbetext:

Sozialkontakte aus der Spraydose

Wie oft haben Sie sich schon am Ende eines Tages von der Arbeit nach Hause geschleppt, sich auf Ihr Sofa geworfen und gedacht: »O mein Gott, ich verbringe so viel Zeit im Büro, dass ich vergessen habe, dass es noch Freunde gibt!«

Fast jeden Tag, stimmt's?

Das ist der Grund, warum Sie Sozialkontakte aus der Spraydose benötigen. Für nur $49.95 können Sie alle Vorteile eines wirklichen Privatlebens genießen, Gelächter, Spaß, Freundschaft, ohne irgendwelche Bedingungen, hässlichen Kompromisse, Enttäuschungen. Und es geht so einfach! Entfernen Sie einfach den Deckel der Sprühdose, richten Sie den Zerstäuber auf Ihr Gesicht, schließen Sie die Augen und sprühen Sie. Innerhalb von Minuten werden Sie das Gefühl haben, ein geselliges Leben zu führen. Erinnerungen werden Sie überkommen: an diesen fabelhaften zweiwöchigen Urlaub auf Antigua, diese netten Leute, die Sie in dem Töpferkurs kennen gelernt haben, all diese samstagabendlichen Feten mit Ihren unwahrscheinlich engen persönlichen Freunden, zu denen jeder etwas zu essen mitgebracht hat. Sie werden sich zufrieden fühlen, erfüllt vom Geist der Freundschaft und der Freude neuer Erfahrungen.

Zusätzlich zu dem Basispaket, das Ihnen all das oben Genannte einflößt, gibt es die Sozialkontakte aus der Sprühdose noch in drei weiteren spezifischen Ausführungen, passend für jede Stimmung:

Studienfreunde aus der Sprühdose

Zielen Sie, sprühen Sie und erleben Sie noch einmal diese sorgenfreien Tage mit den besten Kumpels, die Sie je hatten! Schwelgen Sie in Erinnerungen an die Drogen, die Sie genommen haben, die durchgearbeiteten Nächte vor den Prüfungen und all die verrückten Essensschlachten.

Beste Freundinnen aus der Sprühdose

Mit nur einem Spritzer erleben Sie, wie es ist, bis drei Uhr morgens aufzubleiben und sich seine intimsten, persönlichsten Gefühle mitzuteilen. Sie erfahren die speziellen Freuden der »Telefonitis«, und für zusätzliche $29.95 bekommen Sie ein Spezialpaket mit Namen »Zerkrachen und Sich-wieder-Vertragen« mitgeliefert.

CyberMama

Wenn Sie wie die meisten der viel beschäftigten Berufstätigen sind, dann sieht es bei Ihnen zu Hause aus wie bei Hempels unterm Sofa: Der Staub auf den Tischen ist über einen Zentimeter dick; Sie haben Ihre Bettwäsche seit mehr als einem Monat nicht gewechselt; in Ihrem Kühlschrank tummeln sich Lebewesen, und weil Sie Ihren Gasofen seit Monaten nicht benutzt haben, rufen die Gaswerke in regelmäßigen Abständen an und wollen wissen, ob Sie wirklich noch dort wohnen.

Sie brauchen CyberMama. Für nur $169,95 versorgen wir Sie mit der exakten Kopie einer menschlichen Mutter, jemand, der zu Hause bleiben kann, Ihre Kleider waschen, das Geschirr spülen, die Teppiche saugen und die Besorgungen für Sie erledigen, während Sie zur Arbeit gehen. Ihre CyberMama kann durch ein spezielles Programm Ihnen ähnlich sehen, um persönliche Erledigungen wie Gänge zur Bank oder das Kaufen von Bekleidung zu erleichtern. Spezielle jüdische CyberMamas sind für Leute mit besonderen Bedürfnissen nach Hühnersuppe oder Heiratsvermittlung lieferbar.

Identi-Rent

Als ein innovativer Service für die unvermeidlichen Momente, in denen man sich selbst einfach nicht mehr erträgt, erlaubt Ihnen Identi-Rent, jederzeit in die Haut von jemand völlig anderem zu schlüpfen. Sie haben Ihr Arbeitsleben satt? Dann legen Sie einfach diese spezielle CD-Rom in Ihren Computer ein, geben Ihren

Traumjob ein, und eins, zwei, drei werden Sie via Modem zu Jeff Bridges' Privatsekretärin.

Ihr Freund hängt Ihnen zum Hals heraus? Ihre Wohnung? Ihr Aussehen? Versuchen Sie es mit »Brad Pitt«, »Sagenhaftes Chalet in Sankt Moritz« oder »Claudia Schiffer«.

Identi-Rent eignet sich auch für Änderungen der Persönlichkeit. Sagen wir, Sie fühlen sich deprimiert, ängstlich und konfliktbeladen. Tippen Sie einfach Wörter ein **(Munter! Fröhlich! Psychotherapie? Ich doch nicht!)** und fühlen Sie, wie sich diese inneren Qualen in Nichts auflösen.

Sehen Sie, meine sehr verehrten Damen und Herren Unternehmer, mit nur ein wenig Fantasie ist sagenhafter Wohlstand für Sie – und eine enorme Lebensveränderung für uns – nur einen Mausklick entfernt.

Schlimme Arbeitstage: PNS

Alice K. sitzt an ihrem Schreibtisch und wird von existenzieller Verzweiflung geplagt.

Alice K. denkt: *Schaut mich nicht an. Bitte.*

Alice K. hat nämlich einen dieser Tage mit PNS, mit Paranoid-neurotischem Syndrom.

Kennen Sie solche Tage? Sie gehen ins Büro und haben das Gefühl, alle sehen Sie an, als würden sie Sie hassen? Als wären alle in schlechter Stimmung und *Sie sind daran schuld?*

Alice K. hasst das. Ihr Haar sieht merkwürdig aus. Sie trägt eine schlecht gebügelte Bluse. Sie hat am Abend zuvor zu viel gegessen und fühlt sich aufgedunsen und lächerlich, und als sie aufgewacht ist, konnte sie nichts zum Anziehen finden und verbrachte daraufhin zwanzig Minuten damit, Sachen anzuprobieren, sich im Spiegel zuzufeixen, die Sachen wieder auszuziehen und sich wie eine Versagerin zu fühlen.

So fängt es an, denkt sie. Und sie windet sich an ihrem

Schreibtisch vor Unbehagen. Dann, als sie endlich mit einstündiger Verspätung am Arbeitsplatz ankam, war die erste Person, die sie sah, eine Frau, die sie kaum kannte, und diese Frau blickte sie irgendwie von der Seite an und sagte: »Guten Morgen, Alice K.«, in diesem seltsamen Ton, so als wüsste sie irgendetwas, das Alice K. nicht wusste. Wenigstens kam Alice K. dieser Ton verdächtig vor. Wer weiß, vielleicht litt sie ebenfalls unter PNS.

Alice K. konnte an den PNS-Tagen leise Stimmen hören, niederträchtige, leise, Paranoia hervorrufende Stimmen: *Du bist eine Versagerin, sagen sie. Du läufst herum und tust so, als wärst du ein kompetentes, funktionierendes menschliches Wesen, aber wir wissen es besser. Wir wissen, was du wirklich bist: ein dummes Trampel, eine Hochstaplerin.*

Mit Logik kann man da wenig ausrichten. Sie kann vor dem Spiegel stehen (obwohl das während extremer Anfälle von PNS nicht ratsam ist) und sich all ihre guten Eigenschaften und schönen Erlebnisse in Erinnerung rufen, und das Einzige, was wahrscheinlich wirklich passieren wird, ist, dass jemand hereingestiefelt kommt, wenn sie gerade laut ihre Vorzüge aufzählt, und sie sich nur noch idiotischer fühlt als vorher. *O mein Gott, man hat mich bei Selbstgesprächen in der Toilette erwischt.*

Eines der größten Probleme bei PNS ist die Tatsache, dass man sich total allein fühlt: Die ganze restliche Welt scheint einem selbstbewusst, kraftstrotzend, vital und vollkommen frei von der Angst, auf der Verliererseite zu sein. Alice K. machte auf dem Weg zur Arbeit an einer Tankstelle Halt und fragte sich: *Hat dieser Tankstellenangestellte Tage wie diese? Tage, an denen er denkt, sein Boss sei böse auf ihn und die Kollegen hassten ihn?* Dann stand sie an einem Stehcafé in der Schlange hinter einer attraktiven, gebildet wirkenden Frau und stellte sich die Frage: *Was ist mit ihr? Hat sie Tage, an denen sie sich sicher ist, dass ihre Arbeit nichts taugt und wertlos ist? An denen sie überzeugt ist, dass es nur eine Frage der Zeit ist, bis man sie als Hochstaplerin entlarvt?*

Ihr Verstand sagt: natürlich: Ihr PNS sagt: absolut nicht. Nur du bist so.

Das liegt natürlich, wie Alice K. weiß, daran, dass das PNS bestimmte Wahrheiten enthüllt, die der Verstand in seinem noblen Bemühen, einen zu schützen, zu unterdrücken versucht. Wahrheiten (im Fall von Alice K.) wie diese:

- Du bist nicht Gracia Patricia.
- Du bist nicht Cindy Crawford.
- Ganz ehrlich, du hast diese Woche überhaupt nichts erledigt bekommen. Du hast die letzten drei Abende auf deinem Sofa gehockt und Choco Crispies gegessen und deine Haut sieht seit Tagen ganz besonders fleckig aus.

Warum solche Wahrheiten die Tendenz haben, an manchen Tagen hochzukochen und überdimensional zu werden, ist Alice K. ein Rätsel. An anderen Tagen kommt sie wunderbar mit dem Wissen klar, nicht mit den sozialen Fähigkeiten von Fürstin Gracia Patricia ausgestattet zu sein und auch nicht die Beine von Cindy Crawford zu haben. Aber das liegt in der Natur des PNS: Wenn man von ihm befallen ist, werden die schlimmsten Verdachtsmomente über einen selbst, die dunkelsten Geheimnisse in einem hochgespült und bringen einen dazu, unbarmherzig auf sich einzuprügeln: Du hast seit einem Monat keine Wäsche gewaschen – Patsch! – Du hast deine Mutter heute nicht angerufen – Klatsch! – Du hast keinen Sport gemacht, deine Rechnungen nicht bezahlt und nicht einmal die Zeitung gelesen – Peng! – Für wen, zum Teufel, hältst du dich, dass du da draußen vorgibst, eine Erwachsene zu sein?

Denn genau das steckt doch hinter dem PNS. Das passiert doch, wenn alle Selbstzweifel und Ängste vor Unzulänglichkeit und Inkompetenz mit der Vorstellung zusammenprallen, wie ein Erwachsener auszusehen hat. *Wirkliche Erwachsene sind von sich überzeugt, zielstrebig und selbstständig. Man selbst hingegen ist eine Mogelpackung, und jeder weiß das.*

An ihren schlimmsten PNS-Tagen kann es vorkommen, dass Alice K. im Büro sitzt und eine Liste von Menschen erstellt, die sie gut kennen und (ja!) noch immer mögen.

Zu anderen Zeiten ruft sie Beth K. an und bittet sie, ihr ihre Theorie über den Unterschied zwischen biologischem und innerem Alter darzulegen. Du kannst fünfunddreißig, fünfundvierzig oder fünfundfünfzig sein, sagt Beth K., aber innerlich tendieren die meisten von uns dazu, sich abweichend davon zu fühlen (gewöhnlich viel jünger). Sie war ihrerseits geschockt gewesen, als sie vor nicht allzu langer Zeit festgestellt hatte, in Wahrheit viereinhalb Jahre alt zu sein.

Das hatte sie lange Zeit unter PNS leiden lassen (Beth K. hat schließlich ein Kind; und es ist schwierig, eine Mutter zu sein, wenn man eigentlich das Gefühl hat, man sollte selbst draußen auf der Schaukel spielen), sie hat es jedoch überwunden.

Aber dies ist nach Alice K.s Meinung der Grund, warum Firmen spezielle Programme für ihre Mitarbeiter anbieten sollten: eine Erwachsenenschule. Niemand sollte mit diesen Problemen mehr alleine zu kämpfen haben.

Im Rahmen der Erwachsenenschulung würde eine kluge Person mit Natürlichkeit ins Büro kommen und die Leute einen nach dem anderen von dem lähmenden Mythos befreien, dass Menschen in den Dreißigern und Vierzigern tatsächlich wissen, was sie tun. Wir würden uns dadurch besser fühlen hinsichtlich der Tatsache, dass die meisten von uns in Wahrheit viereinhalb sind und mit der Sorge durch die Gegend rennen, was wohl die anderen Kinder von ihnen denken. Gefühle von Selbstzweifel und Paranoia würden normal, legitim und akzeptabel erscheinen.

Aber leider gibt es so etwas nicht, weshalb Alice K. an Tagen wie diesen das Zweitbeste tut:

Sie versteckt sich unter ihrem Schreibtisch.

10. Alice K. und die Liebe, Teil 5: Lösung (vielleicht)

Eine Woche später:
Alice K. (Initiale geändert) liegt verängstigt und bestürzt in ihrem Bett.

Mr Cruel ist nämlich nicht nur zurück. Mr Cruel ist so richtig zurück. Mr Cruel ist scharf auf Alice K.

Alice K. hat Schwierigkeiten, diese Information zu verarbeiten. Auf der einen Seite war es genau das, was sie gehofft hatte, dass nämlich Mr Cruel sie anflehen würde, zu ihm zurückzukommen, damit sie ihm dann die kalte Schulter zeigen könnte. *Tut mir leid, Mr Cruel, ich brauche dich nicht; ich will dich nicht, und es geht mir prächtig ohne dich.*

Auf der anderen Seite hat Alice K. Schwierigkeiten damit, ihren Teil des Szenarios zu erfüllen. Sie und Mr Cruel haben sich seit seiner Rückkehr viermal gesehen. Er hat sie zum Dinner ausgeführt. Er hat ihr Blumen mitgebracht. Er hat ein Champagnerpicknick am Fluss organisiert, liebevolle Botschaften auf ihrem Anrufbeantworter hinterlassen und sogar Dinge geäußert, die andeuteten, dass er sich entschuldigen wolle, sein Verhalten bedauere und sich geändert habe. »Gott, was für ein egoistischer Mistkerl war ich damals«, sagte er einmal. Und ein andermal: »Ich war so ein Idiot, dass ich dich habe gehen lassen.«

Alice K. findet seine Aufmerksamkeit, sein Werben ausgesprochen verführerisch. Sie fühlt sich noch immer stark hingezogen zu Mr Cruel – er ist intelligent, geistreich, wenn auch ein kleines bisschen zu selbstsicher, und er hat (vor allem) nach wie vor diese Fähigkeit, diese Art, Alice K. ein seltenes Gefühl von Wert und Anerkennung zu verleihen.

Aber hat er sich wirklich geändert? Ist er wirklich der neue und geläuterte Mr Cruel? Alice K. wirft sich im Bett hin und her.

Sie hat an diesem Abend lange mit Beth K. beim Abendessen zusammengesessen, die Alice K.s erste Affäre mit Mr Cruel und den Bruch mitbekommen hatte und seiner Rückkehr sehr misstrauisch gegenüberstand.

»Ich würde sehr vorsichtig sein«, hatte Beth K. gesagt. »Ich habe echt Schwierigkeiten, diesem Typen über den Weg zu trauen.«

»Ich bin vorsichtig«, protestierte Alice K., »ich steig ja nicht mit ihm ins Bett oder so.«

Beth K. seufzte. »Ja, Alice K. Aber ich kenne Typen wie diesen, und ich kenne dich. Er wird dir heftig den Hof machen und wundervoll sein, so lange er dich nicht haben kann. Und wenn du dann schließlich an der Angel hängst, dann – zack! – ist er nicht mehr an Deck, wie beim letzten Mal.«

Alice K. denkt darüber nach. Sie weiß, dass Beth K. Recht hat. Die vier Male, die sie Mr Cruel gesehen hat, war ihr eine gewisse Spannung zwischen ihnen bewusst gewesen, dieselbe Spannung, die ihn (so glaubt sie) im frühen Stadium ihrer Beziehung Alice K. mit solcher Verve hatte umwerben lassen. Vorsichtig, unsicher bezüglich seiner Motive und ein wenig risikoscheu, hatte sie sich damals gezwungen, in Mr Cruels Gegenwart sich einfach ein wenig unnahbar zu geben, ein wenig gleichgültig und ausweichend, was Einzelheiten ihres Lebens betraf. Jetzt verhält sie sich wieder so und kann sich nur die Frage stellen: Ist das alles? Geht es hier nur um die Jagd? Wiederholt sich die Geschichte?

Alice K. weiß, dass es auch noch eine Menge anderer Gründe gibt, vorsichtig zu sein, viele unbeantwortete Fragen. Mr Cruel ist sehr schweigsam, was seine Beziehungen in den Jahren seit ihrer Trennung betrifft. Bei ihrem dritten Treffen hatte Alice K. all ihren Mut zusammengenommen und ihn nach seinem Liebesleben gefragt, und er war ein wenig nervös geworden. »Oh, es hat ein paar Frauen gegeben«, war seine Antwort gewesen. »Nichts allzu Ernstes.«

Alice K. ließ das Thema fallen. Es machte sie jedoch nachdenklich. Verbarg er etwas? Deutete er damit an, dass er nach wie vor unfähig dazu war, eine dauerhafte Beziehung zu führen? War sein ausweichendes Verhalten ein Hinweis auf einen kontinuierlichen Widerwillen seinerseits, sich mit Herzensangelegenheiten zu beschäftigen?

Mr Cruel hatte nicht das geringste Interesse an Alice K.s Liebesleben in der Vergangenheit gezeigt, und das machte sie ebenfalls nachdenklich: Kümmert ihn mein Gefühlsleben überhaupt? Interessiert er sich dafür, ob ich erwachsener geworden bin und wie viel?

Gleichzeitig wollte Alice K. Mr Cruel nur zu gern freisprechen. *Wir haben uns erst viermal gesehen,* sagte sie sich immer wieder. *Vielleicht gehen wir die Dinge einfach langsam an. Und vielleicht ist das in Ordnung so.*

Welche Zweifel sie bezüglich einer Zukunft mit dem (möglicherweise) neuen und geläuterten Mr Cruel hatte, kam mehr in ihren Sitzungen bei Dr. Y. zum Ausdruck, bei denen Alice K. unbehaglich auf ihrem Stuhl herumrutschte.

»Er scheint wirklich verändert«, sagte sie Dr. Y. nach ihrem zweiten Zusammentreffen. »Er scheint wirklich erwachsener geworden zu sein.«

Ihre Stimme klang angespannt und ein wenig künstlich, und Dr. Y. nickte nur ausdruckslos. Alice K. hatte den Eindruck, dass er ihr nicht glaubte, und fühlte sich, als wolle sie ihn (und erst dann sich selbst) von etwas überzeugen, das möglicherweise nicht stimmte. Sie versuchte daraufhin, *nicht* über Mr Cruel zu reden, nicht auf ihre Zweifel zu hören oder sie ernst zu nehmen.

Alice K. wollte sich ihnen, das wurde ihr klar, letztlich nicht stellen. Mr Cruel – er war groß, hatte einen männlichen Unterkiefer und sah im klassischen Sinne gut aus – war so gut aussehend und charmant wie immer, in gewisser Weise sogar noch mehr als früher. Sein Aussehen war distinguierter und reifer geworden, seine Züge waren klarer und ebenmäßiger, und sein Haar begann an den Schläfen ein wenig zu ergrauen. Er sah wie ein *Mann* aus, ein erwachsener Mann, und Alice K. stellte fest, dass seine physische Anziehungskraft auf sie von einer emotionalen Hoffnung ihrerseits begleitet war: dass er nämlich dieses Mal auch wie ein Mann handeln würde, für sie da sein würde, ihre Bedürfnisse verstehen, sich um sie kümmern.

Aber würde er das? War er dazu in der Lage?

Sie hatte Beth K. heute beim Abendessen über den Tisch hin angesehen. »Ich wollte, ich wäre nicht so besessen von der Idee, eine feste Beziehung zu haben, weißt du? Ich wollte, ich könnte es einfach als das genießen, was es ist, und sehen, was passiert.« Beth K. nickte und Alice K. seufzte. Innerlich, das wusste sie, war sie nach wie vor von diesem Hunger getrieben, dieser Sehnsucht nach etwas Dauerhaftem und Leidenschaftlichem und Echtem, und sie wusste immer noch nicht, ob sie nicht auf der Suche nach etwas war, das es gar nicht gibt.

Eine Minute lang erinnerte sie sich an ihre Beziehung mit Elliot M., der es manchmal an Leidenschaft zu mangeln schien, die aber dennoch echt zu sein schien. Elliot M. erfüllte nicht Alice K.s Vorstellungen von einem »Mann« – er sah ziemlich jung aus, trug nach wie vor die Art von konservativer Kleidung, die er vielleicht schon auf der Schule getragen hatte –, aber wenn sie wirklich intensiv über ihn nachdachte, dann musste sie sich eingestehen, dass er da, wo es darauf ankam, sich sehr erwachsen zeigte: Er war verantwortungsvoll, selbstbewusst, willens und in der Lage, Alice K. zu verstehen, und zu tun, was er konnte, um ihren Bedürfnissen entgegenzukommen. Sie empfand kurz heftige Sehnsucht nach ihm, und dies weckte in ihr die Frage, wie viel von dieser entstehenden Beziehung mit Mr Cruel weiterhin auf Fantasie und Illusion basierte, so wie es immer gewesen war.

»Ich habe in Mr Cruels Gegenwart nach wie vor das Gefühl, vorzugeben, etwas zu sein, das ich gar nicht bin«, sagte sie zu Beth K. »Dieses Gefühl, dass ich mich ein wenig bedeckt halten muss, als dürfe ich mich nicht zu sehr engagieren.

»Tja, das solltest du berücksichtigen«, sagte Beth K.

Alice K. nickte. *Ich versuch's*, dachte sie, aber zu Beth sagte sie: »*Mach ich.*«

Manchmal geschehen Dinge, die lassen Alice K. an Telepathie glauben. Spät an diesem Abend, als sie nach Hause kam, waren zwei Nachrichten auf ihrem Anrufbeantworter.

Die erste war von Mr Cruel, eine dröhnende, selbstbewusste Stimme: »Hey, Alice K. Ich rufe nur an, um dir hallo zu sagen. Ich versuche es später noch einmal.«

Die zweite Stimme war zurückhaltender: »Alice K. Hi. Ich habe in letzter Zeit viel an dich gedacht ... ähm ... wenn du willst, ruf mich doch an. Ich würde gerne mit dir reden.«

Das war Elliot M.

Einen Tag später:

Alice K. steht in Mr Cruels Wohnzimmer.

Alice K. wird gerade – und zwar ziemlich zärtlich, wie sie feststellte – von Mr Cruel geküsst.

Und Alice K. denkt an ... Elliot M.

Grrr! Was ist los mit mir? Bin ich verrückt? Sollte ich mich nicht endlich entscheiden und die Sache hinter mich bringen?

Alice K.s Verstand rast. Unmittelbar nachdem sie Elliot M.s mit sanfter Stimme auf ihren Anrufbeantworter gesprochene Nachricht gefunden hatte, rief sie ihn zurück. Sie redeten, anfangs zögerlich, dann zärtlich und schließlich (wie Alice K. dachte) voller Hoffnung.

»Ich habe dich vermisst, Alice K.«, sagte Elliot M.

Alice K. antwortete: »Ich dich auch.« Wie sie da auf ihrem Sofa gesessen und sich sanft in Elliot M.s Aufmerksamkeit gesonnt hatte, hatte Alice K. diese Aussage auch ernst gemeint. Sie verabredeten sich zum Abendessen, und Alice K. hatte fröhlich und zufrieden den Hörer aufgelegt, erfüllt von dem vagen Gefühl, dass vielleicht doch noch etwas möglich war.

Nun, wie sie da mit Mr Cruel steht, verändert Alice K. ihre Position in seinen Armen und tritt einen kleinen Schritt zurück. Ihr ist unbehaglich zumute und sie räuspert sich. »Ich brauche ein Glas Wasser«, sagt sie und flüchtet sich in Mr Cruels Küche.

Dort denkt Alice K. über Vertrauen nach – beziehungsweise im Zusammenhang mit ihrer Beziehung zu Mr Cruel und den Mangel an Vertrauen. Es stimmt schon, er verhält sich wie der neue und geläuterte Mr Cruel, aber irgendetwas in Alice K. kann nicht umhin zu vermuten, dass dies möglicherweise so schnell wieder vorbeigeht, wie es gekommen ist, dass exakt in dem Moment, in dem sie Mr Cruel nachgibt, er wieder in seine kritische, distanzierte Haltung verfallen und sich zurückziehen wird.

Alice K. stört die Tatsache zutiefst, dass sie und Mr Cruel über nichts gesprochen haben: weder über ihre frühere Beziehung noch darüber, was ihrem Gefühl nach falsch gelaufen war, noch über ihre momentanen Hoffnungen und Träume oder das, was jetzt lief. Ein Teil von ihr (derjenige, argwöhnte sie, der sich vor einer Konfrontation fürchtet) will sich einfach zurücklehnen und sehen, was passiert, nichts forcieren und Mr Cruel sein wahres Ich und seine wahren Motive im Laufe der Zeit enthüllen lassen. Aber ein anderer Teil von ihr möchte ihn stellen und Informationen aus ihm herausquetschen: Was zum Teufel geht hier vor? Warum bist du zu mir zurückgekommen? Was willst du? Wer *bist* du?

Alice K. geht zurück ins Wohnzimmer. Mr Cruel lehnt sich auf dem Sofa zurück, und Alice K. setzt sich einen Meter von ihm entfernt hin und nippt an ihrem Wasser. Mr Cruel rückt näher, legt seinen Arm um sie und beginnt sie erneut zu küssen. Alice K. lässt es zu, fühlt sich jedoch passiv und unbeteiligt; ihr Körper reagiert nicht wie früher auf seine Berührung, und Alice K. überlegt flüchtig, woran dies liegt. Bevor sich ihre Beziehung als Fehlschlag erwiesen hatte, hatten sie und Mr Cruel ein intensives Sexualleben gehabt – diese Art von aufregendem, leidenschaftlichem und schweißtreibendem Sexualleben, das einen sehr leicht Lust und Liebe verwechseln lässt – aber nach einer Weile war Sex zu einem weiteren Stressfaktor geworden, einem Bereich mehr in einer wachsenden Serie von Bereichen, in denen sich Alice K. unzulänglich und unsicher fühlte und sich gezwungen sah, etwas vorzuspielen. Alice K. wird plötzlich klar, dass sie Angst vor Sex mit Mr Cruel hat, Angst davor, sich wieder auf dieses Terrain der Verwundbarkeit und Unsicherheit zu begeben.

Und dann plötzlich ist Mr Cruels Hand auf Alice K.s Brust und dann auf ihrem Bein und gleitet ihren Oberschenkel hoch. Alice K. fühlt sich enorm unbehaglich und klaustrophobisch – *das ist nicht richtig*, denkt sie –, und sie windet sich aus seinen Armen und setzt sich kerzengerade auf der Couch auf.

Mr Cruel sieht sie an: »Was ist los?«

Alice K. zwirbelt an ihren Haaren herum. *Ich muss das klären*, denkt sie »Ich ... ähm.«

Sie räuspert sich und blickt Mr Cruel an. »Hör zu«, sagt sie, »mich bringt das alles ein wenig durcheinander.«

»Was alles?«

Alice K. macht eine wegwerfende Handbewegung. »Das. Du und ich. Was hier passiert.«

Mr Cruel starrt Alice K. eine Minute lang an, dann seufzt er und lehnt sich erneut auf der Couch zurück. »Tja«, sagt er, »man darf wohl davon ausgehen, dass du in den letzten Jahren nicht gerade spontaner geworden bist.«

Er klingt verärgert und leicht genervt, und einen Moment lang überkommt Alice K. die alte, vertraute Panik: *Er urteilt über mich; er kritisiert mich.*

Sie fühlt einen Augenblick lang Ärger in sich aufsteigen, ist dann jedoch ebenso plötzlich von Selbstzweifeln erfüllt. Fragen schießen ihr durch den Kopf – *Bin ich prüde? Heißt das, dass ich nicht spontan bin, keine Risiken eingehen mag?* – und sie fühlt sich genötigt, sich zu rechtfertigen.

»Es ist nicht so . . . ich meine . . .« Alice K. stellt fest, dass ihre Stimme weinerlich und angespannt klingt, und sie hasst das. Sie zwingt sich dazu fortzufahren. »Es ist einfach so, dass – na ja, ich meine, wir tun so, als wäre nie etwas geschehen, weißt du? Als würden wir einfach da weitermachen, wo wir vor einer Million Jahren aufgehört haben. Und ich meine – also, ich meine, das verunsichert mich einfach ein wenig, was da läuft.«

Mr Cruel seufzt erneut. »Alice K.«, sagt er. »Muss ständig immer alles analysiert werden? Können Dinge nicht einfach auf natürliche Weise geschehen?«

Mr Cruels Stimme klingt sanft, und Alice K. weiß, dass er sich bemüht, geduldig zu sein, sie dazu zu bringen, dass sie sich entspannt, aber sie fühlt sich unfähig, das Thema fallen zu lassen, so als ob sie eine Tür aufgestoßen hätte und sie nun nicht wieder zubekäme. Sie erinnert sich daran, wie ihr vor Jahren mit Mr Cruel zumute war, wenn sie ihren Ärger auf ihn, ihre Fragen und Unsicherheiten hinsichtlich ihrer Beziehung wochenlang in ihrem Inneren hatte vor sich hin kochen lassen und sie dann das Gefühl, außer Kontrolle geraten zu sein, völlig hilflos machte, wenn sie sich dann doch Luft gemacht hatten. Er hatte damals auch Sachen zu ihr gesagt wie: »Warum kannst du nicht lockerer sein?« »Warum muss immer alles auseinander genommen werden?«, was Alice K. stets nur noch wütender machte.

Sie sitzen einen Moment lang ruhig da, dann legt Mr Cruel seinen Arm um Alice K.s Schulter. »Hör zu«, sagt er. »Können wir es nicht ruhig angehen lassen? Ich meine, es ist doch toll, wieder zusammen zu sein, und vielleicht ist es einfach okay, wenn man nicht jedes kleine Detail jedes kleinen Gefühls sofort versteht.«

Alice K. antwortet nicht. Es trifft sie, dass Mr Cruel die Worte »klein« und »Gefühl« miteinander verknüpft hat, aber sie weiß nicht, was sie sagen soll. Sie möchte reden. Sie möchte wissen, wie er über sie denkt, und sie möchte ihm erklären, wie ängstlich und verletzlich sie sich in seiner Gegenwart fühlt, und sie möchte sich diesbezüglich offen fühlen dürfen, aber sie fühlt sich stumm und schwach. *Ein Teil von mir*, stellt sie fest, *hat immer noch Angst, ihn zu verärgern. Ein Teil von mir hat noch immer das Gefühl, dass er mich zurückweist, wenn ich über meine wahren Gefühle mit ihm rede.*

Mr Cruel nimmt Alice K.s Kinn in die Hand und dreht ihr Gesicht zu ihm, so dass sich ihre Blicke treffen. Er lächelt sie sanft an und Alice K. wünschte sich einen Augenblick lang, dass er nicht so attraktiv wäre, nicht in der Lage, sie auf diese Weise anzulächeln. Sie wünschte, sie hätte klare Gefühle. In ihren Fantasievorstellungen über Mr Cruel betrachtet Alice K. ihn stets kritisch und reserviert, schüttelt ihren Kopf und denkt: *Mein Gott! Was habe ich nur in ihm gesehen?* Aber bisher ist das noch nicht eingetreten, und während sie dort neben ihm auf dem Sofa sitzt, ist sich Alice K. nicht sicher, ob es je der Fall sein wird.

Zwei Tage später:

Alice K. liegt im Bett und wird von Angst, Verlegenheit, Unsicherheit und widerstreitenden Gefühlen geplagt.

Alice K. ist gerade vom Abendessen mit Elliot M. zurück

Alice K.s Wunschliste, Teil 6:
Atemmessgerät für Gefühle

Normalerweise werden, wenn man ins Röhrchen blasen muss, die Promille gemessen. In unserem Falle geht es um ein Atemmessgerät, das einen potenziellen Pegel von Komplikationen und Konflikten in einer Beziehung bestimmt. Diese Apparatur würde aus einer Atemmaske bestehen, einem Kopfhörerset und einem kleinen Mikrofon. Setzen Sie Ihrem Partner oder Ihrer Partnerin die Kopfhörer und die Maske auf und flüstern Sie dann Schlüsselworte und -begriffe in das Mikrofon, während Ihr Partner die Augen schließt und eine gerade Linie entlanggeht.

Wenn Sie eine Frau sind, die sich sorgt, ob ihr Mann auch monogam ist, dann würden Sie beispielsweise den Satz: »Du wirst nie wieder mit einer anderen Frau schlafen!« ins Mikrofon zischen und sehen, was passiert. Wenn er stolpert oder ausschert, dann sieht es schlecht aus für Sie. Wenn er cool und gleichmütig reagiert, müssen Sie sich weniger Sorgen machen.

Das Atemmessgerät für Gefühle könnte eine Menge verborgener Emotionen ans Licht bringen. Beispielworte und -sätze (für sie) sind unter anderem: »Ich hasse Publikumssport«, »Bei Oralsex muss ich würgen« und »Ich werde nie deine Unterwäsche waschen.« Und für ihn: »Ich glaube wirklich, dass Männer nichts in der Küche zu suchen haben«, »Ich kann deine Mutter nicht ausstehen« und »Ich bin nicht der anschmiegsame Typ.«

gekommen, und während sie nun so daliegt, kann sie nicht sagen – sie ist dazu einfach nicht in der Lage –, welche Gefühle der Abend in ihr geweckt hat.

Ist sie glücklich? Irgendwie schon. Ängstlich? In gewisser Weise. Fühlt sie sich zu ihm hingezogen? Ja, aber... als sie nach Hause kam, schaffte sie es nicht einmal, Ruth E. anzurufen, so durcheinander war sie.

Sie wirft sich in ihrem Bett hin und her.

Alice K. und Elliot M. haben sich im Pete's getroffen, demselben Lokal, in dem sie ihn mit der langen Blondine gesehen hatte. Sie mussten sich am Anfang erst ein wenig aneinander gewöhnen, sich erzählen, was beruflich gelaufen war, was sie im Kino gesehen und welche Bücher sie gelesen hatten. Aber nach etwa einer halben Stunde, begann Alice K. in Elliot M.s Gegenwart zu schmelzen – nicht mit dieser überwältigenden Leidenschaft, die Mr Cruel sie manchmal empfinden ließ, sondern in einer ruhigeren Art und Weise. Elliot M.s Art hatte etwas so Tröstliches und Beruhigendes und Ermutigendes an sich; sie verlieh Alice K. ein Gefühl von Ruhe und Wärme, und ihr wurde bewusst, wie sehr sie das vermisst hatte.

Irgendwann machte Alice K. einen Witz, und dann blickte sie auf und sah, wie Elliot M. sie anstrahlte, leise über die Geschichte lachte und ihren Humor, ihre Art zu denken und ihre Gegenwart genoss.

Das ist ein grundlegender Unterschied, dachte sie. Mr Cruel erweckt in mir das Gefühl, schön sein zu müssen, Elliot M. vermittelt mir das Gefühl, schön zu sein. Alice K. meinte das sowohl im inneren wie auch im äußeren Sinne. Mit Mr Cruel war alles immer solch ein Kampf; Alice K. hatte den Eindruck, sich wahnsinnig anstrengen zu müssen, um passend auszusehen, die passenden Dinge zu sagen und sich auf die passende Weise zu präsentieren. Das erste Mal, dass sie nach seiner Rückkehr in die Stadt zusammen zum Abendessen verabredet gewesen waren, hatte Alice K. einen typischen

Anfall von Garderobenpanik gehabt und war in die Stadt gegangen, um $225 für eine neue Seidenbluse auszugeben – zu solchen Zwangshandlungen verleitete er sie, so verzweifelt gierte sie nach Anerkennung. Bei ihrem zweiten Treffen verbrachte Alice K. tatsächlich fünfzehn Minuten – fünfzehn Minuten ihres Lebens! – damit, darüber nachzugrübeln, ob sie ein Pfefferminzbonbon für frischen Atem essen sollte, bevor sie mit ihm ins Kino ging. *Ich sollte das Pfefferminzbonbon nicht essen, denn wenn ich es mache, denkt er womöglich, ich möchte ihn küssen, und dann wirkt es, als hätte ich es nötig, und das turnt ihn vielleicht ab. Nein, ich sollte das Pfefferminzbonbon essen, denn sonst habe ich womöglich schlechten Atem und er wird wirklich abgeturnt sein. Nein, ja, ja, nein ...*

Das war ein bescheuertes, neurotisches Verhalten, aber wenn es um Mr Cruel ging, konnte Alice K. nicht anders.

Natürlich konnte Alice K., wenn es um Elliot M. ging, gewissermaßen auch nicht anders (tatsächlich trug Alice K. dieselbe $225-Seidenbluse, als sie sich mit ihm zum Dinner traf, und sie fuhr eine Viertelstunde eher zum Restaurant, parkte um die Ecke, verbrachte zwanzig Minuten damit, ihr Makeup und ihre Frisur zu überprüfen und erschien dann pünktlich fünf Minuten zu spät bei Pete's).

Aber im Falle von Elliot M. hielt dieses zwanghafte Verhalten nicht an. Wenn sie dann wirklich zusammensaßen, ließen die geistigen Verrenkungen (*Entspreche ich seinen Erwartungen? Lacht er über meine Witze? Findet er mich hübsch?*) nach, und Alice K. hatte das Gefühl, gemocht und geschätzt zu werden, so, wie sie war.

Ruth E. hatte sie am Tag ihrer Verabredung am Telefon darauf hingewiesen: »Die Sache mit Elliot M. ist die, dass er die Dinge an dir mag, die du selbst auch magst. Du musst ihm nichts vormachen.« Alice K. hatte ihr zugestimmt und hinzugefügt, dass sie sich im Gegenzug nie sicher war, was Mr Cruel an ihr mochte: Mochte er sie so, wie sie war, oder mochte er irgendein Bild von ihr, das in seinem Kopf herumgeisterte, irgendeine Version von Alice K., die nichts mit ihrem wahren Selbst zu tun hatte?

Als sie jetzt im Bett liegt, fragt sich Alice K., warum ein Teil von ihr nach wie vor so auf Männer fliegt, die nicht ihr wahres Selbst zu schätzen wissen, Männer, bei denen sie sich quält, ständig nachgrübelt und um Anerkennung kämpft. Denn es hat etwas sehr Reizvolles an sich, dieses Kämpfen darum, den Wunschbildern von jemand anderem statt den eigenen Anforderungen an sich selbst gerecht zu werden.

»Wenn Mr Cruel mich akzeptiert, dann muss ich mich nicht selbst gut finden. Ich muss nicht die Verantwortung dafür übernehmen, meine eigenen Stärken und Grenzen zu akzeptieren.« Alice K. hat das zu Dr. Y. in ihrer letzten Sitzung gesagt. Er hatte eine Augenbraue hochgezogen und gefragt: »Aber wie sehr brauchen Sie das wirklich, dass Ihnen jemand anderes erzählt, wer Sie sind?«

Alice K. konnte es nicht sagen. »Ich weiß es nicht«, lautete ihre Antwort. »Ich bin mir wirklich nicht sicher.«

Irgendwann, als sie mit Elliot M. bei Pete's gesessen hatte, war kurzzeitig dieselbe Unsicherheit aufgeblitzt. Es war während einer Gesprächspause. Alice K. hatte erzählt, dass sie auf Wohnungssuche war, und Elliot M. – der geduldige, aufmerksame Elliot M. – hatte irgendetwas Ermutigendes und Verständnisvolles gesagt, irgendetwas in der Art, wie schwierig es doch sein kann, sich das eigene Heim zu schaffen, und plötzlich hatte Alice K. dieses äußerst absonderliche Gefühl gehabt: Sie dachte, dass Elliot M. wirklich zu den Männern gehörte, die einen unterstützten, egal, was man tat, die die Schwankungen im Selbstbild der Frau akzeptierten, ihr Ringen darum, herauszufinden, wer sie war und was sie wollte. Und eben in dem Moment spülte die Welle eines höchst verwirrenden Gefühls über sie hinweg – eines Gefühls, das aus Furcht bestand und Erleichterung und schrecklichem Zweifel: *Er würde für mich da sein,* dachte sie, *aber ich würde nach wie vor an mir arbeiten; ich würde weiterhin die schwierigen Aufgaben lösen müssen.* Und obwohl Alice K. wusste, das das unvermeidlich war, verspürte sie doch einen Moment lang Sehnsucht nach Mr Cruel, nach jemandem, in dem sie sich ganz verlieren konnte, jemandem, der allein durch seine Gegenwart darauf bestand, dass sie seinen Wünschen, Bedürfnissen und Erwartungen mehr Aufmerksamkeit zollte als ihren eigenen.

Und so fühlt sich Alice K. jetzt, während sie sich in ihrem Bett hin und her wirft: *Ich weiß einfach nicht, was ich will,* denkt sie. *Ich kann mir nicht vorstellen, mit jemandem wie Mr Cruel mein ganzes Leben zu verbringen, aber ich bin mir auch nicht sicher, ob ich es mir mit jemandem wie Elliot M. vorstellen kann. Es ist zu ... zu ...*

Sie kann den Gedanken nicht zu Ende bringen.

Aber sie kann auch nicht ignorieren, dass irgendetwas an dem Wiedersehen mit Elliot M. sie in einer Weise berührt hat, die sie nicht so richtig definieren kann.

Nach dem Abendessen waren Alice K. und Elliot M. ein wenig spazieren gegangen. Dann hatte Elliot M. Alice K. zu ihrem Auto gebracht und ihr gesagt, wie wundervoll es gewesen sei, sie wieder gesehen zu haben. Er hatte dagestanden, sie angesehen und gelächelt; dann hatte er sie auf den Mund geküsst – einen einzelnen, einfachen, zärtlichen Kuss – und hatte sich wieder von ihr gelöst.

Er hatte gefragt: »Meinst du, wir sollten es auf noch einen Versuch ankommen lassen?«

Alice K. war sich nicht sicher, ob er damit eine neuerliche Verabredung meinte oder die Wiederaufnahme ihrer Beziehung, aber das schien zu dem Zeitpunkt keine Rolle zu spielen; sie hatte bereits den Mund geöffnet und hörte sich selbst sagen: »Ja, schrecklich gern.«

Acht Tage später:

Alice K. liegt entsetzt in ihrem Bett und starrt Mr Cruel an. Um die Wahrheit zu sagen, stimmt das nicht ganz.

Alice K. liegt *auf* ihrem Bett, nicht darin. Sie und Mr Cruel hatten gemeinsam zu Abend gegessen und zu viel Wein dazu getrunken, danach hatten sie sich ein Video ausgeliehen (Alice K.s Videorecorder steht in ihrem Schlafzimmer) und Mr Cruel war auf dem Bett eingeschlafen. Alice K. liegt daher nun entsetzt da und starrt Mr Cruel an. Sie weiß nämlich, dass er mit ihr schlafen will, wenn sie ihn weckt, und sie will sich einfach mit diesem Umstand nicht auseinander setzen.

Sex mit Mr Cruel? ICH KANN NICHT!

Alice K. befindet sich in einer Phase ihres Lebens, in der sie panische Angst vor Sex hat, panische Angst davor, sich auf dieses unbestimmte, unsichere Territorium zu begeben, auf dem die Dinge so wenig geregelt sind: *Heißt das, wir haben jetzt eine BEZIEHUNG? Möchte ich das überhaupt? Will er das?* Der Gedanke allein lässt sie erschauern.

All das ist natürlich durch das Wiederauftauchen von Elliot M., der mit Alice K. ebenfalls einen neuen Versuch wagen will, noch komplizierter geworden.

Alice K. hat Mr Cruel seit seiner Rückkehr siebenmal getroffen. Elliot M. hat sie viermal gesehen. Sie fühlt sich unsicher und unwohl in Mr Cruels Gegenwart, und sie fühlt sich geborgen und entspannt bei Elliot M. Sie ist der Überzeugung (jedenfalls von ihrem Verstand her), dass Elliot M. sie glücklicher machen kann als Mr Cruel. Und doch kann sie sich nicht dazu entschließen, dementsprechend zu handeln; sie schafft es nicht, Mr Cruel und die Augen zu blicken und zu sagen: *Ich will das nicht. Tut mir leid, aber so empfinde ich.* Himmel, sie kann sich nicht einmal dazu bringen, ihn aufzuwecken und ihn bitten zu gehen, damit sie versuchen kann, etwas zu schlafen.

All das verursacht in Alice K. das Gefühl, entsetzlich passiv zu sein. *In Ordnung, wir essen am Freitagabend zusammen. Sonntag ins Kino? Okay, das wird bestimmt nett.* Sie hört die Worte einfach so aus ihrem Mund kommen, wenn sie mit Mr Cruel redet. Ihre Stimme klingt locker und ungezwungen und sie spürt, wie sie alle anderen Impulse unterdrückt – den Impuls, über ihre zwiespältigen Gefühle zu reden, den Impuls, nein zu sagen, den Impuls, ehrlich zu sein oder ärgerlich zu werden – und sie kann schlicht nichts dagegen tun. Und so hat sie Mr Cruel allein in der vergangenen Woche montags, mittwochs und donnerstags gesehen und Elliot M. sonntags und dienstags, und sie hat keinem der beiden Männer erzählt, dass sie sich mit dem anderen traf, und nach jedem Abend lag sie wach und von Angst und Verwirrung geplagt in ihrem Bett und fühlte sich als Betrügerin und in der Falle.

Alice K. hat vergeblich dagegen angekämpft, diesen Stand ihrer Affären mit Dr. Y. zu besprechen, aber sie kommt sich nun wie eine Idiotin vor, als sie ihm all diese Zwiespältigkeit und Unentschlossenheit offen legt.

»Warum fällt es Ihnen so schwer, diesen Männern gegenüber offen zu sein?«, fragte Dr. Y. sie am Tag zuvor. »Wovor fürchten Sie sich?«

Alice K. starrte auf ihre Schuhe. »Ich weiß es nicht«, sagte sie. »Ich denke, ich habe Angst, jemanden zu verletzen.«

Dr. Y. sah nicht überzeugt aus. »Es geht Ihnen nur darum, diese beiden Männer zu schützen? Sie daran zu hindern, voneinander zu wissen, damit sie nicht verletzt sind?«

»Ich glaube. Ich meine, so kommt es mir vor.«

Dr. Y. runzelte die Stirn. »Ich bin mir nicht so sicher«, sagte er. »Ich denke, es geht Ihnen auch irgendwie darum, etwas geheim zu halten, sich keine Blöße zu geben.«

Alice K. sagte in dem Moment nichts, dachte aber gründlich darüber nach. Da war schon was dran, dachte sie. Anfang der Woche waren Elliot M. und sie zum Abendessen aus gewesen und hatten dann einen langen Spaziergang am Fluss gemacht, in der Nähe seiner Wohnung. Sie hatten Wein zum Abendessen getrunken, die Luft war mild und warm, und sie unterhielten sich ausführlich über ihre Familien, als Alice K. auffiel, dass dies die perfekte Gelegenheit gewesen wäre, mit Elliot M. darüber zu reden, was in ihrem Leben passiert war: darüber, dass Mr Cruel zurück war, und über die vielschichtigen Gefühle, die er in ihr auslöste, und darüber, wie gut es war und welche Wärme sie dabei empfand, wieder mit Elliot M. zusammen zu sein, und welche Unsicherheit sie dennoch nach wie vor dabei fühlte.

Und doch ... irgendetwas hatte sie davon abgehalten, irgendein tief sitzender Instinkt hatte ihr gesagt, sie solle den Mund halten, keine schlafenden Hunde wecken, nichts riskieren. Während sie so mit Dr. Y. dasaß, war Alice K. sich darüber klar geworden, dass dieser Instinkt weniger damit zu tun hatte, Elliot M. zu schützen, als vielmehr sich selbst, sich aus der Verantwortung zu stehlen.

Jetzt, neben Mr Cruel auf dem Bett, denkt Alice K.: Wenn ich mich nicht zu meinen Gefühlen bekenne, dann muss ich mich auch nicht mit den Konsequenzen auseinander setzen. Das ist vielleicht auch der Grund dafür, warum sie sich zum Teil in letzter Zeit gewünscht hatte, dass Mr Cruel jemand anderes kennen lernen würde, dass er zu dem Schluss kommen würde, Alice K. sei nicht die Richtige für ihn, und dass er sie einfach fallen lassen würde. Dann könnte sie weinen, sich in ihrem Schmerz suhlen, sich leid tun und Mr Cruel vorwerfen, unheilbare Angst vor Nähe zu haben. Aber Mr Cruel lässt sie nicht fallen, was Alice K. in eine Position zwingt, in der sie selbst die Verantwortung für ihre Gefühle und ihre Zukunft übernehmen muss, etwas, was ihr Angst einflößt.

»Ich weiß nicht, ob ich jemals eine Beziehung selbst beendet habe«, hatte Alice K. am früheren Abend zu Beth K. am Telefon gesagt. »Weißt du, ich treibe den anderen dazu, die Entscheidung zu treffen. Ich führe mich wie der letzte Mensch auf, bis er genug hat, oder halte einfach durch, egal, wie schrecklich die Dinge laufen, bis er einen Schlussstrich zieht.«

Sie machte eine Pause. »Bin ich passiv-aggressiv? Bedeutet es das?«

Beth K. sagte, dass sie das nicht wisse. »Vielleicht bist du einfach nur unsicher«, meinte sie versöhnlich. »Vielleicht ist keiner dieser Typen für dich der Richtige, und vielleicht ist es gar nicht so schlimm, sich eine Weile mit beiden zu treffen, um sich sicherer zu sein.«

Alice K. stimmte ihr zu, tief in ihrem Inneren glaubte sie es jedoch nicht wirklich. Innerlich war sie der Auffassung, dass all dieses Gerede über »Unsicherheit« in Wahrheit nur eine Art Scheu vor einem emotionalen Risiko kaschierte, den Wunsch, einer tieferen, ehrlicheren Bindung aus dem Weg zu gehen und keine Gefühle aufzuwirbeln, die unvermeidlicherweise hochkommen, wenn man sein wahres Ich jemand anderem enthüllt: Wut, Zuneigung, Enttäuschung, Verletzlichkeit, Angst. Wenn sie mit einem der beiden Männer über ihre Gefühle spräche, würde das bedeuten, sich die eigenen Bedürfnisse und Wünsche einzugestehen; es würde das Risiko bedeuten, Unwillen, Enttäuschung und Verlust heraufzubeschwören.

Eben in diesem Moment bewegt sich Mr Cruel auf dem Bett. Er blinzelt stützt sich auf einem Ellenbogen ab und lächelt Alice K. an, die neben ihm liegt.

»Ich bin wohl ein wenig eingenickt«, sagt er.

Alice K. nickt.

Mr Cruel streckt die Hand aus und berührt ihr Gesicht. Er streichelt ihre Wange. Dann lehnt er sich zu ihr herüber und schmiegt sich an ihren Nacken.

»Es ist spät«, sagt er. »Du schickst mich doch jetzt nicht nach Hause, oder?«

Alice K.s Herz klopft. Sie spürt, wie Mr Cruel sein Bein über das ihre schiebt. Eine Stimme in ihr sagt. *Nein! Nein! Tu das Elliot M. nicht an! Sag ihm, er soll gehen!* Aber Alice K. findet absolut keine Worte.

Vierundzwanzig Stunden später:
Alice K. liegt im Bett und kann es nicht glauben.
Alice K. hat es nämlich getan. Alice K. hat Mr Cruel den Laufpass gegeben. Alice K. hat beschlossen (puh!) sich zu Elliot M. zu bekennen.
Folgendes passierte, als Mr Cruel aufwachte: Er wollte mit Alice K. schlafen; das war klar. Er begann Alice K.s Nacken und ihr Haar zu streicheln und ließ seine Beine über die ihren gleiten. Er begann sie zu küssen, fuhr mit seiner Hand über ihre Taille und ihre Hüften.
Alice K.s Körper schien sich innerlich zu einem Schrei zusammenzukrümmen: *Nein!* Ihr Verstand raste. *Sex. Ich kann nicht. Nein. Ich kann mich nicht wieder auf diese Weise mit ihm einlassen. Nein!*
Mr Cruel schob seine Hand in Richtung des Knopfes von Alice K.s Jeans.
Mr Cruel begann Alice K.s Jeans aufzuknöpfen.
Und da machte irgendetwas klick in Alice K. Ein vollständig formulierter Satz sprang ihr ins Gehirn: *Davon hat nur er was, nicht ich – das hat nichts mit mir zu tun.*
Und dann ein weiterer: *Dieser Mann weiß nicht einmal, wer ich bin.*
Und auf einmal nahm Alice K. Mr Cruels Hand und schob sie beiseite; sie rutschte von Mr Cruel weg, setzte sich auf und sagte einfach: »Ich kann nicht.«
Mr Cruel blickte sie an. »Was meinst du damit, du kannst nicht?«
Eine Minute lang saßen sie da und es herrschte peinliches Schweigen. Mr Cruel seufzte ein- oder zweimal, so als wäre Alice K. lächerlich oder unreif. Und dann ließ er sich auf das Bett plumpsen und sagte: »Alice K., wo liegt dein Problem?«
Während sie daliegt und noch einmal daran denkt, vernimmt Alice K. erneut die Stimme in ihrem Kopf: *Dein Problem. Nicht mein Problem. Nicht unser Problem. DEINES.*

In diesem Moment hatte Alice K. ein sehr vertrautes flüchtiges Gefühl von Scham verspürt, so als hätte sie etwas Falsches getan, einen schrecklichen Fehler offenbart, aber dann verwandelte sich dieses Gefühl schnell in Wut. Sie saß auf dem Bett und dachte: *So war das immer mit Mr Cruel und so wird es immer mit ihm sein. Was auch immer verkehrt läuft, ist meine Schuld, liegt an meiner Neurose, meiner Unzulänglichkeit.*

Sie dachte: *Mit Elliot M. würde das niemals so laufen. Elliot M. würde mir nie dieses Gefühl vermitteln.*

Sie blieb weiter stumm sitzen. Mr Cruel lag auf seinem Rücken, starrte an die Decke und schmollte. Alice K. hatte das Gefühl, als ob sie sich selbst aus der Entfernung betrachte, darauf warte, was sie als Nächstes tun würde. Innerlich führte sie einen erbitterten Kampf; widersprüchliche Emotionen kamen hoch, verschwanden wieder und kamen dann erneut an die Oberfläche.

Schrei ihn an! Nein! Sorg dafür, dass er sich schuldig fühlt! Nein! Mach euer Verhältnis nicht kaputt!

Dieser letzte Impuls – ihr Verhältnis nicht kaputtzumachen – erstaunte Alice K. ob seiner Macht. *Zerbrich nichts! Tu nichts, was ihn abschreckt! Riskiere keine Zurückweisung!* Während sie so auf ihrem Bett sitzt, wird sich Alice K. bewusst, wie verdammt vertraut ihr dieser Gedankengang war, wie sehr sie sich genötigt fühlte und immer gefühlt hatte – jetzt und ihr gesamtes Liebesleben hindurch –, Beziehungen zu kitten, Konfrontationen zu vermeiden, durchzuhalten, durchzuhalten, durchzuhalten, egal zu welchem Preis, egal, wie sehr das eigentlich im Widerspruch zu ihrem wahren Ich stand, ihren wahren Bedürfnissen.

Und dann fühlte sich Alice K. plötzlich von einem Gefühl ergriffen, das sie kaum benennen konnte. Freiheit? Stärke? Erkenntnis? Sie wusste es nicht. Aber sie sah zu Mr Cruel, wie er da auf dem Bett schmollte, und dachte ganz plötzlich: *Ich kann es selbst entscheiden. Ich muss nicht mit diesem*

Mann schlafen, und ich muss mich deswegen nicht schuldig fühlen.

Sie sagte zu ihm: »Ich habe kein ›Problem‹.« Vier oder fünf Minuten waren verstrichen, nachdem er dieses Wort geäußert hatte, und Mr Cruel blickte sie überrascht an, als hätte er vergessen, worauf sie sich bezog.

Alice K. fuhr fort. »Es kommt mir im Moment einfach nur nicht richtig vor, Sex zu haben.« Sie war überrascht darüber, wie ruhig ihre Stimme klang. »Es ist einfach etwas, das ich nicht tun will, und ich denke nicht, dass daran irgendetwas ›problematisch‹ ist.«

Mr Cruel starrte sie an. »Na prima«, schnappte er in abwehrendem und sarkastischem Tonfall. Er sah weg.

Es herrschte wieder Stille. Alice K. dachte wieder daran, dass es verschiedene Möglichkeiten gab, sich zu entscheiden: Sie dachte: *Ich könnte das Ganze so klingen lassen, als sei es ein vorübergehendes Gefühl – so als würde es mir gerade jetzt im Moment nicht okay erscheinen, aber vielleicht nächste Woche. Oder ich könnte ehrlich sein.*

Sie räusperte sich und war sich bewusst, gleich etwas Entscheidendes zu tun. »Hör zu«, sagte sie. »Ich habe das bislang nicht erwähnt, weil ich nie den richtigen Zeitpunkt gefunden habe, aber es gibt zur Zeit auch noch jemand anderen. Neben dir.«

Mr Cruel blickte sie an. Alice K. zwang sich dazu fortzufahren. »Sein Name ist Elliot. Ich habe ihn vor etwa sechs Monaten kennen gelernt. Wir... ähm, wir waren für eine Weile zusammen, und dann haben wir uns etwa zu der Zeit, als du zurückkamst, getrennt, aber vor ein paar Wochen habe ich ihn wieder gesehen, und...«

Mr Cruel sah sie einen Moment lang an, und Alice fühlte ihr Herz rasen. »Was erzählst du mir da?«, fragte er sie.

Wieder gab es mehrere Möglichkeiten. Alice K. hatte Fetzen möglicher Antworten im Ohr: *Ich will dir damit nur sagen, dass ich durcheinander bin und Zeit brauche... ich will dir damit sagen, dass ich mich nicht nur mit dir, sondern auch noch mit jemand anderem treffe ... was ich dir sagen will, ist, dass ich jemand anderen liebe ...*

Sie sah Mr Cruel an. »Ich glaube, was ich dir sagen will, ist, dass ich wirklich das Bedürfnis habe, dieser anderen Beziehung eine Chance zu geben.«

Jetzt, in ihrem Bett, kann sich Alice K. nicht mehr recht daran erinnern, was als Nächstes geschah, außer dass sie sich bewusst war, etwas ziemlich Endgültiges, Entscheidendes gesagt zu haben. Es war nicht so sehr ihre Wortwahl als vielmehr ihr Ton: Irgendwie hatte sie die Diskussion beendet und einen dieser bis in die späte Nacht gehenden Ich-bin-so-durcheinander-Dialoge vermieden, die nichts anderes bewirken, als dass sich beide Parteien völlig verschanzen. Sie weiß noch, dass sie leichte Panik empfunden hatte – *Was wird jetzt passieren? Wird er mich gleich anschreien? Werde ich es bereuen?* Sie erinnert sich daran, dass sie in Hinblick auf Elliot M. einen vorhersehbaren zwiespältigen Stich verspürt hatte – O Mist, auf was lasse ich mich da ein? Sie erinnert sich ebenfalls, bei dem Blick auf Mr Cruel eine Mischung aus Schuld und Erleichterung empfunden zu haben. Und dann weiß sie noch, was er gesagt hat.

Seine Stimme klang schnippisch und abgehackt. »Na ja, ich hoffe, er hat mehr Glück mit dir als ich.«

Der anschuldigende Unterton in dieser Aussage war so deutlich zu spüren, dass Alice K. ihn wie eine dritte Person im Raum wahrnehmen konnte.

Mehr Glück, glücklich gemacht zu werden.

Mehr Glück im Bett.

Mehr Glück im Umgang mit einer durchgeknallten Neurotikerin.

Alice K. wiederholte das Wort laut. »Glück«, sagte sie. »Glück.« Sie spürte, wie sie ihre Fäuste so fest ballte, dass sich die Nägel in ihre Handflächen gruben. »Du denkst, es ist nur eine Frage des Glücks?«

Während sie dies sagte, wurde Alice K. klar, welche Provokation hinter dieser Äußerung stand. Gleichzeitig war ihr ebenfalls bewusst, dass sie den Köder schlucken und eine Beleidigung zurückschleudern könnte und dann bis fünf Uhr morgens aufbleiben würde, um ihre gesamte Beziehung durchzukauen. Sie beruhigte sich und atmete tief durch. »Es ist keine Frage des Glücks«, sagte sie. »Es ist eine Frage des Lebens.«

Alice hatte absolut keine Vorstellung, was sie damit meinte – tatsächlich lachten sie und Ruth E. später schrecklich darüber –, aber das war in dem Moment bedeutungslos. Etwas an ihrer Stimme klang klar und überzeugend, etwas an ihrer Stimme drückte aus: *Nein, ich werde dieses Spiel nicht mit dir spielen.*

Eine volle Minute verstrich. Alice K. schwieg. Schließlich stand Mr Cruel auf und sagte: »Also, ich habe dazu nichts mehr zu sagen.«

Alice K. sah zu ihm auf und erwiderte: »Ich denke, ich auch nicht.«

Und dann ging er.

Alice K. saß lange Zeit da, nachdem er gegangen war. War es das endgültig gewesen? Würden sie und Mr Cruel irgendwann wieder miteinander reden? War diese Auseinandersetzung an einem bestimmten Punkt einfach nötig gewesen? Sie hatte kein klares Gefühl, weder in die eine noch in die andere Richtung. Sie wusste nicht, wie ihr nach einem Tag, einer Woche, einem Monat zumute sein würde. Aber am nächsten Tag telefonierte sie mit Elliot M., der sie zum Abendessen zu sich einlud. »Ich mache Lasagne«, sagte er. »Wie klingt das? Lasagne und Salat und eine schöne Flasche Wein.« Er klang erfreut und enthusiastisch, und als Alice K. an diesem Abend zu seiner Wohnung fuhr, war sie so fröhlich, so als steuere sie auf einen Neubeginn zu.

Sie bog in die Hauptstraße ein, die zu Elliot M.s Wohnung führte, und lachte dann plötzlich laut auf, als sie nach vorne auf die Straße blickte: Sie fuhr, allein in ihrem Wagen, nach Westen, dem Sonnenuntergang entgegen.

Epilog

Vierundzwanzig Stunden später:

Alice K. (Initiale geändert) liegt in ihrem Bett und windet sich vor Angst und Verzweiflung.

Alice K. liegt nämlich im Krankenhaus und hat das linke Bein in Gips.

Ich kann es nicht glauben, denkt Alice K. *Da fahre ich eine Minute in Richtung Westen dem Sonnenuntergang entgegen und – Bumm! Krach! – wickelt sich mein Wagen um einen Telefonmasten, und ich lande im Krankenhaus.*

Alice K. seufzt leise. *Warum immer ich? Warum immer ich?* Denn ist das nicht typisch für Alice K.? Einen kurzen Moment lang, während sie auf Elliot M.s Haus zufuhr, um mit diesem zu Abend zu essen, hatte sie sich ihrer so sicher gefühlt, so stark, und hattes sich so darauf konzentriert, ihr Leben in die Hand zu nehmen. Und dann hatte die grausame Hand des Schicksals ihr die alte Lektion erteilt, dass das Leben nämlich hart und unvorhersehbar ist und das Gefühl von Kontrolle und Kompetenz fast immer illusorisch. Und dass es niemals – *niemals* – klug ist, sich während des Stoßverkehrs im Rückspiegel die Lippen zu schminken.

Alice K. bemüht sich (vergeblich), eine andere Position im Bett einzunehmen. Sie kann richtig fühlen, wie sie sich zurückentwickelt. *Ich möchte Choco Crispies,* denkt sie. *Ich möchte im Bademantel auf meinem Sofa sitzen, Choco Crispies essen und mir alte Folgen von Mary Tyler Moore ansehen.*

Aber leider ist sie ans Bett gefesselt.

Sie versucht sich mit einem Gedanken zu trösten: *Na ja, wenigstens habe ich hierdurch den gut aussehenden Dr. T. kennen gelernt.* Der Internist, der für ihren Fall zuständig ist, Dr. T., ist jung, groß, ein nordischer Typ, mit großen, freundlichen blauen Augen und sanften Händen. Alice K. hatte sofort eine Schwäche für ihn. Außerdem hat sie (in typischer Manier, wie sie feststellt) auch gleich begonnen, ausgefeilte Retterfantasien um seine Person herum zu entwickeln: *Dr. T., der sich als perfektes Exemplar der männlichen Spezies herausstellt, Elliot M.s sanfte Art mit Mr Cruels Intellekt und Mr Dangers Wangenknochen verbindet ... Dr. T., der ihr seine Liebe gesteht ... Dr. T., der den Gips an Alice K.s Bein inspiziert, sich über sie beugt und flüstert: »Alice K. ... Alice K ..., hat man Ihnen schon jemals gesagt, was für ein entzückendes Schienbein Sie haben?«*

An dieser Stelle versetzt Alice K. sich selbst einen mentalen Klaps und versucht sich wieder auf den Boden der Tatsachen herunterzuholen. *Was läuft mit mir schief?*, denkt sie. *Habe ich in diesem vergangenen Jahr nichts gelernt? Weiß ich nicht mittlerweile, dass ein Mann – selbst ein gut aussehender, blauäugiger nordischer Typ mit höheren akademischen Weihen – nicht die Antwort auf die Probleme des Lebens ist?*

Alice K. denkt über diese Frage nach und verzweifelt langsam. All diese Mühe – Mr Danger Lebewohl zu sagen, Mr Cruel zu verlassen, sich für eine Beziehung mit Elliot M. zu entscheiden. War es das wert? Hat sie sich tief in ihrem Inneren wirklich geändert? Ist sie sich wirklich in irgendeiner Weise klarer darüber, wer sie ist, was sie will und was es bedeutet, eine Frau zu sein? Oder war der Autounfall ein Zeichen, eine Metapher, ein Signal dafür, dass jedes Hoch, das sie durchlebt, dazu ausersehen ist, in einem Crash zu enden?

Alice K. seufzt und greift dann nach einem Stapel Zeitschriften auf dem Tisch neben ihrem Bett. Ruth E. und Elliot M. haben sie ihr gebracht – ›Cosmopolitan‹, ›Glamour‹, ›Self‹, den neuesten J.Crew-Katalog.

Sie beginnt mit dem ›Cosmopolitan‹-Persönlichkeitstest dieses Monats (»Testen Sie den IQ Ihrer Klitoris«), um dann zu einem Artikel in ›Glamour‹ überzugehen (»Meine Küchengeräte haben mir mein Liebesleben gerettet. Die wahre Geschichte einer Frau«) und zu einer Story in ›Self‹ (»Pediküre-Albträume. Wie Sie dafür sorgen, dass *Ihnen* das nicht passiert«).

Alice K. seufzt erneut. *Jetzt bin ich wieder genau an dem Punkt,* denkt sie, *wo ich angefangen habe. Auf der Suche nach Lösungen in romantischen Fantasien und Hochglanzzeitschriften.*

Aber dann sieht sie plötzlich etwas so Erstaunliches – so Ermutigendes und Aufregendes –, dass ihr Herz einen kurzen Moment aussetzt.

Da steht es, direkt in der Vorschau auf die ›Glamour‹-Ausgabe des kommenden Monats, direkt unterhalb der Verheißung von »Haartips von Heather Locklear« und einem Artikel mit dem Titel (ja!) »Jeff Bridges enthüllt alles«. Da steht er, der ultimative Grund dafür, nicht aufzugeben: »Endlich«, ist in der Zeitschrift zu lesen, »Gratis-Schuhe«.

Alice K. lächelt strahlend. *Ich schaff es am Ende doch,* denkt sie, *ich schaff es am Ende doch.*

Danksagung

Mein innigster Dank gilt meinen Freunden und Kollegen beim ›Boston Phoenix‹, Bill Novak mit seinen außergewöhnlichen Verkuppelungsfähigkeiten auf dem Literaturmarkt, meiner Agentin Colleen Mohyde von der Doe Coover Agency und meinem Lektor Deb Brody bei Dutton und sämtlichen Mitgliedern des Alice-K.-Rund-um-die-Uhr-Unterstützungsnetzwerkes (ihr wisst, wer gemeint ist). Und dann möchte ich speziell auch noch Dr. Y. danken (okay, sein richtiger Name ist Dr. H.).

Das Sexbuch für Frauen

**Der Bestseller von
Alexandra Berger und
Andrea Ketterer**
dtv 20017

Alles, was Frauen zum Thema Liebe, Lust und Leidenschaft schon immer wissen wollten: Vorschläge für Massagen, aphrodisische Menüs, Rollenspiele und vieles mehr bringen Frauen auf neue Ideen. So kehren Spannung und Erotik auch in langjährige Beziehungen zurück!
Alexandra Berger und Andrea Ketterer nennen die Dinge beim Namen, haben keine Scheu vor vermeintlichen Tabus und geben viele praktische Tips. Fazit: Gute Mädchen haben ihre Migräne und langweilen sich, böse Mädchen holen sich, was sie wollen – und haben jede Menge Spaß dabei.

dtv

Warum wir küssen – wen wir küssen – wie wir küssen

Adrianne Blue
Vom Küssen
oder Warum wir nicht voneinander lassen können
dtv premium 24105

»Ist das Küssen ein evolutionärer Fortschritt?
Oder ist es nur ein Zufall, daß die beiden intelligentesten Primatenarten – die Menschen und die Bonobos –
Weltmeister im Küssen sind?«

Seit jeher regt der Kuß die Phantasie des Menschen an und ist Ausdruck von Gefühlen der Liebe, Leidenschaft und Sehnsucht, der Freundschaft und des Verrats, der Ehrerbietung, Unterwerfung und Dankbarkeit. Und nichts tun wir so gerne und so ausgiebig wie Küssen.

Adrianne Blue breitet vor uns ein wahres Schlaraffenland des Küssens aus, indem sie neueste wissenschaftliche Erkenntnisse mit den schönsten Geschichten, Gedichten und Szenen aus Theater und Film verbindet, die unsere Kultur zum Thema Küssen zu bieten hat.

»Ein Buch, das einfach Lust macht.«
Cosmopolitan

dtv

Germaine Greer

Die ganze Frau
Körper Geist Liebe Macht

Aus dem Englischen von
Susanne Althoetmar-Smarczyk
dtv premium 24204

Bestsellerautorin Germaine Greer unternimmt erneut eine große Bestandsaufnahme zur Lage der Frauen. Leidenschaftlich, sachkundig und sarkastisch analysiert sie, was ihrer Ansicht nach Sache ist, und stellt die Tagesordnung für einen neuen Feminismus auf.

Auf der Suche nach Befreiung, so argumentiert Greer, hat sich die Frauenbewegung auf Seitenwege abdrängen lassen, ist auf eine Ersatzbefriedigung hereingefallen. Die gerne wiederholte These »Frauen können alles haben« ist, wie sie meint, eine Illusion, da es nach wie vor unzählige Formen offener und verdeckter Diskriminierung gibt. Dieses Buch ist eine aufrüttelnde Kritik an der vorhandenen Selbstzufriedenheit, insbesondere der Frauen. Wie schon mit dem ›Weiblichen Eunuchen‹ gelingt es Germaine Greer erneut, mit größter Schärfe zentrale Fragen anzusprechen.

»Sie ist wieder da, und sie ist zornig.«
The Daily Telegraph

Kleine Philosophie der Passionen

Gabriele von Arnim

Essen

dtv 20215

»Gabriele von Arnim macht Lust aufs Essen, auf das Nachdenken über Essen, auf die Zeit vor und nach dem Essen – sie macht Lust auf Genuß.«
Geniessen & mehr

»Mit dem Frühstück beginnt man den Tag, und die Malaise beginnt schon mit dem Wort. Allein um es auszusprechen, muß man die Lippen so unsinnig geschürzt und gespitzt verwölben und einen so unerquicklichen Zischlaut ausstoßen, dem unmittelbar ein hinten im Mund, aber noch nicht im Hals angesiedeltes Keckern zu folgen hat, daß einem der Appetit glatt vergehen könnte. Es ist ein häßliches Wort, das einen häßlichen Mund macht, wenn man es sagt. Ein Wort so ganz ohne Fülle und Laszivität, bei dem man nicht vor-, nicht hin- und schon gar nicht nachschmeckt. Früh-Stück, wer will schon in der Frühe ein Stück zu sich nehmen. Das klingt doch ganz nach harter Kante, nach müdem Draufherumgekaue, nach perfekter Lustlosigkeit.

Ich brauche ein Frühstück. Nicht irgendeins, sondern das richtige. Und genau da beginnt mein Problem. Denn ich weiß nie, wann welcher Geschmack der richtige ist. Und wenn ich falsch schmecke am frühen Morgen, dann ist der Tag gelaufen für mich. Ich spüre es sofort auf der Zunge, im Hals, in der Seele, wenn der erste Biß am Morgen nicht stimmt. Panik zieht ein. Denn ich weiß: Es gibt keine zweite Chance für den ersten Biß.«

dtv

Kleine Philosophie der Passionen

Thomas Karlauf

Wein

dtv 20216

»Der wahre Weinfreund lebt in einem fortwährenden Zwiespalt: trinken oder nicht trinken, und wenn ja, wann? In einem guten Keller – 500 bis 1000 Flaschen, angelegt auf eine Trinkdauer zwischen drei und fünfundzwanzig Jahren – reduziert sich das Problem auf ein paar Einzelflaschen, der Rest ergibt sich aus der Logistik des Nachschubs. So weiß ich seit Jahren, welche Flaschen zur Jahrtausendwende dran glauben müssen, und es beruhigt mich, daß auch bereits für meinen 75. Geburtstag gesorgt ist. Ein Problem freilich habe ich noch nicht gelöst. Wenn ich noch selber alles austrinken will, werde ich eines Tages aufhören müssen, neue Kisten zu bunkern. Da ich jedoch nicht weiß, an welchem Tag ich das Glas für immer aus der Hand gebe, trinke ich meinen Vorräten lieber eifrig hinterher, als daß ich Gefahr laufe, im Alter auf dem Trockenen zu sitzen, vertraue im übrigen auf meinen Hausarzt und vermache den Rest meinen Erben.«

»Auf sehr unterhaltsame Weise erzählt Thomas Karlauf von seiner Passion, dem Wein, stellt seinen bevorzugten Weinhändler und seinen Lieblingswinzer vor, lädt auch zu einem kulturhistorischen Exkurs in die wunderbare Welt des Weins ein. Eine Welt, die voller Geheimnisse ist, viele Freuden bereithält – zuweilen aber auch Leiden.«
Berliner Morgenpost

dtv